KB205764

열왕기상(성경, 이해하며 읽기)

Reading in understanding the Bible

열왕기상

장석환 지음

성경, 이해하며 읽기
시리즈를 시작하며

성경을 통해 하나님을 만난다.
성경을 통해 하나님과 동행하면 풍성한 삶이 된다.

누구를 만날 때는 인격적인(지·정·의) 만남이 되어야 한다.
그의 생각과 마음을 만나고 힘까지 공유하는 만남이다.
성경에는 하나님의 뜻(지)과 마음(정)과 힘(의)이 담겨 있다.
성경을 잘 읽으면 하나님을 만나게 된다.
눈으로 보는 것보다 더 실제적이다.

좋은 사람과 만나 대화를 하면 행복하듯이
말씀으로 하나님을 만나면 행복하다.
성경은 하나님을 만나는 가장 실제적 방법이다.

마음과 의미가 전달되지 않는 대화가 무의미하듯이
성경을 이해하지 않고 읽으면, 성경을 읽는 것이 아니다.
성경을 잘 이해하지 못하면
성경을 통해 하나님을 만나는 것을 모른다.

모든 사람이 성경을 이해하면서 읽기를 소망한다.
평범한 노년의 사람이 쉽게 읽을 수 있는 주석이 되었으면 좋겠다.
말씀으로 고뇌하는 누군가에게 무릎을 치게 하였으면 좋겠다.

이 주석이 하나님을 생생하게 만나는 만남의 장이 되기를 기도한다.
하나님께 영광되기를 기도한다.

목 차

1부 다윗 왕의 마지막 시기(1:1-2:12)

2부 솔로몬의 통치와 지혜(2:13-11:43)

3부 유다와 북이스라엘의 분열 왕국(12:1-22:53)

열왕기상

내 용

열왕기상은 다윗의 마지막 부분과 솔로몬의 이야기와 분열 왕국 초기의 역사로 이루어져 있다. 솔로몬은 열왕기상의 주인공과 같다. 사무엘상이 사울의 이야기가 중심이고, 사무엘하가 다윗의 이야기가 중심이라면 열왕기상은 솔로몬의 이야기가 중심이라고 할 수 있다. 솔로몬은 지혜의 대명사와 같은 왕이다. 사람들이 가장 부러워하고 롤모델로 삼고 싶은 사람은 아마 솔로몬일 것입니다. 그러나 솔로몬의 인생은 그리 칭찬받을 만하지 않다. 그의 인생 후반기가 실패작에 가깝다. 나는 사람들이 솔로몬의 지혜보다 그의 인생 후반기를 교훈 삼아야 한다고 생각한다.

솔로몬의 이야기에서 우리는 성전건축 이야기를 볼 수 있다. 그의 지혜의 최고점으로 성전 건축이 나온다. 성전건축과 그의 기도는 하나님의 임재에 대해 우리에게 중요한 것을 가르쳐 준다. 성전 이야기에서 하나님의 임재에 대해 잘 살펴보면 좋다.

왕들의 이야기에서 그들의 세상적인 번영은 그리 중요하지 않다. 중요한 것은 그들이 하나님의 뜻을 따라 통치하는 것이다.
아합의 이야기를 하며 엘리야, 엘리사 선지자 이야기가 함께 나온다. 이들은 열왕기상을 매우 풍성하게 해준다. 엘리야, 엘리사 시대는 기적이 많이 일어난 대표적인 시기이다. 성경에는 모세 때와 엘리야, 엘리사 시대 그리고 예수님의 시대에 가장 많은 기적이 나온다. 아합이라는 가장 악한 왕이 있을 때 가장 뛰어난 선지자가 나왔다.

<성경본문>

1. 한글본문: 대한성서공회. (1998). 성경전서: 개역개정. 대한성서공회.

2. 영어본문: GNB(American Bible Society. (1992). The Holy Bible: The Good news Translation (2nd ed.). American Bible Society.)

1부

다윗 왕의 마지막 시기

(1:1-2:12)

1장

1:1-40은 다윗이 후계자를 결정하는 이야기다.

1 다윗 왕이 나이가 많아 늙으니 이불을 덮어도 따뜻하지 아니한지라
1 King David was now a very old man, and although his servants covered him with blankets, he could not keep warm.

1:1 다윗 왕이 나이가 많아 늙으니. 다윗은 30세에 헤브론에서 왕이 되어 40년을 통치하였다. 나이 70은 당시에는 나이가 많은 상태다. 그의 시대가 끝나가고 있다. **이불을 덮어도 따뜻하지 아니한지라.** 다윗의 질병을 말하는 것으로 보인다. 아마 침대에 계속 누워 있는 상태가 된 것 같다. 현대의학으로는 '동맥경화증'으로 진단하기도 한다.

2 그의 시종들이 왕께 아뢰되 우리 주 왕을 위하여 젊은 처녀 하나를 구하여 그로 왕을 받들어 모시게 하고 왕의 품에 누워 우리 주 왕으로 따뜻하시게 하리이다 하고
2 So his officials said to him, "Your Majesty, let us find a young woman to stay with you and take care of you. She will lie close to you and keep you warm."

1:2 왕을 위하여 젊은 처녀 하나를 구하여 그로 왕을 받들어 모시게 하고. 젊은 처녀를 구하는 것은 당시 문화에서 왕에게는 아무 문제가 안 되었다. 또한 그것은 차가운 몸을 따뜻하게 하는 하나의 치료방법이라고 생각하였다. 신하들은 왕을 가능한 건강하게 보필하는 것이 당연한 의무다.

3 이스라엘 사방 영토 내에 아리따운 처녀를 구하던 중 수넴 여자 아비삭을 얻어 왕께 데려왔으니
4 이 처녀는 심히 아름다워 그가 왕을 받들어 시중들었으나 왕이 잠자리는 같이 하지 아니하였더라
3 A search was made all over Israel for a beautiful young woman, and in Shunem they found such a woman named Abishag, and brought her to the king.
4 She was very beautiful, and waited on the king and took care of him, but he did not have intercourse with her.

1:4 이 처녀는 심히 아름다워. 구태여 여인의 아름다움을 강조하여 말한다. **왕이 잠자리는 같이 하지 아니하였더라.** 문장은 간단하다. 직역하면 '왕이 알지 않았다'이다. 이것은 성관계에 대한 관용적 또는 유화적 표현이다. 이 구절에서는 두 가지 해석이 가능하다. 하나는 육체적 약함이다. 다윗이 그렇게 아름다운 여인이 늘 침대에 함께 누워있어도 성관계를 하지 못할 정도로 쇠약하였다는 것을 의미할 수 있다. 또 다른 하나는 정신적 강함이다. 자신이 나이가 많아 죽게 된 것을 받아들이는 것이다. 어쩌면 둘 다 포함하고 있을 수도 있다.
다윗의 경우 지금 후계자를 정하는 것이 좋을 것 같다. 이미 다윗은 마음으로 솔로몬을 후계자로 정한 상태였다. 그러나 그것을 구체적이고 명시적으로 한 것 같지는 않다. 나이를 먹고 힘이 약해지는 것은 인생을 잘 정리해야 한다는 것을 의미한다. 죽음 이후 시대 준비를 더 잘 해야 한다는 하나님의 신호다.

> 5 그 때에 학깃의 아들 아도니야가 스스로 높여서 이르기를 내가 왕이 되리라 하고 자기를 위하여 병거와 기병과 호위병 오십 명을 준비하니
> 5 Now that Absalom was dead, Adonijah, the son of David and Haggith, was the eldest surviving son. He was a very handsome man. David had never reprimanded him about anything, and he was ambitious to be king. He provided for himself chariots, horses, and an escort of 50 men.

1:5 아도니야가 스스로 높여서 이르기를 내가 왕이 되리라. 아도니야는 '왕이 되겠다'고 다짐을 하였다. 그런데 '스스로 높여' 왕이 되겠다고 하는 것이 문제다. 이스라엘에서는 하나님의 뜻이 제일 중요하다. 지금까지 하나님께서 선지자를 통해 왕을 세우셨다. 그러니 아도니야도 하나님의 뜻을 찾는 것이 중요하다. 하나님의 뜻을 찾음에 있어 아버지 다윗의 뜻도 매우 중요하다. 그런데 그는 스스로 왕이 되고자 하였다. 그는 하나님의 뜻보다 자신이 왕이 되는 것을 더 크게 생각하였다. 우리가 무엇을 하든 하나님의 뜻이 더 중요하다. 늘 하나님의 뜻을 먼저 찾아야 한다.

> 6 그는 압살롬 다음에 태어난 자요 용모가 심히 준수한 자라 그의 아버지가 네가 어찌하여 그리 하였느냐고 하는 말로 한 번도 그를 섭섭하게 한 일이 없었더라

1:6 그는 압살롬 다음에 태어난 자요. 압살롬이 죽었기 때문에 그가 현재는 장남이다. 당시 문화에서 장남이 왕이 되는 것은 자연스러운 일이다. **용모가 심히 준수한 자라.**

용모가 뛰어나면 사람들의 호감을 사기에 충분하다. **그의 아버지가 네가 어찌하여 그리 하였느냐고 하는 말로 한 번도 그를 섭섭하게 한 일이 없었더라.** 다윗이 아도니야를 양육함에 있어 책망하지 않은 것을 말한다. 그것이 좋은 길로 가는 방향이 될 수도 있었으나 그에게는 방종으로 가는 길이 되었다.

7 아도니야가 스루야의 아들 요압과 제사장 아비아달과 모의하니 그들이 따르고 도우나

7 He talked with Joab (whose mother was Zeruiah) and with Abiathar the priest, and they agreed to support his cause.

1:7 요압과 제사장 아비아달과 모의하니. 가장 중요한 두 사람이 그의 편이 되었다. 아주 큰 힘이 되었을 것이다. 그러나 가장 중요한 것은 하나님의 뜻이어야 한다.

8 제사장 사독과 여호야다의 아들 브나야와 선지자 나단과 시므이와 레이와 다윗의 용사들은 아도니야와 같이 하지 아니하였더라

9 아도니야가 에느로겔 근방 소헬렛 바위 곁에서 양과 소와 살찐 송아지를 잡고 왕자 곧 자기의 모든 동생과 왕의 신하 된 유다 모든 사람을 다 청하였으나

8 But Zadok the priest, Benaiah son of Jehoiada, Nathan the prophet, Shimei, Rei, and David's bodyguard were not on Adonijah's side.

9 One day Adonijah offered a sacrifice of sheep, bulls, and fattened calves at Snake Rock, near the spring of Enrogel. He invited the other sons of King David and the king's officials who were from Judah to come to this sacrificial feast,

1:9 에느로겔 근방...모든 동생과 왕의 신하 된 유다 모든 사람을 다 청하였으나. 에느로겔은 기혼샘에서 남쪽으로 800m떨어진 곳에 있는 샘이다. 이스라엘은 전통적으로 왕을 세울 때 옆에 샘이 있어야 했다. 솔로몬은 기혼샘에서 왕으로 세워진다. 아도니야는 자신을 왕으로 세우는 것을 염두에 두었던 것 같다. 그는 지금 반역을 꾀하고 있는 것이다. 잔치 후에 왕으로 즉위하는 계획까지 세운 것으로 보인다.

당시 문화에서 장남이 왕이 되는 것은 당연한 수순이다. 그러나 아도니야는 다윗이 솔로몬을 왕위에 세우려 한다고 생각한 것 같다. 보통은 자신이 장남이니 가만히 있어도 왕이 될 것이라 생각할 것이다. 그러나 아버지 다윗의 마음이 솔로몬에게 있다는 것을 보고 반란을 꾀한 것이다. 그는 하나님의 뜻을 좇아가는 것에 실패하였다. 왕위에 대한 욕심 때문이다.

사람들은 저마다의 탐욕 때문에 하나님의 뜻을 좇아가는 것에 실패하는 경우가 많

다. 무엇인가에 대한 욕구는 좋은 것이다. 그러나 그것을 소유하는 것이 정당한 것인지 탐욕인지를 구분해야 한다. 정당한 것이 되기 위해서는 하나님의 뜻을 찾아야 한다. 하나님의 뜻을 구분하는 한 가지 방법은 수단의 정당성이다. 아도니야는 믿음이 좋은 다윗의 모습을 많이 보았을 텐데 결국 그는 탐욕 때문에 믿음에 실패하였다.

10 선지자 나단과 브나야와 용사들과 자기 동생 솔로몬은 청하지 아니하였더라
11 나단이 솔로몬의 어머니 밧세바에게 말하여 이르되 학깃의 아들 아도니야가 왕이 되었음을 듣지 못하였나이까 우리 주 다윗은 알지 못하시나이다

10 but he did not invite his half brother Solomon or Nathan the prophet, or Benaiah, or the king's bodyguard.
11 Then Nathan went to Bathsheba, Solomon's mother, and asked her, "Haven't you heard that Haggith's son Adonijah has made himself king? And King David doesn't know anything about it!

1:11 나단이 솔로몬의 어머니 밧세바에게 말하여. 나단은 왕궁 선지자다. 이전에 다윗이 밧세바와 불륜을 저질렀을 때 다윗의 죄를 지적하고 하나님의 심판을 말하였었다. 그때도 다윗에게 지혜롭게 말하여 다윗이 자신의 죄를 스스로 깨닫고 회개할 수 있는 기회를 주었었다. 이번에도 하나님의 뜻을 전해야 하는 선지자로서 행동을 한다. 그가 이런 행동을 하는 것이 하나님으로부터 특별한 지시를 받았는지 아니면 단지 하나님의 뜻이라고 판단하였는지는 정확히 모른다. 그러나 이것이 하나님의 뜻이라 여긴 것만은 분명해 보인다. 이전에 다윗의 죄를 지적할 때 그의 단호한 태도에서 그것을 유추할 수 있고 밧세바에게 하는 말에서 그것을 볼 수 있다.

12 이제 내게 당신의 생명과 당신의 아들 솔로몬의 생명을 구할 계책을 말하도록 허락하소서
13 당신은 다윗 왕 앞에 들어가서 아뢰기를 내 주 왕이여 전에 왕이 여종에게 맹세하여 이르시기를 네 아들 솔로몬이 반드시 나를 이어 왕이 되어 내 왕위에 앉으리라 하지 아니하셨나이까 그런데 아도니야가 무슨 이유로 왕이 되었나이까 하소서

12 If you want to save your life and the life of your son Solomon, I would advise you
13 to go at once to King David and ask him, 'Your Majesty, didn't you solemnly promise me that my son Solomon would succeed you as king? How is it, then, that Adonijah has become king?' "

1:13 전에 왕이 여종에게 맹세하여 이르시기를 네 아들 솔로몬이 반드시 나를 이어 왕이

되어 내 왕위에 앉으리라 하지 아니하셨나이까. 이러한 내용이 성경에는 나오지 않는다. 성경에 나오지 않는다고 없었던 일이라고 단정할 수 없다. 나단의 선지자라는 직책과 인격을 고려하고 이후에 다윗이 이것을 부정하지 않은 것을 통해 볼 때 이것은 사실인 것으로 보인다. 다윗이 밧세바에게 그렇게 약속하였다면 다윗 또한 하나님의 일정한 계시가 있었기 때문에 그렇게 하였을 것이다. 그렇다면 다윗은 이전의 맹세를 지켜야 할 막중한 책임이 있다. 그것이 하나님의 뜻이기 때문이고 또한 하나님의 이름으로 맹세까지 하였기 때문이다. **아도니야가 무슨 이유로 왕이 되었나이까 하소서.** 상황이 아주 급박하게 흘러가고 있었다. 이미 잔치에 모인 사람들은 아도니야를 왕으로 세운 것이나 마찬가지였다. 그런 상황을 다윗에게 알려야 했다. 다윗은 침실에서 거의 나오지 못할 정도로 몸이 안 좋았기 때문에 지금 일어나고 있는 상황을 전혀 모르고 있었다. 나단은 다윗에게 직접 말하기 전 밧세바를 통해 알렸다. 다윗이 밧세바에게 맹세하였기 때문일 것이다. 그리고 나단이 직접 말하기 전 밧세바를 통해 들음으로 한 번 더 생각할 수 있는 기회를 주기 위함일 것이다. 나단은 하나님의 뜻을 전함에 있어서 용기 있는 행동을 하였다. 그러나 무모하지는 않았다. 아주 세밀하고 계획적이다.

이 모든 상황에 솔로몬이 나오지 않는다. 솔로몬도 아도니야가 잔치를 벌이고 있다는 것을 분명히 들었을 것이다. 그러나 그는 어떤 행동도 하지 않았다. 그가 왕이 되기까지 그가 한 행동은 전혀 나오지 않는다. 그가 취한 행동이 없기 때문일 것이다. 아도니야가 왕이 되기 위해 많은 행동을 하는 것과 대조적이다.

권력은 욕심을 가진 사람보다는 욕심을 가지지 않은 사람이 가지는 것이 좋다. 욕심을 가진다는 것은 그것의 좋은 것을 탐하는 것이다. 욕심이 없다는 것은 권력이 주는 좋은 것을 탐하지 않는다는 것이다. 그러기에 아도니야의 욕심에 비해 욕심을 전혀 가지고 있지 않았던 솔로몬이 왕위에 조금은 더 적합한 사람이라 할 수 있다.

14 당신이 거기서 왕과 말씀하실 때에 나도 뒤이어 들어가서 당신의 말씀을 확증하리이다
15 밧세바가 이에 침실에 들어가 왕에게 이르니 왕이 심히 늙었으므로 수넴 여자 아비삭이 시중들었더라

14 And Nathan added, "Then, while you are still talking with King David, I will come in and confirm your story."
15 So Bathsheba went to see the king in his bedroom. He was very old, and Abishag, the woman from Shunem, was taking care of him.

1:15 밧세바가 이에 침실에 들어가 왕에게 이르니. 다윗은 밖에서 벌어지고 있는 상황

을 전혀 모르고 '침실'에 있었다. **왕이 심히 늙었으므로.** 그는 밖에 나가지 않음으로 밖에서 일어나는 일을 전혀 몰라 그대로 당할 뻔하였다. 그는 힘 없는 노인이었다. 도움이 필요하였다. 다윗이 하나님의 뜻을 행하고자 하는 열정은 여전히 아주 강할 것이다. 그러나 그는 많이 늙어 외부 소식을 듣지 못하고 있었다.

16 밧세바가 몸을 굽혀 왕께 절하니 왕이 이르되 어찌 됨이냐
17 그가 왕께 대답하되 내 주여 왕이 전에 왕의 하나님 여호와를 가리켜 여종에게 맹세하시기를 네 아들 솔로몬이 반드시 나를 이어 왕이 되어 내 왕위에 앉으리라 하셨거늘
18 이제 아도니야가 왕이 되었어도 내 주 왕은 알지 못하시나이다
16 Bathsheba bowed low before the king, and he asked, "What do you want?"
17 She answered, "Your Majesty, you made me a solemn promise in the name of the Lord your God that my son Solomon would be king after you.
18 But Adonijah has already become king, and you don't know anything about it.

1:17-18 밧세바는 다윗에게 먼저 약속을 상기시킨다. 그것이 하나님의 뜻이기 때문이다. 다윗은 그동안 그것을 공포하는 것이 시기상조라고 생각하고 있었던 것 같다. **이제 아도니야가 왕이 되었어도 내 주 왕은 알지 못하시나이다.** 지금 아도니야가 왕이 되는 잔치를 벌이고 있다는 것을 알렸다. 지금도 미루면 때를 완전히 놓친다는 것을 알렸다.
밧세바는 그렇게 지혜로운 여인은 아니었던 것으로 보인다. 다윗이 불륜을 저지를 때도 수동적이었고 지금도 나단 때문에 다윗에게 나와 단지 나단의 조언을 받아들여 말하고 있는 것이다. 그러나 그가 말한 모든 것은 사실이다. 사실의 힘은 크다.

19 그가 수소와 살찐 송아지와 양을 많이 잡고 왕의 모든 아들과 제사장 아비아달과 군사령관 요압을 청하였으나 왕의 종 솔로몬은 청하지 아니하였나이다
20 내 주 왕이여 온 이스라엘이 왕에게 다 주목하고 누가 내 주 왕을 이어 그 왕위에 앉을지를 공포하시기를 기다리나이다
21 그렇지 아니하면 내 주 왕께서 그의 조상들과 함께 잘 때에 나와 내 아들 솔로몬은 죄인이 되리이다
22 밧세바가 왕과 말할 때에 선지자 나단이 들어온지라
23 어떤 사람이 왕께 말하여 이르되 선지자 나단이 여기 있나이다 하니 그가 왕 앞에 들어와서 얼굴을 땅에 대고 왕께 절하고
24 이르되 내 주 왕께서 이르시기를 아도니야가 나를 이어 왕이 되어 내 왕위

에 앉으리라 하셨나이까

19 He has offered a sacrifice of many bulls, sheep, and fattened calves, and he invited your sons, and Abiathar the priest, and Joab the commander of your army to the feast, but he did not invite your son Solomon.
20 Your Majesty, all the people of Israel are looking to you to tell them who is to succeed you as king.
21 If you don't, as soon as you are dead my son Solomon and I will be treated as traitors."
22 She was still speaking, when Nathan arrived at the palace.
23 The king was told that the prophet was there, and Nathan went in and bowed low before the king.
24 Then he said, "Your Majesty, have you announced that Adonijah would succeed you as king?

1:24 왕께서 이르시기를 아도니야가 나를 이어 왕이 되어 내 왕위에 앉으리라 하셨나이까. 왕의 뜻을 묻는 것은 하나님의 뜻을 묻는 것이기도 하다. 왕이 그렇게 말하였다면 하나님의 뜻을 좇아 그렇게 말하였을 것이라고 생각하기 때문이다. 만약 그렇게 말하지 않았는데 아도니야가 사람들을 초청하여 잔치를 벌여 왕 즉위식을 꾀하고 있는 것은 모반이라는 것을 말하고 있는 것이다. 그는 계속 하나님의 뜻에 방점을 두고 있다.

25 그가 오늘 내려가서 수소와 살찐 송아지와 양을 많이 잡고 왕의 모든 아들과 군사령관들과 제사장 아비아달을 청하였는데 그들이 아도니야 앞에서 먹고 마시며 아도니야 왕은 만세수를 하옵소서 하였나이다
26 그러나 왕의 종 나와 제사장 사독과 여호야다의 아들 브나야와 왕의 종 솔로몬은 청하지 아니하였사오니
27 이것이 내 주 왕께서 정하신 일이니이까 그런데 왕께서 내 주 왕을 이어 그 왕위에 앉을 자를 종에게 알게 하지 아니하셨나이다

25 This very day he has gone and offered a sacrifice of many bulls, sheep, and fattened calves. He invited all your sons, Joab the commander of your army, and Abiathar the priest, and just now they are feasting with him and shouting, 'Long live King Adonijah!'
26 But he did not invite me, sir, or Zadok the priest, or Benaiah, or Solomon.
27 Did Your Majesty approve all this and not even tell your officials who is to succeed you as king?"

1:27 이것이 내 주 왕께서 정하신 일이니이까. 자신은 결코 그렇게 들은적이 없는데 지금 아도니야가 왕으로 세워지는 일이 벌어지고 있으니 이상하다는 말이다.
만약 다윗이 그렇게 말하였으면 합법이지만 그렇지 않으면 모반이기 때문에 당장 다윗이 행동을 해야 하는 상황이다. 나단이 밧세바를 통해 말한 것도 실상은 나단이 말한 것이나 마찬가지다. 단지 기교를 부린 것이다. 그래서 나단은 반복하여 하나님의

뜻을 전하고 있는 것이다. 하나님의 뜻과 상관없이 왕이 세워지고 있으니 그것이 큰 불법인 것을 말하고 있는 것이다.
하나님의 뜻에 반하는 일들이 일어나는 세상이다. 우리는 세상 모든 일을 바꿀 수는 없다. 그러나 최소한 내가 있는 곳에서 내가 책임져야 하는 하나님의 뜻이 있다. 나단은 궁중 선지자로서 하나님의 뜻을 전할 막중한 책임이 있다. 그것을 제대로 전하고 있는 것이다. 나단은 밧세바와의 불륜 사건과 아도니야의 반란 사건에서 하나님의 뜻을 용감하게 전함으로 그 책임을 다하고 있다.

> **28** 다윗 왕이 명령하여 이르되 밧세바를 내 앞으로 부르라 하매 그가 왕의 앞으로 들어가 그 앞에 서는지라
> **28** King David said, "Ask Bathsheba to come back in"—and she came and stood before him.

1:28 밧세바를 내 앞으로 부르라. 상황이 매우 촉박하다. 그러나 다윗은 밧세바를 먼저 불렀다. 왜 밧세바를 불렀을까?

> **29** 왕이 이르되 내 생명을 모든 환난에서 구하신 여호와께서 살아 계심을 두고 맹세하노라
> **30** 내가 이전에 이스라엘의 하나님 여호와를 가리켜 네게 맹세하여 이르기를 네 아들 솔로몬이 반드시 나를 이어 왕이 되고 나를 대신하여 내 왕위에 앉으리라 하였으니 내가 오늘 그대로 행하리라
> **29** Then he said to her, "I promise you by the living Lord, who has rescued me from all my troubles,
> **30** that today I will keep the promise I made to you in the name of the Lord, the God of Israel, that your son Solomon would succeed me as king."

1:30 네게 맹세하여 이르기를 네 아들 솔로몬이 반드시 나를 이어 왕이 되고...오늘 그대로 행하리라. 다윗은 자신이 하려고 하는 일이 약속에 대한 이행인 것을 먼저 분명히 하고자 하였다. 그는 하나님의 뜻에 따라 솔로몬을 왕위에 세운다고 밧세바에게 약속했던 것으로 보인다. **여호와를 가리켜 맹세하여 이르기를.** 그 약속은 하나님 앞에서 엄숙하게 한 약속이었다. 그러기에 그 약속을 이행하는 것은 하나님의 뜻이다. **오늘 그대로 행하리라.** 다윗은 하나님 앞에서의 약속이기에 하나님과의 약속처럼 생각하였다. 그리고 그것을 지키고자 하였다. 하나님 앞에서의 약속은 하나님과의 약속과 같다. 하나님의 뜻이다. 그러니 그것이 거짓된 것이 아닌 이상 반드시 지켜야 한다. 약속

은 진리다. 그래서 그 약속에 따라 다윗은 솔로몬을 왕으로 세우고자 하였다. 약속이 그 시작점이기에 지금 시간이 없으면서도 가장 먼저 밧세바를 불러 약속 이행에 대한 확실한 선언을 하고 있는 것이다.

31 밧세바가 얼굴을 땅에 대고 절하며 내 주 다윗 왕은 만세수를 하옵소서 하니라
32 다윗 왕이 이르되 제사장 사독과 선지자 나단과 여호야다의 아들 브나야를 내 앞으로 부르라 하니 그들이 왕 앞에 이른지라
31 Bathsheba bowed low and said, "May my lord the king live for ever!"
32 Then King David sent for Zadok, Nathan, and Benaiah. When they came in,

1:32 제사장 사독과 선지자 나단과 여호야다의 아들 브나야를 내 앞으로 부르라. 솔로몬을 왕으로 세우기 위해 가장 중요하고 충실한 세 사람을 불렀다. 특별히 선지자 나단이 중요하다. 이스라엘의 왕은 하나님이시다. 하나님을 대신하여 통치하는 왕이기 때문에 왕은 하나님의 뜻에 따른 사람이어야 한다. 하나님의 뜻을 백성에게 전하는 역할이 바로 선지자다. 그래서 선지자를 통하는 것은 하나님의 뜻을 좇아 왕을 세우는 것을 의미한다.

33 왕이 그들에게 이르되 너희는 너희 주의 신하들을 데리고 내 아들 솔로몬을 내 노새에 태우고 기혼으로 인도하여 내려가고
33 he said to them, "Take my court officials with you; let my son Solomon ride my own mule, and escort him down to the spring of Gihon,

1:33 솔로몬을 내 노새에 태우고 기혼으로 인도하여 내려가고. 다윗은 자신이 타는 노새를 주어 솔로몬에게 왕의 권위를 갖도록 하였다. 다윗의 궁에서 기혼으로 내려가는 길은 아마 직선의 길이 아니라 능선을 따라 실로암 못 쪽으로 내려서 빙 도는 길이었을 것이다. 궁에서 아래로 바로 직선 거리가 있으나 그 길은 절벽과 같은 길이다. 노새가 결코 갈 수 없다. 솔로몬이 노새를 타고 간 돌아가는 길은 예루살렘의 가장 큰 길로서 많은 사람이 볼 수 있는 길이다. '기혼 샘'은 예루살렘에 있는 유일한 샘이다. 예루살렘의 젖줄이다. 매우 중요한 곳이며 많은 사람이 있는 곳이다. 이곳에서 800m떨어진 성밖의 또 하나의 중요한 에느로겔 샘 근처에서는 아도니야가 많은 사람들과 잔치를 벌이고 있었다. 그들은 다윗과 예루살렘 사람들을 피하여 조금 은밀하게 하기 위

해 에느로겔 샘 근처에서 모인 것 같다. 그들이 그곳에 모인 것은 아도니야의 왕 즉위식을 위한 것이었지만 모든 것이 비밀이었고 은밀하였다. 모든 것이 비공식적이었다.

34 거기서 제사장 사독과 선지자 나단은 그에게 기름을 부어 이스라엘 왕으로 삼고 너희는 뿔나팔을 불며 솔로몬 왕은 만세수를 하옵소서 하고
35 그를 따라 올라오라 그가 와서 내 왕위에 앉아 나를 대신하여 왕이 되리라 내가 그를 세워 이스라엘과 유다의 통치자로 지명하였느니라
34 where Zadok and Nathan are to anoint him as king of Israel. Then blow the trumpet and shout, 'Long live King Solomon!'
35 Follow him back here when he comes to sit on my throne. He will succeed me as king, because he is the one I have chosen to be the ruler of Israel and Judah."

1:35 내가 그를 세워 이스라엘과 유다의 통치자로 지명하였느니라. 다윗은 이스라엘의 왕으로서 공식적으로 솔로몬을 후계자요 왕으로 지명하였다. 모든 것이 공개적이고 공식적이다.

36 여호야다의 아들 브나야가 왕께 대답하여 이르되 아멘 내 주 왕의 하나님 여호와께서도 이렇게 말씀하시기를 원하오며
36 "It shall be done," answered Benaiah, "and may the Lord your God confirm it.

1:36 브나야가 왕께 대답하여 이르되 아멘...여호와께서도 이렇게 말씀하시기를 원하오며. 브나야는 '아멘'하며 기쁘게 순종하였다. 브나야는 왕의 근위대장이었다. 군사령관 요압이 아도니야 편에 섰기 때문에 솔로몬이 위험하였다. 그러나 예루살렘에서는 근위대장인 브나야가 더 많은 군대를 통솔하고 있었을 것이다. 브나야가 다윗의 명을 따르고 있었기 때문에 아도니야의 반란은 성공할 수 없었다. 브나야의 대답을 보면 '여호와'의 이름을 계속 말한다. 그는 신앙이 좋았던 것 같다. 그는 근위대장이기 이전에 하나님의 백성으로서 하나님의 뜻을 좇아가는 것을 중요하게 여기는 사람이었던 것이다. 그렇게 하나님의 뜻을 좇아가려는 사람들 때문에 결국 솔로몬이 왕위에 오르게 된다.

37 또 여호와께서 내 주 왕과 함께 계심 같이 솔로몬과 함께 계셔서 그의 왕위를 내 주 다윗 왕의 왕위보다 더 크게 하시기를 원하나이다 하니라
38 제사장 사독과 선지자 나단과 여호야다의 아들 브나야와 그렛 사람과 블렛

사람이 내려가서 솔로몬을 다윗 왕의 노새에 태우고 인도하여 기혼으로 가서
37 As the Lord has been with Your Majesty, may he also be with Solomon, and make his reign even more prosperous than yours."
38 So Zadok, Nathan, Benaiah, and the royal bodyguard put Solomon on King David's mule, and escorted him to the spring of Gihon.

1:38 그렛 사람과 블렛 사람이 내려가서. 이들은 이방인들로 구성된 다윗의 근위대다. 왕의 노새와 근위대가 솔로몬 일행과 함께 움직임으로 그들에게 권위가 있었다.

39 제사장 사독이 성막 가운데에서 기름 담은 뿔을 가져다가 솔로몬에게 기름을 부으니 이에 뿔나팔을 불고 모든 백성이 솔로몬 왕은 만세수를 하옵소서 하니라
39 Zadok took the container of olive oil which he had brought from the Tent of the Lord's presence, and anointed Solomon. They blew the trumpet, and all the people shouted, "Long live King Solomon!"

1:39 솔로몬에게 기름을 부으니...모든 백성이 솔로몬 왕은 만세수를 하옵소서. 솔로몬에게 기름이 부어지고 모든 백성이 기뻐함으로 솔로몬이 왕이 되었다. 몇 시간 전까지 솔로몬이 왕이 될 것이라고 생각한 사람이 거의 없었다. 나단이 용기를 내지 않았다면 어쩌면 솔로몬은 죄인이 되고 죽음으로 마쳤을 수 있다. 나단이 용기를 내어 상황이 완전히 바뀌었다.

40 모든 백성이 그를 따라 올라와서 피리를 불며 크게 즐거워하므로 땅이 그들의 소리로 말미암아 갈라질 듯하니
41 아도니야와 그와 함께 한 손님들이 먹기를 마칠 때에 다 들은지라 요압이 뿔나팔 소리를 듣고 이르되 어찌하여 성읍 중에서 소리가 요란하냐
40 Then they all followed him back, shouting for joy and playing flutes, making enough noise to shake the ground.
41 As Adonijah and all his guests were finishing the feast, they heard the noise. And when Joab heard the trumpet, he asked, "What's the meaning of all that noise in the city?"

1:41 아도니야와 그와 함께 한 손님들이 먹기를 마칠 때. 먹기를 마치면 아마 아도니야를 왕으로 세우는 일을 하려고 했을 것이다. 그곳에 모인 사람은 이스라엘의 힘있는 사람들이었다. 그들은 새로운 왕의 잔치에 초대되었다. 그런데 문제는 그들이 하나님께서 기뻐하시는 뜻 밖에 있었다는 사실이다. 그들은 왕위와 권력을 탐하였지 하나님의 뜻을 찾은 것이 아니었다.

42 말할 때에 제사장 아비아달의 아들 요나단이 오는지라 아도니야가 이르되 들어오라 너는 용사라 아름다운 소식을 가져오는도다
43 요나단이 아도니야에게 대답하여 이르되 과연 우리 주 다윗 왕이 솔로몬을 왕으로 삼으셨나이다
44 왕께서 제사장 사독과 선지자 나단과 여호야다의 아들 브나야와 그렛 사람과 블렛 사람을 솔로몬과 함께 보내셨는데 그들 무리가 왕의 노새에 솔로몬을 태워다가
45 제사장 사독과 선지자 나단이 기혼에서 기름을 부어 왕으로 삼고 무리가 그곳에서 올라오며 즐거워하므로 성읍이 진동하였나니 당신들에게 들린 소리가 이것이라
46 또 솔로몬도 왕좌에 앉아 있고
47 왕의 신하들도 와서 우리 주 다윗 왕에게 축복하여 이르기를 왕의 하나님이 솔로몬의 이름을 왕의 이름보다 더 아름답게 하시고 그의 왕위를 왕의 위보다 크게 하시기를 원하나이다 하매 왕이 침상에서 몸을 굽히고

42 Before he finished speaking, Jonathan, the son of the priest Abiathar, arrived. “Come in,” Adonijah said. “You’re a good man—you must be bringing good news.”
43 “I’m afraid not,” Jonathan answered. “His Majesty King David has made Solomon king.
44 He sent Zadok, Nathan, Benaiah, and the royal bodyguard to escort him. They made him ride on the king’s mule,
45 and Zadok and Nathan anointed him as king at the spring of Gihon. Then they went into the city, shouting for joy, and the people are now in an uproar. That’s the noise you just heard.
46 Solomon is now the king.
47 What is more, the court officials went in to pay their respects to His Majesty King David, and said, ‘May your God make Solomon even more famous than you, and may Solomon’s reign be even more prosperous than yours.’ Then King David bowed in worship on his bed

1:47 왕이 침상에서 몸을 굽히고. 솔로몬이 왕이 되는 중요한 순간에도 다윗은 침상에서 일어나지 못했던 것으로 보인다. 다윗은 그렇게 힘이 없었다. 그는 어쩌면 침상에서 아도니야와 솔로몬 때문에 많은 것을 생각하였을 것이다. 하나님의 뜻이 솔로몬에게 있고 그가 약속한 것이기도 하지만 많은 사람들이 장남 아도니야 편에 서는 것 또한 알고 있었을 것이다. 그런데 자신의 몸이 약하니 고민하였을 수 있다. 그러나 그래도 그가 솔로몬을 왕에 세웠을 때 모든 일이 그대로 이루어졌다. 그것을 하나님 앞에서 감사하고 있는 것이다. 비록 침상에서 나오지는 못하고 있지만 그 자리에서라도 엎드려 경배하였다.

48 또한 이르시기를 이스라엘의 하나님 여호와를 찬송하리로다 여호와께서 오늘 내 왕위에 앉을 자를 주사 내 눈으로 보게 하셨도다 하셨나이다 하니

49 아도니야와 함께 한 손님들이 다 놀라 일어나 각기 갈 길로 간지라

48 and prayed, 'Let us praise the Lord, the God of Israel, who has today made one of my descendants succeed me as king, and has let me live to see it!' "

49 Then Adonijah's guests were afraid, and they all got up and left, each going his own way.

1:49 다 놀라 일어나 각기 갈 길로 간지라. 아도니야의 잔치에 모인 사람들에게 솔로몬이 왕이 되었다는 소식이 전해졌다. 이 소식을 듣기 전까지는 그들이 최고인줄 알았다. 권력을 얻게 될 줄 알았다. 그런데 솔로몬이 왕이 되었다는 소식을 듣는 순간부터 그들은 반란을 꾀한 사람이 되었다. 그들은 재빨리 아도니야와 관계가 없는 사람이 되어야 했다. 일단 잔치 자리에서 멀어져야 했다.

50 아도니야도 솔로몬을 두려워하여 일어나 가서 제단 뿔을 잡으니

50 Adonijah, in great fear of Solomon, went to the Tent of the Lord's presence and took hold of the corners of the altar.

1:50 아도니야도...제단 뿔을 잡으니. 아도니야는 솔로몬이 자신을 죽일 것이라 생각하였다. 그래서 죽음을 피할 수 있는 유일한 방법으로 제단 뿔을 잡았다. 이런 행동은 아마 다음의 성경 구절 때문에 생긴 관습으로 보인다. "만일 사람이 고의적으로 한 것이 아니라 나 하나님이 사람을 그의 손에 넘긴 것이면 내가 그를 위하여 한 곳을 정하리니 그 사람이 그리로 도망할 것이며 사람이 그의 이웃을 고의로 죽였으면 너는 그를 내 제단에서라도 잡아내려 죽일지니라"(출 21:13-14) '고의로 죽였으면 너는 그를 내 제단에서라도 잡아내려 죽일지니라'고 말한다. 고의로 살인한 것이 아니라 제단에 있으면 죽음을 면할 수 있다고 생각한 것이다.

51 어떤 사람이 솔로몬에게 말하여 이르되 아도니야가 솔로몬 왕을 두려워하여 지금 제단 뿔을 잡고 말하기를 솔로몬 왕이 오늘 칼로 자기 종을 죽이지 않겠다고 내게 맹세하기를 원한다 하나이다

52 솔로몬이 이르되 그가 만일 선한 사람일진대 그의 머리털 하나도 땅에 떨어지지 아니하려니와 그에게 악한 것이 보이면 죽으리라 하고

51 King Solomon was told that Adonijah was afraid of him and that he was holding on to the corners of the altar and had said, "First, I want King Solomon to swear to me that he will not have me put to death."

52 Solomon replied, "If he is loyal, not even a hair on his head will be touched; but if he is not, he will die."

1:52 아도니야는 그에게 죄가 없으면 죽지 않으리라는 약속과 함께 집에 갈 수 있었다. 그러나 하나님의 뜻 밖에 있으면 지금 당장은 그렇지 않더라도 언젠가 죗값을 치르게 돼 있다. 지금 당장 죽음을 면했다고 다 된 것이 아니다.

2장

2:1-12은 다윗이 아들 솔로몬에 마지막으로 남긴 말이다.

> **1** 다윗이 죽을 날이 임박하매 그의 아들 솔로몬에게 명령하여 이르되
> **2** 내가 이제 세상 모든 사람이 가는 길로 가게 되었노니 너는 힘써 대장부가 되고
> **1** When David was about to die, he called his son Solomon and gave him his last instructions:
> **2** "My time to die has come. Be confident and determined,

2:2 너는 힘써 대장부가 되고. 사명을 이루어야 하는 사람에게 가장 중요한 것이다. 단대하고 강하게 자신의 길을 가야 한다. 이것은 솔로몬만이 아니라 이 땅의 삶을 사는 모든 사람에게 해당한다. 어떤 사람의 인생이라도 쉬운 길은 없다. '마음을 단단히 먹고 힘써'서 가야한다. 그러할 때 자신에게 주어진 사명의 길을 잘 감당할 수 있다.

> **3** 네 하나님 여호와의 명령을 지켜 그 길로 행하여 그 법률과 계명과 율례와 증거를 모세의 율법에 기록된 대로 지키라 그리하면 네가 무엇을 하든지 어디로 가든지 형통할지라
> **3** and do what the Lord your God orders you to do. Obey all his laws and commands, as written in the Law of Moses, so that wherever you go you may prosper in everything you do.

2:3 네 하나님 여호와의 명령을 지켜. 마음의 준비를 시킨 다윗은 솔로몬에게 이제 구체적으로 어떤 행동을 하라고 말할까? 전쟁에 대해 말할까? 솔로몬에게 주어진 가장 중요한 행동은 말씀을 지켜 행하는 것이다. 그러기 위해서는 그것을 열심히 배워야 한다. 그리고 순종해야 한다. 말씀을 알아가고 순종하기 위해 마음을 더욱더 단단히 먹고 힘써야 한다. 그렇지 않으면 말씀을 읽고 묵상하는 것이 후순위로 밀릴 것이다. 국가의 왕이 되면 할 일이 늘 많을 것이기 때문이다. 마음을 단단히 먹지 않으면 말씀이 아니라 환경을 따라 살게 될 것이다. 국가의 많은 일들을 결정할 때 말씀을 따르는 것이 어떤 때는 쉽겠지만 더 어려울 때가 많을 것이다. 그때는 강한 용기가 필요하다. **네가 무엇을 하든지 어디로 가든지 형통할지라.** 말씀을 따라 사는 것이 당장은 어렵고 손해보는 것 같지만 결국은 가장 쉬운 길이며 복된 길이라는 것을 알게 될 것이

다. 말씀을 따라 갈 때 세상의 주관자인 하나님께서 형통하게 하실 것이기 때문이다. 신명기 말씀은 그것을 분명하게 말씀한다. 다윗은 분명하게 그것을 경험하였다. 그래서 아들 솔로몬에게 말씀을 따라 사는 것을 가장 중요한 지침으로 삼도록 강하게 이야기하고 있다.

4 여호와께서 내 일에 대하여 말씀하시기를 만일 네 자손들이 그들의 길을 삼가 마음을 다하고 성품을 다하여 진실히 내 앞에서 행하면 이스라엘 왕위에 오를 사람이 네게서 끊어지지 아니하리라 하신 말씀을 확실히 이루게 하시리라
4 If you obey him, the Lord will keep the promise he made when he told me that my descendants would rule Israel as long as they were careful to obey his commands faithfully with all their heart and soul.

2:4 여호와께서 내 일에 대하여 말씀하시기를. 하나님께서 말씀하셨다. 약속하셨다. 그러기에 솔로몬은 하나님의 약속을 믿어 그 말씀을 지키는 것에 '마음을 다하고 성품을 다하여' 지켜야 한다. 말씀을 얕잡아보는 사람이 많다. 쉬울 때는 지키지만 어려우면 지키지 않는다. 그러나 말씀은 쉽거나 어려움을 떠나 무조건 지켜야 한다. 말씀은 우리가 지켜야 할 모든 것이다. 그러기에 어떤 경우라도 말씀을 지키기 위해 힘을 다해야 한다. **성품을 다하여.** '성품(히. 네페쉬)'은 주로 '영혼'으로 번역하는 경우가 많다. 그런네 '자신의 모든 것'을 의미하기도 한다. 세상 말로 우리의 영혼을 갈아 넣어 지켜야 한다. 말씀을 구식이라 생각하지 말아야 한다. 가장 최신이다. 오늘 우리가 살아가는 가장 중요한 기준이라는 것을 명심해야 한다.

5 스루야의 아들 요압이 내게 행한 일 곧 이스라엘 군대의 두 사령관 넬의 아들 아브넬과 예델의 아들 아마사에게 행한 일을 네가 알거니와 그가 그들을 죽여 태평 시대에 전쟁의 피를 흘리고 전쟁의 피를 자기의 허리에 띤 띠와 발에 신은 신에 묻혔으니
5 "There is something else. You remember what Joab did to me by killing the two commanders of Israel's armies, Abner son of Ner and Amasa son of Jether. You remember how he murdered them in time of peace in revenge for deaths they had caused in time of war. He killed innocent men and now I bear the responsibility for what he did, and I suffer the consequences.

2:5 요압이 내게 행한 일...그가 그들을 죽여 태평 시대에 전쟁의 피를 흘리고. 다윗은 요압에 대한 심판을 말하였다. 아도니야와 함께 반란을 꾀하였을 뿐만 아니라 그는 다

윗과 함께 할 때 두 장군을 까닭 없이 죽였다. 자신의 사사로운 감정과 이익을 위하여 장군을 죽인 것만이 아니라 나라를 위태롭게 한 것이다. 다윗 때는 그의 죄를 물을 형편이 되지 못하였다. 그러나 솔로몬 때는 그의 죄를 묻도록 유언하였다.

6 네 지혜대로 행하여 그의 백발이 평안히 스올에 내려가지 못하게 하라
7 마땅히 길르앗 바르실래의 아들들에게 은총을 베풀어 그들이 네 상에서 먹는 자 중에 참여하게 하라 내가 네 형 압살롬의 낯을 피하여 도망할 때에 그들이 내게 나왔느니라
6 You know what to do; you must not let him die a natural death.
7 "But show kindness to the sons of Barzillai from Gilead and take care of them, because they were kind to me when I was fleeing from your brother Absalom.

2:7 마땅히 길르앗 바르실래의 아들들에게 은총을 베풀어. 다윗이 죽으면 끝나는 것이 아니라 그가 죽더라도 바르실래의 선한 행동이 보상받도록 하라고 유언을 남겼다. 선한 행동을 기억하는 것은 좋은 일이다. 사람들이 선한 행위를 기억하지 못하는 경향이 많다. 그러나 우리는 우리에게 선한 행위를 한 사람을 기억해야 한다. 이전에 나에게 큰 은혜를 준 사람을 오늘 기억하여 선물을 하나 보내 보라. 우리는 늘 은혜를 기억하는 사람이 되어야 한다.

8 바후림 베냐민 사람 게라의 아들 시므이가 너와 함께 있나니 그는 내가 마하나임으로 갈 때에 악독한 말로 나를 저주하였느니라 그러나 그가 요단에 내려와서 나를 영접하므로 내가 여호와를 두고 맹세하여 이르기를 내가 칼로 너를 죽이지 아니하리라 하였노라
8 "There is also Shimei son of Gera, from the town of Bahurim in Benjamin. He cursed me bitterly the day I went to Mahanaim, but when he met me at the River Jordan, I gave him my solemn promise in the name of the Lord that I would not have him killed.

2:8 시므이가 너와 함께 있나니...악독한 말로 나를 저주하였느니라. 다윗은 마하나임에서 돌아올 때 나라를 위해 시므이의 죄를 묻지 않았다. 그러나 나라가 안정되면 그의 죄도 물어야 한다고 생각하였다. 그래서 그의 죄를 물으라고 유언하였다.

9 그러나 그를 무죄한 자로 여기지 말지어다 너는 지혜 있는 사람이므로 그에게 행할 일을 알지니 그의 백발이 피 가운데 스올에 내려가게 하라

10 다윗이 그의 조상들과 함께 누워 다윗 성에 장사되니
11 다윗이 이스라엘 왕이 된 지 사십 년이라 헤브론에서 칠 년 동안 다스렸고 예루살렘에서 삼십삼 년 동안 다스렸더라
12 솔로몬이 그의 아버지 다윗의 왕위에 앉으니 그의 나라가 심히 견고하니라

9 But you must not let him go unpunished. You know what to do, and you must see to it that he is put to death."
10 David died and was buried in David's City.
11 He had been king of Israel for 40 years, ruling seven years in Hebron and 33 years in Jerusalem.
12 Solomon succeeded his father David as king, and his royal power was firmly established.

2부

솔로몬의 통치와 지혜

(2:13-11:43)

2:13-4:34은 솔로몬의 지혜에 대한 이야기다.

13 학깃의 아들 아도니야가 솔로몬의 어머니 밧세바에게 나아온지라 밧세바가 이르되 네가 화평한 목적으로 왔느냐 대답하되 화평한 목적이니이다
13 Then Adonijah, whose mother was Haggith, went to Bathsheba, who was Solomon's mother. "Is this a friendly visit?" she asked. "It is," he answered,

2:13 아도니야는 다윗의 실제적인 장남이었지만 왕위에 오르지 못하였다. 그는 아버지 다윗의 허락 없이 왕위에 오르려 하였었다. 그것이 큰 죄였지만 솔로몬은 그를 죽이지 않았다. 그러나 또 하나의 사건이 터진다. **아도니야가 솔로몬의 어머니 밧세바에게 나아온지라.** 아도니야는 자중하고 있었어야 한다. 그러나 그는 솔로몬이 왕위에 오른지 얼마 지나지 않아 밧세바를 찾아갔다.

14 또 이르되 내가 말씀드릴 일이 있나이다 밧세바가 이르되 말하라
15 그가 이르되 당신도 아시는 바이거니와 이 왕위는 내 것이었고 온 이스라엘은 다 얼굴을 내게로 향하여 왕으로 삼으려 하였는데 그 왕권이 돌아가 내 아우의 것이 되었음은 여호와께로 말미암음이니이다
14 and then he added, "I have something to ask of you." "What is it?" she asked.
15 He answered, "You know that I should have become king and that everyone in Israel expected it. But it happened differently, and my brother became king, because it was the Lord's will.

2:15 당신도 아시는 바이거니와 이 왕위는 내 것이었고. 참으로 어리석은 말이다. 왕위는 하나님께서 세우시는 자리다. 그가 비록 장남이었다고 왕위가 당연히 그의 것이 되는 것은 아니다. 다윗도 결코 그를 왕위에 세우려 하지 않았다. 그는 단 1초도 왕위에 오른 적이 없다. 지금 솔로몬이 왕위에 있는데 '왕위가 본래 자신의 것이었다'고 말하는 것은 참으로 목숨이 열 개라도 부지할 수 없는 망언이다. **왕권이 돌아가 내 아우의 것이 되었음은 여호와께로 말미암음이니이다.** 밧세바를 안심시키려고 하는 말인 것 같다. 그는 믿음의 사람이 아니었다. 그가 왕위에 오르려고 한 것은 하나님의 뜻을 좇아 된 것이 아니었다. 그런데 지금 밧세바를 안심시키려는 계략을 꾸미면서는 하나님의 이름을 사용하고 있다. 참으로 불신앙적인 행동이다. 하나님의 이름을 그렇게 자신의 탐욕과 거짓에 사용해서는 결코 안 된다. 우리는 하나님의 이름을 많이 불러야 한다. 그러나 거짓이 아니라 진정한 마음으로 불러야 한다.

16 이제 내가 한 가지 소원을 당신에게 구하오니 내 청을 거절하지 마옵소서 밧세바가 이르되 말하라
17 그가 이르되 청하건대 솔로몬 왕에게 말씀하여 그가 수넴 여자 아비삭을 내게 주어 아내를 삼게 하소서 왕이 당신의 청을 거절하지 아니하리이다
16 And now I have one request to make; please do not refuse me." "What is it?" Bathsheba asked.
17 He answered, "Please ask King Solomon—I know he won't refuse you—to let me have Abishag, the woman from Shunem, as my wife."

2:17 아비삭을 내게 주어 아내를 삼게 하소서. 아비삭은 다윗의 하렘(궁녀)이다. 왕의 여자다. 물론 조금 애매한 것이 있다. 다윗이 그를 여자로 여기지 않았기 때문이다. 그러나 압살롬의 경우를 생각하거나 당시 고대 문화를 생각할 때 역모에 해당할 정도로 아주 어리석은 요청이다. 전 왕의 여자를 취하는 것은 자신이 왕위를 잇고 있다는 것을 주장하는 중요한 근거가 되기 때문이다. **왕이 당신의 청을 거절하지 아니하리이다.** 아도니야는 이것이 얼마나 위험한 요청인지 알고 있었다. 그러나 솔로몬의 어머니인 밧세바를 통해서 요청하면 들어줄 가능성이 있다고 생각한 것 같다. 그는 솔로몬을 얕잡아 보고 있는 것이다. 감히 이런 요청을 하였다는 것이 그렇고 이것을 통해 자신의 뜻을 이룰 수 있을 것이라고 생각한 것이 그렇다. 물론 군대장관 요압이 그의 편이기 때문에 명분만 있다면 아직 그가 왕위에 오를 수 있는 가능성이 있다. 그는 여전히 왕위에 대한 미련으로 이런 요청을 하고 있는 것이 분명하다. 그러나 이러한 미련은 결국 그를 죽음에 이르게 한다.

18 밧세바가 이르되 좋다 내가 너를 위하여 왕께 말하리라
19 밧세바가 이에 아도니야를 위하여 말하려고 솔로몬 왕에게 이르니 왕이 일어나 영접하여 절한 후에 다시 왕좌에 앉고 그의 어머니를 위하여 자리를 베푸니 그가 그의 오른쪽에 앉는지라
18 "Very well," she answered. "I will speak to the king for you."
19 So Bathsheba went to the king to speak to him on behalf of Adonijah. The king stood up to greet his mother and bowed to her. Then he sat on his throne and had another one brought in on which she sat at his right.

2:19 왕이 일어나 영접하여 절한 후에...어머니를 위하여 자리를 베푸니 그가 그의 오른쪽에 앉는지라. 솔로몬이 어머니 밧세바에게 모든 예를 다하는 모습이다. 어머니에게 베푼 '자리'는 솔로몬이 앉은 자리와 같은 단어를 사용한다. 보통 왕좌를 지칭하는 단이다. 어머니의 사리가 아래가 아니라 오른쪽이라는 것도 그러하다. 솔로몬은 어머니

에 대한 최대한의 예를 갖추었고 그것이 문화였다.

20 밧세바가 이르되 내가 한 가지 작은 일로 왕께 구하오니 내 청을 거절하지 마소서 왕이 대답하되 내 어머니여 구하소서 내가 어머니의 청을 거절하지 아니하리이다
20 She said, "I have a small favour to ask of you; please do not refuse me." "What is it, mother?" he asked. "I will not refuse you."

2:20 내 청을 거절하지 마소서. 밧세바는 아도니야의 청을 자신의 청으로 말하였다.

21 이르되 청하건대 수넴 여자 아비삭을 아도니야에게 주어 아내로 삼게 하소서
21 She answered, "Let your brother Adonijah have Abishag as his wife."

2:21 아비삭을 아도니야에게 주어 아내로 삼게 하소서. 이것을 두고 신학자들은 다양한 의견을 제시한다. 밧세바가 참으로 어리석다고 말하는 사람이 있다. 그러나 밧세바가 매우 영리하다고 의견을 내는 학자도 있다. 솔로몬이 자신의 청을 들어주지 않을 것이라 생각하여 아도니야의 청을 전달한 것일 수 있다. 아도니야의 요청은 참으로 어리석은 요청이었기 때문이다. 앞서 다윗에게 전한 밧세바의 요청과 아들 솔로몬에게 전한 그의 요청은 성격이 다르면서도 솔로몬이 왕위에 오르고, 견고하게 서는 결정적인 역할을 한다. 그것이 단지 우연은 아닌 것 같다. 밧세바의 지혜가 작용하였을 수 있다.

22 솔로몬 왕이 그의 어머니에게 대답하여 이르되 어찌하여 아도니야를 위하여 수넴 여자 아비삭을 구하시나이까 그는 나의 형이오니 그를 위하여 왕권도 구하옵소서 그뿐 아니라 제사장 아비아달과 스루야의 아들 요압을 위해서도 구하옵소서 하고
22 "Why do you ask me to give Abishag to him?" the king asked. "You might as well ask me to give him the throne too. After all, he is my elder brother, and Abiathar the priest and Joab are on his side!"

2:22 어찌하여 아도니야를 위하여 수넴 여자 아비삭을 구하시나이까...그를 위하여 왕권도 구하옵소서. 솔로몬은 지혜로운 사람이었기 때문에 아도니야의 요청이 왕권에 대한 도전인 것을 간파하였다. 어머니에 대한 대단한 존경을 가지고 있었지만 옳은 것

에 대해서는 타협하지 않았다. 어쩌면 밧세바가 이것을 바라고 말한 것일 수 있다. 솔로몬은 역시 유약하지 않았으며 지혜로운 사람이었다.

> 23 여호와를 두고 맹세하여 이르되 아도니야가 이런 말을 하였은즉 그의 생명을 잃지 아니하면 하나님은 내게 벌 위에 벌을 내리심이 마땅하니이다
> 23 Then Solomon made a solemn promise in the Lord's name, "May God strike me dead if I don't make Adonijah pay with his life for asking this!

2:23 아도니야가 이런 말을 하였은즉 그의 생명을 잃지 아니하면 하나님은 내게 벌 위에 벌을 내리심이 마땅하니이다. 솔로몬은 이전에 아도니야가 왕위에 오르기 위해 반란을 꾀하였을 때는 넘어가 주었다. 그러나 또 이런 일을 꾀하는 것을 보면서 이제는 그의 죄를 물어야 한다고 판단하였다.

> 24 그러므로 이제 나를 세워 내 아버지 다윗의 왕위에 오르게 하시고 허락하신 말씀대로 나를 위하여 집을 세우신 여호와께서 살아 계심을 두고 맹세하노니 아도니야는 오늘 죽임을 당하리라 하고
> 25 여호야다의 아들 브나야를 보내매 그가 아도니야를 쳐서 죽였더라
> 24 The Lord has firmly established me on the throne of my father David; he has kept his promise and given the kingdom to me and my descendants. I swear by the living Lord that Adonijah will die this very day!"
> 25 So King Solomon gave orders to Benaiah, who went out and killed Adonijah.

2:25 결국 아도니야는 죽임 당하였다. 그의 죽음은 솔로몬의 왕권을 확립하여 주었으며 하나님 나라가 힘있게 이루어 가는 길이 되었다. 아도니야는 자신의 왕위에 욕심이 있었지만 사실 그것은 하나님 나라의 길에 장애물이었다. 사람들이 탐욕으로 하나님 나라의 방해물이 되는 경우가 많다.

> 26 왕이 제사장 아비아달에게 이르되 네 고향 아나돗으로 가라 너는 마땅히 죽을 자이로되 네가 내 아버지 다윗 앞에서 주 여호와의 궤를 메었고 또 내 아버지가 모든 환난을 받을 때에 너도 환난을 받았은즉 내가 오늘 너를 죽이지 아니하노라 하고
> 26 Then King Solomon said to Abiathar the priest, "Go to your country home in Anathoth. You deserve to die, but I will not have you put to death now, for you were in charge of the Lord's Covenant Box while you were with my father David, and you shared in all his troubles."

2:26 네 고향 아나돗으로 가라 너는 마땅히 죽을 자이로되. 솔로몬은 아비아달의 대제사장직을 박탈하였다. 아도니야의 반란에 동참하였기 때문이다. 아비아달은 아도니야의 첫 번째 반란에 함께하였다. 두 번째 시도에서는 동참하였는지 여부를 정확히 모른다. 그러나 정황상 함께한 것으로 보인다. 그래서 솔로몬은 아비아달을 대제사장직에서 박탈하였다. **여호와의 궤를 메었고 또 내 아버지가 모든 환난을 받을 때에 너도 환난을 받았은즉 내가 오늘 너를 죽이지 아니하노라.** 본래 반역을 했으면 죽이는 것이 맞다. 그런데 왜 솔로몬은 그를 죽이지 않았을까? 솔로몬은 아비아달의 과거의 공적을 인정하였다. 과거 성공의 공이 인정되어 이번에 그가 크게 잘못하였어도 그의 목숨을 살려준 것이다.

아비아달을 보면 과거의 성공이 참 중요하다는 것을 볼 수 있다. 우리의 과거는 우리의 오늘을 보호할 수 있을까? 우리는 오늘을 성공하여 성공적인 과거를 만들어야 한다. 아비아달이 역모를 꾸미는 큰 죄를 범하였음에도 불구하고 그가 죽임을 당하지 않은 것은 그가 과거에 다윗과 함께 할 때 진심이었기 때문이다. 그는 과거에 성공하였다. 성공한 과거가 오늘의 실패를 조금은 가려주는 역할을 한 것이다. 과거에는 하나님께서 주신 소명의 일을 열심히 순종하면서 살았는데 오늘은 그렇지 않은 사람들이 있다. 과거에는 성공하였는데 오늘 실패하고 있는 사람들이다. 그들의 오늘은 과거를 까먹고 있는 모습이다.

27 아비아달을 쫓아내어 여호와의 제사장 직분을 파면하니 여호와께서 실로에서 엘리의 집에 대하여 하신 말씀을 응하게 함이더라
28 그 소문이 요압에게 들리매 그가 여호와의 장막으로 도망하여 제단 뿔을 잡으니 이는 그가 다윗을 떠나 압살롬을 따르지 아니하였으나 아도니야를 따랐음이더라
29 어떤 사람이 솔로몬 왕에게 아뢰되 요압이 여호와의 장막으로 도망하여 제단 곁에 있나이다 솔로몬이 여호야다의 아들 브나야를 보내며 이르되 너는 가서 그를 치라
30 브나야가 여호와의 장막에 이르러 그에게 이르되 왕께서 나오라 하시느니라 그가 대답하되 아니라 내가 여기서 죽겠노라 브나야가 돌아가서 왕께 아뢰어 이르되 요압이 이리이리 내게 대답하더이다
31 왕이 이르되 그의 말과 같이 하여 그를 죽여 묻으라 요압이 까닭 없이 흘린 피를 나와 내 아버지의 집에서 네가 제하리라
32 여호와께서 요압의 피를 그의 머리로 돌려보내실 것은 그가 자기보다 의롭고 선한 두 사람을 쳤음이니 곧 이스라엘 군사령관 넬의 아들 아브넬과 유다 군

사령관 예델의 아들 아마사를 칼로 죽였음이라 이 일을 내 아버지 다윗은 알지 못하셨나니

27 Then Solomon dismissed Abiathar from serving as a priest of the Lord, and so he made what the Lord had said in Shiloh about the priest Eli and his descendants come true.
28 Joab heard what had happened. (He had supported Adonijah, but not Absalom.) So he fled to the Tent of the Lord's presence and took hold of the corners of the altar.
29 When the news reached King Solomon that Joab had fled to the Tent and was by the altar, Solomon sent a messenger to Joab to ask him why he had fled to the altar. Joab answered that he had fled to the Lord because he was afraid of Solomon. So King Solomon sent Benaiah to kill Joab.
30 He went to the Tent of the Lord's presence and said to Joab, "The king orders you to come out." "No," Joab answered. "I will die here." Benaiah went back to the king and told him what Joab had said.
31 "Do what Joab says," Solomon answered. "Kill him and bury him. Then neither I nor any other of David's descendants will any longer be held responsible for what Joab did when he killed innocent men.
32 The Lord will punish Joab for those murders, which he committed without my father David's knowledge. Joab killed two innocent men who were better men than he: Abner, commander of the army of Israel, and Amasa, commander of the army of Judah.

2:32 이스라엘 군사령관 넬의 아들 아브넬과 유다 군사령관 예델의 아들 아마사를 칼로 죽였음이라. 요압이 죽어야 하는 이유는 그가 두 사람을 죽인 것 때문이라고 말한다. 요압은 자신의 성공을 위하여 두 사람을 죽였다. 그들을 죽여야 자신이 군사령관직을 유지할 수 있었기 때문이다. 그의 살인은 전쟁터에서의 정당한 죽임이 아니라 거짓과 술수로 죽인 것이다. 요압이 그들을 죽임으로 다윗은 매우 어려운 처지가 되었었다. 다윗과 이스라엘 전체가 위험했었다. 오직 요압의 개인적인 담욕 때문이다. 그것은 하나님께서 미워하시는 일이었다. 그것을 기억하는 다윗은 유언으로 요압을 심판할 것을 솔로몬에게 남겼다.

요압은 자신이 원하였던 군사령관직을 오랫동안 유지하였다. 그는 자신의 목적을 이루었고 성공한 것 같다. 그러나 그것은 거짓 성공이었다. 그의 욕심을 이루었지만 하나님의 뜻을 어긴 성공이다. 그의 성공은 결코 신앙인이 가지 말아야 할 성공이다. 겉으로는 성공 같으나 결코 성공이 아니다. 신앙인은 자신의 목적하는 것을 이루었다고 성공이라고 착각하지 말아야 한다. 오직 하나님께서 목적하시는 것을 이루어야 성공이다.

33 그들의 피는 영영히 요압의 머리와 그의 자손의 머리로 돌아갈지라도 다윗과 그의 자손과 그의 집과 그의 왕위에는 여호와께로 말미암는 평강이 영원히 있으리라

33 The punishment for their murders will fall on Joab and on his descendants for ever. But the Lord will always give success to David's descendants who sit on his throne."

2:33 그들의 피는 영영히 요압의 머리와 그의 자손의 머리로 돌아갈지라. 요압은 과거의 성공한 일 때문에 오늘 죽임을 당해야만 했다. 그가 성막의 제단 뿔을 잡아도 그의 과거 죄악을 상쇄하지는 못하였다.

요압은 과거에 매우 성공한 사람 같다. 그러나 그의 과거가 오늘의 실패를 막아주지 못하는 것을 보면 그의 과거 성공이 성공이 아니라 실패라는 것을 증명한다. 그는 과거에도 성공한 것이 아니라 철저히 실패하였던 것이다. 성공한 줄 알았는데 실패였다.

34 여호야다의 아들 브나야가 곧 올라가서 그를 쳐죽이매 그가 광야에 있는 자기의 집에 매장되니라
35 왕이 이에 여호야다의 아들 브나야를 요압을 대신하여 군사령관으로 삼고 또 제사장 사독으로 아비아달을 대신하게 하니라
36 왕이 사람을 보내어 시므이를 불러서 이르되 너는 예루살렘에서 너를 위하여 집을 짓고 거기서 살고 어디든지 나가지 말라
34 So Benaiah went to the Tent of the Lord's presence and killed Joab, and he was buried at his home in the open country.
35 The king made Benaiah commander of the army in Joab's place and put Zadok the priest in Abiathar's place.
36 Then the king sent for Shimei and said to him, "Build a house for yourself here in Jerusalem. Live in it and don't leave the city.

2:36 다윗은 나라의 안정을 위해 시므이를 자신이 죽이지 않겠다고 약속하였었다. 그러나 시므이의 죄는 마땅히 처벌받아야 한다고 말하였다. 그렇다면 솔로몬은 어떻게 하여야 시므이를 지혜롭게 처벌하는 것이 될까? 솔로몬은 고민을 많이 하였을 것이다. 너는 예루살렘에서 **너를 위하여 집을 짓고 거기서 살고 어디든지 나가지 말라.** 시므이는 베냐민 지파에서 잘못된 영향력을 미칠 수 있기 때문에 충분히 이렇게 명령할 수 있었다.

37 너는 분명히 알라 네가 나가서 기드론 시내를 건너는 날에는 반드시 죽임을 당하리니 네 피가 네 머리로 돌아가리라
37 If you ever leave and go beyond the brook of Kidron, you will certainly die—and you yourself will be to blame."

2:37 기드론 시내를 건너는 날에는 반드시 죽임을 당하리니. 베냐민 지파는 예루살렘의 동편에 있기 때문에 그곳으로 가려면 기드론 계곡을 건너야 한다. 이것은 시므이에게 어떤 일이 있어도 자신의 고향으로 건너가지 말아야 한다는 것을 의미한다. 이 명령은 시므이와 다윗과의 관계를 벗어나 솔로몬이 시므이에게 명령한 것이다. 새로운 관계 형성이라고 할 수 있다.

> **38** 시므이가 왕께 대답하되 이 말씀이 좋사오니 내 주 왕의 말씀대로 종이 그리 하겠나이다 하고 이에 날이 오래도록 예루살렘에 머무니라
> **38** "Very well, Your Majesty," Shimei answered. "I will do what you say." So he lived in Jerusalem a long time.

2:38 말씀이 좋사오니 내 주 왕의 말씀대로 종이 그리 하겠나이다. 시므이는 솔로몬의 명령을 따르기로 약정을 맺었다. 그리 어려운 일도 아니다. **오래도록 예루살렘에 머무니라.** 예루살렘은 수도이며 이스라엘의 중심지이기 때문에 그곳에 머무는 것이 불편한 것이 별로 없었을 것이다. 오히려 좋았을 수도 있다.

> **39** 삼 년 후에 시므이의 두 종이 가드 왕 마아가의 아들 아기스에게로 도망하여 간지라 어떤 사람이 시므이에게 말하여 이르되 당신의 종이 가드에 있나이다
> **39** Three years later, however, two of Shimei's slaves ran away to the king of Gath, Achish son of Maacah. When Shimei heard that they were in Gath,

2:39 삼 년 후에. 시간이 지나면 사람은 과거의 약속을 잊기 쉽다. **시므이의 두 종이 가드 왕 마아가의 아들 아기스에게로 도망하여 간지라.** 시므이에게 일이 생겼다. 종이 가드로 도망을 간 것이다. 당시 근동 지역의 문화는 도망간 종을 주인에게로 돌려보내는 것이 당연한 문화를 가지고 있었다. 그런데 그것이 쉽지는 않았을 것이다. 상대방은 종이 왔으면 굴러들어온 돈 덩어리인데 쉽게 내주지 않으려 하였을 것이다. 그래서 시므이가 직접 종이 도망간 그 집을 방문해야 할 필요성이 생겼다.

> **40** 시므이가 그 종을 찾으려고 일어나 그의 나귀에 안장을 지우고 가드로 가서 아기스에게 나아가 그의 종을 가드에서 데려왔더니
> **40** he saddled his donkey and went to King Achish in Gath, to find his slaves. He found them and brought them back home.

2:40 시므이가 그 종을 찾으려고...가드로 가서 아기스에게 나아가 그의 종을 가드에서 데려왔더니. 시므이는 자신의 당연한 권리를 행사하여 종을 데려왔다. 그런데 여기에 문제가 있다. 시므이는 왜 솔로몬과의 언약을 뒤로 하고 예루살렘을 떠난 것일까? 첫째, 그가 가드에 가는 길은 기드론 계곡을 건너는 것이 아니라 서쪽으로 가는 길이었기 때문에 약속을 어기는 것이 아니라고 생각하였다는 주장을 하는 사람이 있다. 그러나 그것은 36절에서 솔로몬이 말한 것처럼 '어디든지 나가지 말라'는 구절에 맞지 않다. 베냐민 지역도 꼭 기드론 계곡을 건너지 않아도 빙 돌아가면 갈 수 있다. 그러니 이것을 문자적으로 보면 안 된다. 둘째, 시므이가 오해하였을 수 있다. 자신이 베냐민 지파 사람들을 만나는 것을 반대하는 것이기 때문에 자신이 가드에 간 것은 솔로몬에게 위협이 되지 않을 것이라고 생각하였을 수 있다. 셋째, 이미 시간이 많이 지났기 때문에 약속에 대해 가볍게 생각하였을 수 있다. 처음 들을 때는 '죽는다'는 말에 위협을 느꼈지만 3년이 지난 지금은 그것이 위협으로 생각되지 않는 것이다. 시간의 마법이다. 넷째, 자신이 가드에 간 것을 솔로몬 왕이 모를 것이라는 생각했기 때문이다. 왕이 자신을 늘 감시하고 있지는 않을 것이라고 생각한 것이다. 어떤 경우이든 시므이가 솔로몬이 엄하게 명한 것을 어긴 것은 분명해 보인다.

41 시므이가 예루살렘에서부터 가드에 갔다가 돌아온 일을 어떤 사람이 솔로몬에게 말한지라
42 왕이 사람을 보내어 시므이를 불러서 이르되 내가 너에게 여호와를 두고 맹세하게 하고 경고하여 이르기를 너는 분명히 알라 네가 밖으로 나가서 어디든지 가는 날에는 죽임을 당하리라 하지 아니하였느냐 너도 내게 말하기를 내가 들은 말씀이 좋으니이다 하였거늘
43 네가 어찌하여 여호와를 두고 한 맹세와 내가 네게 이른 명령을 지키지 아니하였느냐
41 When Solomon heard what Shimei had done,
42 he sent for him and said, "I made you promise in the Lord's name not to leave Jerusalem. And I warned you that if you ever did, you would certainly die. Did you not agree to it and say that you would obey me?
43 Why, then, have you broken your promise and disobeyed my command?

2:43 어찌하여 여호와를 두고 한 맹세...지키지 아니하였느냐. 솔로몬이 명할 때 하나님의 이름을 들어 엄히 명령하였다. 그리고 시므이는 그것을 분명히 약속했다. 그런데도 불구하고 그것을 시므이가 어겼다. 그래서 처벌한다고 말하고 있다. 약속대로 죽어야 한다.

솔로몬은 다윗 왕의 유언에 따라 이 일을 지혜롭게 행하였다. 시므이를 바로 척결하면 다윗이 시므이에게 약속한 것을 솔로몬이 어기는 것이기 때문에 약속을 지키면서 처벌할 방법을 찾아 생각을 거듭하였을 것이다. 그때 솔로몬은 시므이가 신실하지 못한 것을 간파한 것으로 보인다. 시므이는 다윗에게 신실하지 못했다. 그래서 그의 신실하지 못한 단점을 잘 활용한 것이다. 그는 시므이에게 시간을 주고 약속을 지키도록 하였으며 결국 역시 약속을 어겼다. 솔로몬의 지혜가 엿 보인다.

44 왕이 또 시므이에게 이르되 네가 네 마음으로 아는 모든 악 곧 내 아버지에게 행한 바를 네가 스스로 아나니 여호와께서 네 악을 네 머리로 돌려보내시리라
44 You know very well all the wrong that you did to my father David. The Lord will punish you for it.

2:44 네가 네 마음으로 아는 모든 악 곧 내 아버지에게 행한 바를 네가 스스로 아나니. 시므이가 다윗에게 행한 악은 그때 다윗이 죽이지 않겠다고 약속한 것이 시므이의 죄까지 용서된 것은 아닌 것을 말한다. 그때의 죄를 생각하면 당연히 죽어 마땅하다는 것을 다시 상기시킨다. 지금 겉으로는 솔로몬의 명령을 어긴 것 때문에 죽는 것이지만 더 크고 근본적인 죄는 다윗이 어려울 때 다윗을 저주한 것이라고 말한다. 시므이가 솔로몬의 명령을 어김으로 그는 약속대로 죽임을 면하지 못하게 되었다. 이때 솔로몬은 시므이에게 본래 그의 죄에 대해서도 말하였다. 정직이다. 지혜는 정직해야 한다.

45 그러나 솔로몬 왕은 복을 받고 다윗의 왕위는 영원히 여호와 앞에서 견고히 서리라 하고
46 여호야다의 아들 브나야에게 명령하매 그가 나가서 시므이를 치니 그가 죽은지라 이에 나라가 솔로몬의 손에 견고하여지니라
45 But he will bless me and he will make David's kingdom secure for ever."
46 Then the king gave orders to Benaiah, who went out and killed Shimei. Solomon was now in complete control.

2:46 시므이를 치니 그가 죽은지라 이에 나라가 솔로몬의 손에 견고하여지니라. 시므이가 그의 죄 때문에 처벌을 받았다. 그래서 나라는 더욱더 안전하게 되었다.
나라가 견고히 서게 된 것은 나라를 어지럽히는 사람이나 솔로몬의 경쟁자가 처리되었기 때문일 수 있다. 그러나 그것보다 그들의 죄에 대해 처벌이 있었기 때문이라고

보는 것이 더 맞다. 이 처벌은 단순히 왕권의 경쟁자를 처리한 것을 넘어선다. 그것은 왕권 투쟁 같지만 왕권 투쟁을 넘어선다. 이것은 죄를 지은 사람들의 죄에 대한 처벌이다. 죄인이 처벌되었을 때 나라가 더욱더 든든히 서게 된 것이다. 죄인과 거짓이 득세하면 세상은 더욱더 혼란스럽게 된다. 원칙이 없이 죄를 지어서라도 득세하려는 사람이 많아질 것이기 때문이다.

3장

1 솔로몬이 애굽의 왕 바로와 더불어 혼인 관계를 맺어 그의 딸을 맞이하고 다윗 성에 데려다가 두고 자기의 왕궁과 여호와의 성전과 예루살렘 주위의 성의 공사가 끝나기를 기다리니라

1 Solomon made an alliance with the king of Egypt by marrying his daughter. He brought her to live in David's City until he had finished building his palace, the Temple, and the wall round Jerusalem.

3:1 솔로몬이 애굽의 왕 바로와 더불어 혼인 관계를 맺어. 애굽의 바로가 이스라엘 왕에게 딸을 보내어 혼인관계를 유지해야 할 필요성을 느낀 때가 거의 없었다. 그러나 솔로몬 때는 이스라엘이 부강하여 애굽의 왕이 그럴 필요성을 느낀 것 같다. 그만큼 이스라엘이 강대국이 되었다는 것을 의미한다.

2 그 때까지 여호와의 이름을 위하여 성전을 아직 건축하지 아니하였으므로 백성들이 산당에서 제사하며

3 솔로몬이 여호와를 사랑하고 그의 아버지 다윗의 법도를 행하였으나 산당에서 제사하며 분향하더라

2 A temple had not yet been built for the Lord, and so the people were still offering sacrifices at many different altars.

3 Solomon loved the Lord and followed the instructions of his father David, but he also slaughtered animals and offered them as sacrifices on various altars.

3:3 여호와를 사랑하고. 솔로몬은 하나님을 사랑한 믿음의 사람이었다. **다윗의 법도를 행하였으나.** 아버지 다윗이 말한 법도는 하나님의 말씀을 따라 사는 것이다. 그는 말씀에 따라 살고 있었다. **산당에서 제사하며 분향하더라.** 그의 시대는 성전이 없었기에 산당에서 제사하는 일에도 열심이었다.

4 이에 왕이 제사하러 기브온으로 가니 거기는 산당이 큼이라 솔로몬이 그 제단에 일천 번제를 드렸더니

4 On one occasion he went to Gibeon to offer sacrifices because that was where the most famous altar was. He had offered hundreds of burnt offerings there in the past.

3:4 솔로몬이 그 제단에 일천 번제를 드렸더니. '일천 번제'는 일천 번의 번제를 말하는 것일 수 있고, 일천 번제물을 말하는 것일 수도 있다. 그런데 일천 번의 번제를 드리려

면 최소한 3년의 기간이 걸린다. 예루살렘에서 기브온까지 왕복 20km이다. 번제드리는 시간까지 생각하면 제사를 드릴 때는 하루 종일 걸린다는 것을 의미한다. 당시 솔로몬이 즉위하고 4년 정도 된 시점이다. 그러면 그는 3년 동안 아무것도 안 하고 제사만 드린 것이어야 한다. 그러기에 가능성이 희박하다. 한 번에 1000마리의 번제물을 드린 것은 물량 과시밖에 안 된다. 그것은 그리 큰 의미가 없다. 그리고 그렇게 많은 번제물을 잡는 것도 결코 쉽지 않다. '드렸더니'라는 동사가 미완료형으로 되어 있다. 한 번을 의미하는 것이 아니라 여러 번 드려왔다는 것을 의미한다. 그러기에 이것은 1000번도 아니고 1번도 아니라 여러 번에 걸쳐 일천 번제가 완성되었다는 것을 의미한다. 꼭 1000마리의 번제물을 의미하는 것도 아닐 것이다. 많은 번제물을 뜻할 것이다. 여기에서 중요한 것은 솔로몬이 10km나 떨어진 기브온까지 자주 가서 번제를 드리며 제사를 드렸다는 사실이다. 그는 많은 제사를 드렸다. 그만큼 하나님을 향한 간절함이 있었다는 것을 의미한다.

5 기브온에서 밤에 여호와께서 솔로몬의 꿈에 나타나시니라 하나님이 이르시되 내가 네게 무엇을 줄꼬 너는 구하라
5 That night the Lord appeared to him in a dream and asked him, "What would you like me to give you?"

3:5 기브온에서 밤에 여호와께서 솔로몬의 꿈에 나타나시니라. 솔로몬은 기브온이 멀지 않기 때문에 충분히 예루살렘에 돌아가 잘 수 있었다. 그러나 그곳에서 밤을 지새기도 하면서 기도한 것 같다. 기브온에서 밤을 보내는 것이 결코 편안하지 않았을 것이다. 그러나 그는 그렇게 제사하고 기도하며 보내는 시간을 가졌다. 그에게 하나님을 향한 간절함이 있었기 때문에 가능했을 것이다. **내가 네게 무엇을 줄꼬.** 간절한 솔로몬의 마음을 보시고 하나님께서 그에게 나타나셔서 그에게 '무엇을 구하는지 말하라' 하셨다. 사실 이미 솔로몬이 기도하면서 많이 구하였을 것이다. 그것에 대한 확인이다.

6 솔로몬이 이르되 주의 종 내 아버지 다윗이 성실과 공의와 정직한 마음으로 주와 함께 주 앞에서 행하므로 주께서 그에게 큰 은혜를 베푸셨고 주께서 또 그를 위하여 이 큰 은혜를 항상 주사 오늘과 같이 그의 자리에 앉을 아들을 그에게 주셨나이다
7 나의 하나님 여호와여 주께서 종으로 종의 아버지 다윗을 대신하여 왕이 되게 하셨사오나 종은 작은 아이라 출입할 줄을 알지 못하고

8 주께서 택하신 백성 가운데 있나이다 그들은 큰 백성이라 수효가 많아서 셀 수도 없고 기록할 수도 없사오니
9 누가 주의 이 많은 백성을 재판할 수 있사오리이까 듣는 마음을 종에게 주사 주의 백성을 재판하여 선악을 분별하게 하옵소서
6 Solomon answered, “You always showed great love for my father David, your servant, and he was good, loyal, and honest in his relations with you. And you have continued to show him your great and constant love by giving him a son who today rules in his place.
7 O Lord God, you have let me succeed my father as king, even though I am very young and don’t know how to rule.
8 Here I am among the people you have chosen to be your own, a people who are so many that they cannot be counted.
9 So give me the wisdom I need to rule your people with justice and to know the difference between good and evil. Otherwise, how would I ever be able to rule this great people of yours?”

3:9 듣는 마음을 종에게 주사 주의 백성을 재판하여 선악을 분별하게 하옵소서. ‘듣는 마음’은 ‘순종하는 마음’이기도 하다. 이것은 사람의 말을 듣는 것에 대한 것이 아니라 하나님의 음성을 듣는 것에 대한 것이다. 하나님의 뜻을 알아 그 백성을 바르게 재판할 수 있는 지혜를 말한다. ‘하나님께서 세우신 법과 지혜를 따라 재판할 수 있는 지혜’를 요청한 것이다. 자신이 왕이지만 진짜 왕은 하나님이시기에 하나님의 뜻을 알아 그 뜻을 백성들 가운데 펼치기를 바라는 것은 참으로 바른 자세다. 우리는 이런 자세를 가져야 한다. 나의 뜻을 펼치는 세상이 아니라 하나님의 뜻을 펼치는 세상을 꿈꾸어야 한다.

10 솔로몬이 이것을 구하매 그 말씀이 주의 마음에 든지라
10 The Lord was pleased that Solomon had asked for this,

3:10 그 말씀이 주의 마음에 든지라. 솔로몬의 간구하는 내용이 하나님의 마음을 흡족하게 하였다. 그 지혜의 구체적인 하나는 백성을 ‘재판하는 지혜’이다. 그것은 솔로몬에게 주어진 매우 중요한 일이다. 백성을 위하는 길이다. 솔로몬은 옳은 것을 구했고, 또한 그에게 주어진 소명의 일을 잘 감당할 수 있는 것을 구했다. 그것은 기도응답이 이루어지는 가장 빠른 길이다. 우리의 기도가 ‘주의 마음에 든지라’는 구절처럼 ‘하나님의 마음에 드는 기도일지’를 잘 생각해 보아야 한다.

11 이에 하나님이 그에게 이르시되 네가 이것을 구하도다 자기를 위하여 장수

하기를 구하지 아니하며 부도 구하지 아니하며 자기 원수의 생명을 멸하기도 구하지 아니하고 오직 송사를 듣고 분별하는 지혜를 구하였으니
11 and so he said to him, "Because you have asked for the wisdom to rule justly, instead of long life for yourself or riches or the death of your enemies,

3:11 자기를 위하여 장수하기를 구하지 아니하며 부도 구하지 아니하며. 사람들이 주로 이러한 것을 구한다. 사람들이 자신의 탐욕을 위하여 구하는 경우가 많다. 그런데 솔로몬이 구하는 것을 보고 기뻐하셨다.

12 내가 네 말대로 하여 네게 지혜롭고 총명한 마음을 주노니 네 앞에도 너와 같은 자가 없었거니와 네 뒤에도 너와 같은 자가 일어남이 없으리라
12 I will do what you have asked. I will give you more wisdom and understanding than anyone has ever had before or will ever have again.

3:12 내가 네 말대로 하여. 하나님께서 솔로몬의 기도대로 응답하시겠다는 말씀이다. **지혜롭고 총명한 마음을 주노니.** 매우 큰 지혜를 주셔서 솔로몬이 구하는 것을 잘 행할 수 있게 하겠다고 말씀하셨다.

13 내가 또 네가 구하지 아니한 부귀와 영광도 네게 주노니 네 평생에 왕들 중에 너와 같은 자가 없을 것이라
13 I will also give you what you have not asked for: all your life you will have wealth and honour, more than that of any other king.

3:13 내가 또 네가 구하지 아니한 부귀와 영광도 네게 주노니. 하나님께서 솔로몬의 제사와 마음과 기도를 기뻐 받으셔서 솔로몬이 구하지도 않은 것을 주시겠다고 말씀하셨다. 부와 영광은 사실 그리 중요한 것이 아니다. 그러나 세상을 살 때 편안하고 좋다. 그러한 것이 중요하지 않으니 주지 않으실 수도 있는데 솔로몬이 하나님의 마음에 합한 것을 원하는 것을 기특하게 여기셔서 그러한 것도 풍족히 주시겠다고 말씀하시는 것이다.

14 네가 만일 네 아버지 다윗이 행함 같이 내 길로 행하며 내 법도와 명령을 지키면 내가 또 네 날을 길게 하리라
14 And if you obey me and keep my laws and commands, as your father David did, I will give

you a long life."

3:14 내 법도와 명령을 지키면 내가 또 네 날을 길게 하리라. 지금 솔로몬은 하나님께서 복을 주시기에 좋은 상태다. 그가 진리의 길에 서 있기 때문이다. 그러나 그가 만약 진리의 길을 벗어나면 하나님께서 주시고자 하시는 것을 받을 수 없다. 그러기에 이러한 복을 위해서는 '하나님의 법'을 지키는 것이 무엇보다 더 중요하다.
오늘날 모든 사람들에게 그렇다. 사람들은 복을 원한다. 그러나 그것은 진리를 지킬 때 가능하다. 자동차가 사고가 나지 않으려면 자동차 길을 가야 한다. 법을 잘 지켜야 한다. 길이 아닌 곳을 가는데 어찌 잘 갈 수가 있으며 역주행하는데 어찌 사고가 나지 않을 수가 있겠는가? 그러기에 평안의 길을 가기 위해 가장 중요한 것은 하나님의 법을 잘 지키는 것이다.

15 솔로몬이 깨어 보니 꿈이더라 이에 예루살렘에 이르러 여호와의 언약궤 앞에 서서 번제와 감사의 제물을 드리고 모든 신하들을 위하여 잔치하였더라
16 그 때에 창기 두 여자가 왕에게 와서 그 앞에 서며
15 Solomon woke up and realized that God had spoken to him in the dream. Then he went to Jerusalem and stood in front of the Lord's Covenant Box and offered burnt offerings and fellowship offerings to the Lord. After that he gave a feast for all his officials.
16 One day two prostitutes came and presented themselves before King Solomon.

3:16 하나님께서 솔로몬에게 지혜를 주셨다. 이 본문은 지혜를 사용한 재판의 일례를 말한다. **창기 두 여자가 왕에게 와서.** 왕은 보통 관리를 세워 재판을 하게 하였다. 그런데 예루살렘에서 가까운 사람들의 경우 때로는 직접 왕에게 재판을 받을 수 있었다. 오늘날처럼 삼심제로 여러 차례 위로 올라가는 재판이 아니다. 창기와 같이 가난한 사람의 재판도 왕이 직접 하는 경우가 있었다. 재판을 받는 사람의 직위가 높든지 낮든지 상관없이 재판을 정의롭게 하는 것은 백성들이 정의롭게 사는 길의 핵심이다.

17 한 여자는 말하되 내 주여 나와 이 여자가 한집에서 사는데 내가 그와 함께 집에 있으며 해산하였더니
18 내가 해산한 지 사흘 만에 이 여자도 해산하고 우리가 함께 있었고 우리 둘 외에는 집에 다른 사람이 없었나이다
19 그런데 밤에 저 여자가 그의 아들 위에 누우므로 그의 아들이 죽으니
20 그가 밤중에 일어나서 이 여종 내가 잠든 사이에 내 아들을 내 곁에서 가져

다가 자기의 품에 누이고 자기의 죽은 아들을 내 품에 뉘었나이다
17 One of them said, "Your Majesty, this woman and I live in the same house, and I gave birth to a baby boy at home while she was there.
18 Two days after my child was born she also gave birth to a baby boy. Only the two of us were there in the house—no one else was present.
19 Then one night she accidentally rolled over on her baby and smothered it.
20 She got up during the night, took my son from my side while I was asleep, and carried him to her bed; then she put the dead child in my bed.

3:20 내 아들을 내 곁에서 가져다가 자기의 품에 누이고 자기의 죽은 아들을 내 품에 뉘었나이다. 두 여자가 한 집에서 살고 있었다. 마침 삼 일 간격으로 아기를 낳았다. 그런데 실수로 한 여자가 자신의 아기를 죽였다. 그리고 바꿔치기를 하였다. 자신의 아기가 죽은 줄 알았던 여인이 자세히 보니 그 아기는 자신의 아기가 아니었다. 옆의 여인이 아기를 바꿔치기한 것임을 알았다. 그런데 옆의 여자는 아니라고 우겼다. 그래서 재판을 받으러 왔다.

21 아침에 내가 내 아들을 젖 먹이려고 일어나 본즉 죽었기로 내가 아침에 자세히 보니 내가 낳은 아들이 아니더이다 하매
22 다른 여자는 이르되 아니라 산 것은 내 아들이요 죽은 것은 네 아들이라 하고 이 여자는 이르되 아니라 죽은 것이 네 아들이요 산 것이 내 아들이라 하며 왕 앞에서 그와 같이 쟁론하는지라
21 The next morning, when I woke up and was going to feed my baby, I saw that it was dead. I looked at it more closely and saw that it was not my child."
22 But the other woman said, "No! The living child is mine, and the dead one is yours!" The first woman answered, "No! The dead child is yours, and the living one is mine!" And so they argued before the king.

3:22 산 것은 내 아들이요 죽은 것은 네 아들이라. 두 여인이 서로 강력하게 주장하였다. 산 자와 죽은 자의 차이다. 엄청난 차이다. '아기가 누구의 아기냐'에 따라 엄청난 차이가 있다. 진짜 엄마가 아기를 빼앗긴다면 아픔이 하늘을 찌를 것이다. 문제는 그것을 구분할 방법이 없다는 것이다. **쟁론하는지라.** 서로 의견이 나뉘었다. 아주 격렬하게 나뉘었을 것이다. 누구의 말이 맞을까? 누군가는 살아있는 아기의 엄마이고 누군가는 매우 큰 사기꾼이다. 서로의 의견이 다르니 이제 재판으로 구분해야 한다.
세상에는 많은 선과악이 있다. 그것이 혼재하여 있다. 그것을 구분하는 것이 참 어렵다. 서로 선이라고 우긴다. 그렇게 다툼이 있을 때 재판을 한다. 그런데 재판조차도 그것을 구분하지 못할 때가 많다. 돈이 많은 사람이 재판을 이긴다. 힘이 있는 사람이

재판을 이기는 경우가 많다. 그래서 전관 예우나 비싼 변호사가 있는 것이다. 그래서 재판을 통해 선과악이 구분되는 것이 아니라 오히려 악이 더 이기는 경우가 있다. 그러면 더욱더 억울하게 된다. 악이 더욱 기승을 부리게 되는 사회가 된다. 선과악이 혼재되어 있는 세상에서 우리는 선과악을 구분해야 하고 구별되도록 살아야 한다. 그것이 하나님의 사람이 살아야 할 삶이다.

23 왕이 이르되 이 여자는 말하기를 산 것은 내 아들이요 죽은 것은 네 아들이라 하고 저 여자는 말하기를 아니라 죽은 것이 네 아들이요 산 것이 내 아들이라 하는도다 하고
24 또 이르되 칼을 내게로 가져오라 하니 칼을 왕 앞으로 가져온지라
25 왕이 이르되 산 아이를 둘로 나누어 반은 이 여자에게 주고 반은 저 여자에게 주라
23 Then King Solomon said, "Each of you claims that the living child is hers and that the dead child belongs to the other one."
24 He sent for a sword, and when it was brought,
25 he said, "Cut the living child in two and give each woman half of it."

3:25 아이를 둘로 나누어 반은 이 여자에게 주고 반은 저 여자에게 주라. 아기를 둘로 나누어 반씩 주는 것은 아주 공평하다. 세상에서 공평이 주로 이런 식으로 이루어진다. 공평하기에 누구도 다른 말을 하지 못하기 때문이다. 그러나 이것이 하나님의 정의는 아니다. 선과악이 구분되지 않은 것이다. 결국 아기가 죽는다.

26 그 산 아들의 어머니 되는 여자가 그 아들을 위하여 마음이 불붙는 것 같아서 왕께 아뢰어 청하건대 내 주여 산 아이를 그에게 주시고 아무쪼록 죽이지 마옵소서 하되 다른 여자는 말하기를 내 것도 되게 말고 네 것도 되게 말고 나누게 하라 하는지라
26 The real mother, her heart full of love for her son, said to the king, "Please, Your Majesty, don't kill the child! Give it to her!" But the other woman said, "Don't give it to either of us; go ahead and cut it in two."

3:26 산 아들의 어머니 되는 여자가 그 아들을 위하여 마음이 불붙는 것 같아서. 아기의 엄마가 아닌 사람은 어차피 자기의 아들이 아니니 그렇게 되어도 상관없다. 그러나 진짜 엄마는 아기가 죽는 것을 결코 원하지 않을 것이다. 엄마는 공평이 아니라 아기가 사는 것을 원할 것이다. 아기가 사는 것이 '의'다. **주여 산 아이를 그에게 주시고 아**

무쪼록 죽이지 마옵소서. 아기가 사는 것이 '의'이기 때문에 아기가 사는 방법을 택하여 거짓된 여인에게 주라고 간청하였다. 그것이 '정의'다. 아기를 위한 정의다. 엄마의 마음만 생각할 것이 아니라 아기의 생명이 사는 것이 더 중요하기 때문에 이 상황에서 진짜 엄마가 선택할 수 있는 최선의 정의다. 비록 가짜 엄마가 아기를 차지하게 되는 불의가 있게 되지만 말이다.

> **27** 왕이 대답하여 이르되 산 아이를 저 여자에게 주고 결코 죽이지 말라 저가 그의 어머니이니라 하매
>
> **27** Then Solomon said, "Don't kill the child! Give it to the first woman—she is its real mother."

3:27 산 아이를 저 여자에게 주고 결코 죽이지 말라. 솔로몬은 제한된 정의라도 원하는 진짜 엄마에게 충만한 정의를 실현시켜 주었다. 진짜 엄마에게 아기가 돌아가게 하였다. 솔로몬은 사람들이 말하는 공평이라는 미끼로 진짜 정의가 실현될 수 있도록 한 것이다. 결국 하나님의 정의가 실현되었다. 선과악이 구별되었다.

> **28** 온 이스라엘이 왕이 심리하여 판결함을 듣고 왕을 두려워하였으니 이는 하나님의 지혜가 그의 속에 있어 판결함을 봄이더라
>
> **28** When the people of Israel heard of Solomon's decision, they were all filled with deep respect for him, because they knew then that God had given him the wisdom to settle disputes fairly.

3:28 온 이스라엘이...하나님의 지혜가 그의 속에 있어 판결함을 봄이더라. 어려운 문제에서 사람들은 선과악을 구분하지 못하였다. 그런데 솔로몬의 판결로 인하여 선과악이 구분되었다. 다른 사람들도 구별할 수 있도록 구분되었다.

하나님의 지혜는 선과 악을 구분한다. 선과 악이 구분되어야 사람들이 악을 행하지 않는다. 그래서 하나님의 사람들은 선과 악이 구분되도록 하고 선을 행하는 삶을 살아야 한다.

4장

솔로몬이 하나님께 받은 지혜로 정부를 조직하였다. 정부를 조직하는 것이기 때문에 하나님을 경외하는 지혜와는 상관이 없어 보이지만 그렇지 않다. 말씀은 우리에게 솔로몬의 정부 조직이 하나님께서 주신 지혜의 연장선에 있음을 말하고 있다.

1 솔로몬 왕이 온 이스라엘의 왕이 되었고
2 그의 신하들은 이러하니라 사독의 아들 아사리아는 제사장이요
1 Solomon was king of all Israel,
2 and these were his high officials: The priest: Azariah son of Zadok

4:2 사독의 아들 아사리아는 제사장이요. 가장 먼저 제사장에 대해 말한다. 이스라엘에서 가장 중요한 직책이 제사장임을 암시한다. 이스라엘은 하나님께 나가는 제사장 직분이 가장 중요하였다. 히브리어 본문은 제사장 앞에 정관사가 들어가 있다. 그래서 여기에서 제사장은 대제사장을 의미한다. 사독의 '아들'로 번역한 것은 '아들' 또는 '손자(역상 6:9-10)'도 가능하다.

3 시사의 아들 엘리호렙과 아히야는 서기관이요 아힐룻의 아들 여호사밧은 사관이요
4 여호야다의 아들 브나야는 군사령관이요 사독과 아비아달은 제사장이요
3 The court secretaries: Elihoreph and Ahijah, sons of Shisha In charge of the records: Jehoshaphat son of Ahilud
4 Commander of the army: Benaiah son of Jehoiada Priests: Zadok and Abiathar

4:4 아비아달은 제사장이요. 아비아달은 아도니야를 도운 것 대문에 고향으로 낙향되었던 제사장이다. 여기에서 아비아달을 언급하고 있는 것은 그가 솔로몬의 초창기에 제사장이었기 때문일 수 있고 아니면 다시 복직된 것일 수도 있다. 요압이 솔로몬의 초창기에 군사령관이었으나 이곳에 나오지 않는 것을 보면 아비아달의 경우 복직된 것으로 보는 것이 더 맞을 것 같다. 만약 그렇다면 솔로몬이 사람을 아주 잘 사용하고 있다고 할 수 있다. 과거의 잘못도 덮고 다시 복직시킴으로 하나님의 나라를 이루어 갈 수 있는 기회를 준 것이다. 사람을 용서하는 것은 참 아름다운 일이다. 사람을 용서하는 것이 악을 조장하는 것으로 변질되지만 않는다면 사람을 용서하는 것은 언제나 옳은 일이다. 그러기에 우리도 사람을 용서하는 사람이 되어야 한다.

5 나단의 아들 아사리아는 지방 관장의 두령이요 나단의 아들 사붓은 제사장이니 왕의 벗이요
6 아히살은 궁내대신이요 압다의 아들 아도니람은 노동 감독관이더라
7 솔로몬이 또 온 이스라엘에 열두 지방 관장을 두매 그 사람들이 왕과 왕실을 위하여 양식을 공급하되 각기 일 년에 한 달씩 양식을 공급하였으니
5 Chief of the district governors: Azariah son of Nathan Royal adviser: the priest Zabud son of Nathan
6 In charge of the palace servants: Ahishar In charge of the forced labour: Adoniram son of Abda
7 Solomon appointed twelve men as district governors in Israel. They were to provide food from their districts for the king and his household, each man being responsible for one month out of the year.

4:7 온 이스라엘에 열두 지방 관장을 두매. 이스라엘의 지역을 관장할 12명의 지방 관장을 세웠다. 열두 관장은 이스라엘의 12지파를 생각할 수 있으나 그와는 상관 없다. 12지파와 지역을 완전히 무시한 것은 아니지만 12지파와는 많이 다르다. 이곳에 나오는 지역들이 지파의 이름이 아니다. 또한 일단 유다는 이름이나 지역 어떤 것으로도 이곳에 포함되어 있지 않다. **각기 일 년에 한 달씩 양식을 공급하였으니.** 12관장을 세운 것은 무엇보다 세금 때문인 것으로 보인다. 세금을 걷어야 나라가 든든히 세워질 수 있기 때문이다. 세금은 조금 걷어도 문제며 많이 걷어도 문제다. 그래서 세금은 늘 골치덩어리다. 그래서 지혜가 필요하다. 오늘날에도 세금은 늘 사람들과 실제적인 관계를 가지기 때문에 문제가 많고 지혜가 필요한 부분이다. 우리는 돈을 벌고 돈을 사용하는데 하나님의 지혜가 필요하다. 하나님을 경외하는 마음과 지혜가 가장 필요한 부분이다.

8 그들의 이름은 이러하니라 에브라임 산지에는 벤훌이요
9 마가스와 사알빔과 벧세메스와 엘론벧하난에는 벤데겔이요
10 아룹봇에는 벤헤셋이니 소고와 헤벨 온 땅을 그가 주관하였으며
11 나밧 돌 높은 땅 온 지방에는 벤아비나답이니 그는 솔로몬의 딸 다밧을 아내로 삼았으며
12 다아낙과 므깃도와 이스르엘 아래 사르단 가에 있는 벧스안 온 땅은 아힐룻의 아들 바아나가 맡았으니 벧스안에서부터 아벨므홀라에 이르고 욕느암 바깥까지 미쳤으며
13 길르앗 라못에는 벤게벨이니 그는 길르앗에 있는 므낫세의 아들 야일의 모든 마을을 주관하였고 또 바산 아르곱 땅의 성벽과 놋빗장 있는 육십 개의 큰

성읍을 주관하였으며
14 마하나임에는 잇도의 아들 아히나답이요
15 납달리에는 아히마아스이니 그는 솔로몬의 딸 바스맛을 아내로 삼았으며
8 The following are the names of these twelve officers and the districts they were in charge of: Benhur: the hill country of Ephraim
9 Bendeker: the cities of Makaz, Shaalbim, Beth Shemesh, Elon, and Beth Hanan
10 Benhesed: the cities of Arubboth and Socoh and all the territory of Hepher
11 Benabinadab, who was married to Solomon's daughter Taphath: the whole region of Dor
12 Baana son of Ahilud: the cities of Taanach, Megiddo, and all the region near Beth Shan, near the town of Zarethan, south of the town of Jezreel, as far as the city of Abel Meholah and the city of Jokmeam
13 Bengeber: the city of Ramoth in Gilead, and the villages in Gilead belonging to the clan of Jair, a descendant of Manasseh, and the region of Argob in Bashan, sixty large towns in all, fortified with walls and with bronze bars on the gates
14 Ahinadab son of Iddo: the district of Mahanaim
15 Ahimaaz, who was married to Basemath, another of Solomon's daughters: the territory of Naphtali

4:15 아히마아스이니 그는 솔로몬의 딸 바스맛을 아내로 삼았으며. 아히마아스와 벤아비나답(11절)은 둘 다 솔로몬의 사위로 12관장 중에 2명이다. 솔로몬은 더 많은 아들과 사위가 있었다. 그러나 그들을 모두 관장으로 세우지 않았다. 또한 그들이 관할하는 지역은 다른 관장의 지역에 비해 그리 큰 지역이 아니다. 사위라고 더 좋은 지역을 맡긴 것이 아니라 각 사람의 실력과 사정에 맞게 맡긴 것으로 판단할 수 있다.
솔로몬이 지방 관장을 세울 때 혈연보다는 실력으로 세운 것으로 보인다. 사람을 세우는 일이 가장 어렵다. 자신과 가까운 사람을 세우기 쉽다. 그리기에 사람을 세울 때 하나님의 지혜가 매우 필요하다. 사람을 세우는 것은 내가 세우는 것이기 때문에 많이 고민하지 않는 경향이 있다. 그러나 사람을 세울 때 나의 권한이 더 있으면 있을수록 더 많이 고민해야 한다. 어떤 사람을 세워야 하나님의 지혜를 더 이루어 갈 수 있을지를 생각해야 한다.

16 아셀과 아롯에는 후새의 아들 바아나요
17 잇사갈에는 바루아의 아들 여호사밧이요
18 베냐민에는 엘라의 아들 시므이요
19 아모리 사람의 왕 시혼과 바산 왕 옥의 나라 길르앗 땅에는 우리의 아들 게벨이니 그 땅에서는 그 한 사람만 지방 관장이 되었더라
20 유다와 이스라엘의 인구가 바닷가의 모래 같이 많게 되매 먹고 마시며 즐거워하였으며
16 Baana son of Hushai: the region of Asher and the town of Bealoth

17 Jehoshaphat son of Paruah: the territory of Issachar
18 Shimei son of Ela: the territory of Benjamin
19 Geber son of Uri: the region of Gilead, which had been ruled by King Sihon of the Amorites and King Og of Bashan Besides these twelve, there was one governor over the whole land.
20 The people of Judah and Israel were as numerous as the grains of sand on the seashore; they ate and drank, and were happy.

4:20 인구가 바닷가의 모래 같이 많게 되매 먹고 마시며 즐거워하였으며. 이 구절은 야곱에게 주신 말씀(창 32:12)을 생각나게 한다. '먹고 마시며 즐거워하는 것'은 번영의 자연스러운 현상이다. 하나님의 은혜가 임할 때 신앙인은 이런 번영을 누리게 된다. 죄가 없었으면 이런 번영이 당연한 것이었다. 죄가 들어와 이 번영이 많이 어그러졌을 뿐이다. 영생의 나라가 시작되면 우리는 더욱더 충만한 번영을 누리게 될 것이다.

21 솔로몬이 그 강에서부터 블레셋 사람의 땅에 이르기까지와 애굽 지경에 미치기까지의 모든 나라를 다스리므로 솔로몬이 사는 동안에 그 나라들이 조공을 바쳐 섬겼더라
22 솔로몬의 하루의 음식물은 가는 밀가루가 삼십 고르요 굵은 밀가루가 육십 고르요
23 살진 소가 열 마리요 초장의 소가 스무 마리요 양이 백 마리이며 그 외에 수사슴과 노루와 암사슴과 살진 새들이었더라
24 솔로몬이 그 강 건너편을 딥사에서부터 가사까지 모두, 그 강 건너편의 왕을 모두 다스리므로 그가 사방에 둘린 민족과 평화를 누렸으니
21 Solomon's kingdom included all the nations from the River Euphrates to Philistia and the Egyptian border. They paid him taxes and were subject to him all his life.
22 The supplies Solomon needed each day were 5,000 litres of fine flour and 10,000 litres of meal;
23 ten stall-fed cattle, twenty pasture-fed cattle, and a hundred sheep, besides deer, gazelles, roebucks, and poultry.
24 Solomon ruled over all the land west of the River Euphrates, from Tiphsah on the Euphrates as far west as the city of Gaza. All the kings west of the Euphrates were subject to him, and he was at peace with all the neighbouring countries.

4:24 딥사. 유브라데 강변이다. 아브라함에게 주신 말씀을 생각나게 하는 구절이다. "그 날에 여호와께서 아브람과 더불어 언약을 세워 이르시되 내가 이 땅을 애굽 강에서부터 그 큰 강 유브라데까지 네 자손에게 주노니"(창 15:18) 이 때 처음이자 마지막으로 유브라데강까지 국경이 확장되었다.

25 솔로몬이 사는 동안에 유다와 이스라엘이 단에서부터 브엘세바에 이르기까지 각기 포도나무 아래와 무화과나무 아래에서 평안히 살았더라
25 As long as he lived, the people throughout Judah and Israel lived in safety, each family with its own grapevines and fig trees.

4:25 각기 포도나무 아래와 무화과나무 아래에서 평안히 살았더라. 이 구절은 "각 사람이 자기 포도나무 아래와 자기 무화과나무 아래에 앉을 것이라 그들을 두렵게 할 자가 없으리니 이는 만군의 여호와의 입이 이같이 말씀하셨음이라"(미 4:4)를 생각나게 한다. 마지막 날에 이를 왕국의 모습이다. **각기 포도나무 아래.** 직역하면 '포도나무'는 '그의 포도나무'이다. 가장 기본이 되는 포도와 올리브를 농사할 자신의 땅을 가지고 있고 그곳에서 나는 농산물을 먹는 모습이다. 이것이 번영의 모습이다. 각자의 땅에서 나는 포도와 올리브는 경제적 독립이며 평화와 안정을 상징한다. 이렇게 포도와 올리브를 가꾸고 먹는 것은 이후의 영생의 나라를 가장 잘 반영한다.

26 솔로몬의 병거의 말 외양간이 사만이요 마병이 만 이천 명이며
26 Solomon had 40,000 stalls for his chariot horses and 12,000 cavalry horses.

4:26 솔로몬의 병거는 말 외양간이 사만이요. 아마 '사천'을 잘못 표기한 것 같다. 그런데 이것도 굉장히 많은 수다. 이 부분은 앞의 번영과 조금은 다른 단락으로 쓰고 있는 것 같다. 이 부분은 부정적인 모습이다. 이스라엘은 번영할 때 힘이 있다하여 많은 병마를 두면 안 되었다(신 17:16 참고). 이스라엘이 번영할 수 있는 근거는 군사력이 아니라 하나님이라는 사실을 기억하도록 하기 위함이다. 솔로몬은 이 말씀을 어겼다. 아마 합리화하였을 것이다. 군사력이 강해야 평화를 얻을 수 있다고 생각하였을까. 그것은 일정 부분 상식이고 불변의 법칙이다. 그러나 신앙인에게는 그렇지 않다.

27 그 지방 관장들은 각각 자기가 맡은 달에 솔로몬 왕과 왕의 상에 참여하는 모든 자를 위하여 먹을 것을 공급하여 부족함이 없게 하였으며
28 또 그들이 각기 직무를 따라 말과 준마에게 먹일 보리와 꼴을 그 말들이 있는 곳으로 가져왔더라
29 하나님이 솔로몬에게 지혜와 총명을 심히 많이 주시고 또 넓은 마음을 주시되 바닷가의 모래 같이 하시니
27 His twelve governors, each one in the month assigned to him, supplied the food King Solomon needed for himself and for all who ate in the palace; they always supplied

everything needed.
28 Each governor also supplied his share of barley and straw, where it was needed, for the chariot horses and the draught animals.
29 God gave Solomon unusual wisdom and insight, and knowledge too great to be measured.

4:29 지혜와 총명을 심히 많이 주시고 또 넓은 마음을 주시되. 솔로몬의 지혜는 지식의 영역으로도 확대되었다. 하나님의 뜻을 분별하는 지혜와 총명을 가졌는데 '넓은 마음'까지 주셨다고도 말한다. 이것은 '폭 넓은 지식'을 말한다. 다양한 사물과 주제에 대해 지식을 가진 것을 의미한다. 세상에는 다양한 분야가 있다. 어떤 분야이든 그곳의 지식은 하나님이 주시는 지혜와 무관하지 않다. 그래서 다양한 방면의 지혜에 대해 인정하고 그것을 잘 사용할 줄 알아야 한다.

30 솔로몬의 지혜가 동쪽 모든 사람의 지혜와 애굽의 모든 지혜보다 뛰어난지라
30 Solomon was wiser than the wise men of the East or the wise men of Egypt.

4:30 동쪽 모든 사람의 지혜와 애굽의 모든 지혜보다 뛰어난지라. 솔로몬의 지혜가 당대의 많은 지혜를 가진 것으로 유명한 동쪽 사막 지역 아랍 사람이나 애굽의 지혜보다 더 뛰어났다고 말한다.

31 그는 모든 사람보다 지혜로워서 예스라 사람 에단과 마홀의 아들 헤만과 갈골과 다르다보다 나으므로 그의 이름이 사방 모든 나라에 들렸더라
31 He was the wisest of all men: wiser than Ethan the Ezrahite, and Heman, Calcol, and Darda, the sons of Mahol, and his fame spread throughout all the neighbouring countries.

4:31 예스라 사람 에단과 마홀의 아들 헤만. 각각 시편 89편과 88편의 저자다. 솔로몬이 노래 가사와 작곡에 능하였다는 것을 의미한다.

32 그가 잠언 삼천 가지를 말하였고 그의 노래는 천다섯 편이며
33 그가 또 초목에 대하여 말하되 레바논의 백향목으로부터 담에 나는 우슬초까지 하고 그가 또 짐승과 새와 기어다니는 것과 물고기에 대하여 말한지라
32 He composed 3,000 proverbs and more than a thousand songs.
33 He spoke of trees and plants, from the Lebanon cedars to the hyssop that grows on walls; he talked about animals, birds, reptiles, and fish.

4:33 초목...짐승과 새와 기어다니는 것과 물고기에 대하여 말한지라. 솔로몬은 아주 다양한 영역에서 지혜를 발휘하였다. 만물 박사였다. 이러한 지혜는 '넓은 마음'으로 요약된다.

요즘은 일이 많이 세분화되어 오히려 바보가 되는 것을 많이 본다. 옛날에는 철학자가 수학자이며 과학자이고 그랬다. 그러나 오늘날은 세분화되어 오직 자기 분야만 알고 다른 분야에 대해 눈과 귀를 닫는 경향이 있다. 그러나 조금은 다른 분야에 대해서도 마음을 넓힐 필요가 있음을 본다. 다양한 책을 보면서 배우는 것이 필요하다. 지식의 번영도 하나님께서 주신 복이다. 머리를 썩히지 말고 더 많은 것을 배우라. 특히 성경에 대해서는 자기 전문분야가 아니라고 귀를 닫지 말고 넓은 마음으로 더 깊이 살펴보는 것이 필요하다.

오늘날 사람들은 다양한 분야에서 일하고 있다. 자신의 전문분야에서 더 많은 지혜와 지식을 갖추는 것이 신앙과는 상관없어 보일 수 있다. 그러나 그러한 모든 것의 창조주는 하나님이다. 그러기에 자신의 전문분야에서도 하나님께 기도하면서 하나님의 지혜를 구하는 것이 필요하다.

34 사람들이 솔로몬의 지혜를 들으러 왔으니 이는 그의 지혜의 소문을 들은 천하 모든 왕들이 보낸 자들이더라

34 Kings all over the world heard of his wisdom and sent people to listen to him.

5장

5:1-9:9은 솔로몬의 성전 건축과 왕궁 건축 이야기다.

하나님께서 솔로몬에게 지혜를 주셔서 지혜로 많은 선한 일들을 하였다. 솔로몬은 그 지혜로 엄청난 번영을 이루었다. 그러나 지혜의 역할 하이라이트는 번영이 아니다. 성전건축이다. 3장에서 지혜를 간구하는 이야기가 나오고 3장 16절에서부터 지혜로 재판하는 이야기가 시작되어 지혜로 이룬 것을 말하였다. 그리고 5장부터 9장 14절까지 성전건축의 이야기다. 성전건축은 솔로몬의 가장 큰 업적이다. 그의 지혜로 이룬 최고의 일이다.
솔로몬의 성전건축은 단순히 건물을 의미하는 것이 아니다. 성전은 하나님의 특별한 임재를 의미한다. 하나님의 충만한 임재는 모든 지혜와 번영의 최고봉이다. 오늘날 우리는 말세 시대요 복음 시대를 살고 있다. 우리는 지금 시간이 많지 않다. 우리는 하나님께서 주시는 지혜로 다른 어떤 것보다 하나님의 충만한 임재로 직행해야 할 급박함을 가지고 있다. 하나님의 충만한 임재는 다른 모든 것을 채우고도 남는다.

1 솔로몬이 기름 부음을 받고 그의 아버지를 이어 왕이 되었다 함을 두로 왕 히람이 듣고 그의 신하들을 솔로몬에게 보냈으니 이는 히람이 평생에 다윗을 사랑하였음이라
1 King Hiram of Tyre had always been a friend of David's, and when he heard that Solomon had succeeded his father David as king he sent ambassadors to him.

5:1 두로. 두로는 페니키아 왕국의 수도로서 전통적으로 부유하고 기술이 발달된 나라이며 레바논 산지의 백향목이 유명하다. 히람. 다윗의 말년에 두로의 왕이 되었으며 솔로몬이 즉위한 때는 솔로몬과 비슷한 젊은 왕이었다.

2 이에 솔로몬이 히람에게 사람을 보내어 이르되
3 당신도 알거니와 내 아버지 다윗이 사방의 전쟁으로 말미암아 그의 하나님 여호와의 이름을 위하여 성전을 건축하지 못하고 여호와께서 그의 원수들을 그의 발바닥 밑에 두시기를 기다렸나이다
4 이제 내 하나님 여호와께서 내게 사방의 태평을 주시매 원수도 없고 재앙도 없도다

5 여호와께서 내 아버지 다윗에게 하신 말씀에 내가 너를 이어 네 자리에 오르게 할 네 아들 그가 내 이름을 위하여 성전을 건축하리라 하신 대로 내가 내 하나님 여호와의 이름을 위하여 성전을 건축하려 하오니

2 Solomon sent back this message to Hiram:
3 "You know that because of the constant wars my father David had to fight against the enemy countries all round him, he could not build a temple for the worship of the Lord his God until the Lord had given him victory over all his enemies.
4 But now the Lord my God has given me peace on all my borders. I have no enemies, and there is no danger of attack.
5 The Lord promised my father David, 'Your son, whom I will make king after you, will build a temple for me.' And I have now decided to build that temple for the worship of the Lord my God.

5:5 내가 내 하나님 여호와의 이름을 위하여 성전을 건축하려 하오니. 왕위에 오르고 4년만이다. 왕권의 안정화 이후 가장 먼저 성전을 짓고자 하였다고 볼 수 있다. 솔로몬은 다윗을 통해 말씀하신 하나님의 말씀을 기억하였다. 그래서 그 말씀대로 성전을 짓고자 하였다.

신앙인은 늘 성전을 짓고자 하여야 한다. 성전 건축은 솔로몬만의 특권이 아니다. 모든 사람의 권리요 의무다. 오늘날 성전은 교회다. 사람들 안에 교회가 세워지는 것이다. 우리는 무엇을 하든 어디를 가든 가장 먼저 교회를 생각해야 한다. 내가 있는 그곳에서 가장 중요한 것은 교회가 세워지는 것이다. 교회가 건강해지는 것이다. 죽을 때까지 이것을 결코 잊지 말아야 한다. 내가 가진 모든 힘을 다해 교회를 사랑해야 한다.

6 당신은 명령을 내려 나를 위하여 레바논에서 백향목을 베어내게 하소서 내 종과 당신의 종이 함께 할 것이요 또 내가 당신의 모든 말씀대로 당신의 종의 삯을 당신에게 드리리이다 당신도 알거니와 우리 중에는 시돈 사람처럼 벌목을 잘하는 자가 없나이다

6 So send your men to Lebanon to cut down cedars for me. My men will work with them, and I will pay your men whatever you decide. As you well know, my men don't know how to cut down trees as well as yours do."

5:6 레바논에서 백향목을 베어내게 하소서. 솔로몬은 성전 건축을 위해 가장 필요한 것이 무엇인지를 생각했다. 성전을 아름답게 짓기 위해서는 좋은 나무가 필요했다. 이스라엘에는 성전을 지을 좋은 나무가 거의 없었다. 그래서 두로 왕에게 사람을 보내 레바논의 백향목을 준비하는 것이 그의 성전 건축에서 가장 중요한 시작점이었다.

7 히람이 솔로몬의 말을 듣고 크게 기뻐하여 이르되 오늘 여호와를 찬양할지로다 그가 다윗에게 지혜로운 아들을 주사 그 많은 백성을 다스리게 하셨도다 하고
7 Hiram was extremely pleased when he received Solomon's message, and he said, "Praise the Lord today for giving David such a wise son to succeed him as king of that great nation!"

5:7 여호와를 찬양할지로다. 신앙적인 언어가 아니라 정치적인 언어다. 그는 하나님을 믿는 사람이 아니었다. 자신들의 종교인 바알 신전이 있었고, 멜카트를 위한 새로운 신전을 짓기도 하였다.

8 이에 솔로몬에게 사람을 보내어 이르되 당신이 사람을 보내어 하신 말씀을 내가 들었거니와 내 백향목 재목과 잣나무 재목에 대하여는 당신이 바라시는 대로 할지라
9 내 종이 레바논에서 바다로 운반하겠고 내가 그것을 바다에서 뗏목으로 엮어 당신이 지정하는 곳으로 보내고 거기서 그것을 풀리니 당신은 받으시고 내 원을 이루어 나의 궁정을 위하여 음식물을 주소서 하고
10 솔로몬의 모든 원대로 백향목 재목과 잣나무 재목을 주매
11 솔로몬이 히람에게 그의 궁정의 음식물로 밀 이만 고르와 맑은 기름 이십 고르를 주고 해마다 그와 같이 주었더라
12 여호와께서 그의 말씀대로 솔로몬에게 지혜를 주신 고로 히람과 솔로몬이 친목하여 두 사람이 함께 약조를 맺었더라
8 Then Hiram sent Solomon the following message: "I have received your message and I am ready to do what you ask. I will provide the cedars and the pine trees.
9 My men will bring the logs down from Lebanon to the sea, and will tie them together in rafts to float them down the coast to the place you choose. There my men will untie them, and your men will take charge of them. On your part, I would like you to supply the food for my men."
10 So Hiram supplied Solomon with all the cedar and pine logs that he wanted,
11 and Solomon provided Hiram with 2,000 tonnes of wheat and 400,000 litres of pure olive oil every year to feed his men.
12 The Lord kept his promise and gave Solomon wisdom. There was peace between Hiram and Solomon, and they made a treaty with each other.

5:12 여호와께서 그의 말씀대로 솔로몬에게 지혜를 주신 고로...친목하여 두 사람이 함께 약조를 맺었더라. 하나님께서 주신 지혜 때문에 솔로몬과 히람이 싸우지 않고 서로 원하는 것을 채우는 약조를 맺을 수 있었다. 본문에는 '원함(히. 헤페츠)'이라는 단어가 많이 나온다. 솔로몬이 나무를 원하였고 히람은 식량을 원하였다. 세상에 사는 사람들은 서로 원하는 것이 있다. 그 원하는 것 때문에 서로 싸운다. 그러나 솔로몬은 자신이 원하는 것을 지혜로 '약조'를 통해 잘 성취하였다.

지혜가 맺는 중요한 열매 중에 하나는 '화평'인 것 같다. 지혜의 왕이라 말하는 솔로몬도 이름이 '샬롬(화평)'과 같은 어근이다. 우리는 하나님의 뜻을 이룬다는 명목으로 때로는 다툼을 할 때가 있다. 그러나 진정 하나님의 지혜를 이루고자 한다면 화평해야 한다. 화평은 그냥 주어지는 것이 아니다. 솔로몬과 히람의 경우 솔로몬이 강자다. 조공을 받는 관계일 것이다. 그러나 솔로몬은 자신을 낮추어 조약을 맺었다. 화평은 내가 손해 볼 때 맺어지는 경우가 많다. 신앙인은 스스로 낮아짐으로 이웃과 화평할 수 있는 사람이 되어야 한다.

13 이에 솔로몬 왕이 온 이스라엘 가운데서 역군을 불러일으키니 그 역군의 수가 삼만 명이라
13 King Solomon drafted 30,000 men as forced labour from all over Israel,

5:13 온 이스라엘 가운데서 역군을 불러일으키니...삼만 명이라. 성전을 건축하는 일은 온 이스라엘의 일이다. 모두 참여해야 한다. 그래서 그는 온 이스라엘에서 일꾼을 모았다. 강제 징병일 것이다. 삼만 명은 많은 인원은 아니다. 솔로몬이 죽은 이후 그의 아들 때에 솔로몬이 많은 건축을 한 것 때문에 문제가 되어 북이스라엘이 나뉘게 된다. 그런데 그것은 성전 건축 때보다 그 이후 많은 성을 건축한 것과 관련될 것 같다. 성전 건축에 동원된 3만 명은 사실 많은 인원이 아니다. 여러 해에 걸쳐 교대로 차출된 것이다.

14 솔로몬이 그들을 한 달에 만 명씩 번갈아 레바논으로 보내매 그들이 한 달은 레바논에 있고 두 달은 집에 있으며 아도니람은 감독이 되었고
14 and put Adoniram in charge of them. He divided them into three groups of **10,000** men, and each group spent one month in Lebanon and two months back home.

5:14 한 달에 만 명씩 번갈아 레바논으로 보내매. 차출된 사람들은 1년 계속하여 일한 것이 아니라 4달 일하였다. 그렇다면 자신이 차출된 해에도 여전히 자신의 일을 하면서 성전 건축 일을 할 수 있었을 것이다.

15 솔로몬에게 또 짐꾼이 칠만 명이요 산에서 돌을 뜨는 자가 팔만 명이며
15 Solomon also had 80,000 men in the hill country quarrying stone, with 70,000 men to carry it,

5:15 짐꾼이 칠만 명이요 산에서 돌을 뜨는 자가 팔만 명. 총 합이 십오만 명인 이들은 누구일까? "전에 솔로몬의 아버지 다윗이 이스라엘 땅에 사는 이방 사람들을 조사하였더니 이제 솔로몬이 다시 조사하매 모두 십오만 삼천육백 명이라 그 중에서 칠만 명은 짐꾼이 되게 하였고 팔만 명은 산에서 벌목하게 하였고 삼천육백 명은 감독으로 삼아 백성들에게 일을 시키게 하였더라"(대하 2:17-18) '이스라엘 땅에 사는 이방 사람들'이라고 말한다. 그들은 노예처럼 일을 하는 사람들을 의미한다. 15만명에 해당하는 그들을 동원하여 성전을 건축할 재료를 준비하도록 시켰다.

16 이 외에 그 사역을 감독하는 관리가 삼천삼백 명이라 그들이 일하는 백성을 거느렸더라
17 이에 왕이 명령을 내려 크고 귀한 돌을 떠다가 다듬어서 성전의 기초석으로 놓게 하매
18 솔로몬의 건축자와 히람의 건축자와 그발 사람이 그 돌을 나르고 성전을 건축하기 위하여 재목과 돌들을 갖추니라

16 and he placed 3,300 foremen in charge of them to supervise their work.
17 At King Solomon's command they quarried fine large stones for the foundation of the Temple.
18 Solomon's and Hiram's workmen and men from the city of Byblos prepared the stones and the timber to build the Temple.

5:18 히람의 건축자와 그발 사람이 그 돌을 다듬고. 페니키아의 기술자들을 동원하여 돌을 다듬게 하였다. 당시 페니키아 사람들은 돌을 다듬고 철을 세공하는 데 아주 뛰어난 기술을 가지고 있었다. 전문 기술자를 불러 성전에 사용할 돌을 다듬었다는 말이다. 성전 건축을 위해 마음을 다하는 모습이다. 그가 할 수 있는 모든 힘을 다하고 있다.

6장

1 이스라엘 자손이 애굽 땅에서 나온 지 사백팔십 년이요 솔로몬이 이스라엘 왕이 된 지 사 년 시브월 곧 둘째 달에 솔로몬이 여호와를 위하여 성전 건축하기를 시작하였더라

1 Four hundred and eighty years after the people of Israel left Egypt, during the fourth year of Solomon's reign over Israel, in the second month, the month of Ziv, Solomon began work on the Temple.

6:1 애굽 땅에서 나온 지 사백팔십 년. 솔로몬이 왕이 된지 4년은 주전 966년인 것이 거의 확실하다. 그렇다면 이스라엘이 출애굽한 연도가 주전 1446년이 된다. 이 연대는 출애굽 연대에 대한 논쟁에서 이른 시기 연대를 뒷받침한다. 상징적인 숫자를 사용한다면 늦은 연대(주전 1279년)도 가능하지만 이 구절은 이른 연대를 더 뒷받침한다. 이 연도는 또한 성전의 역사가 성막에서 건물로의 전환이기 때문에 연대를 더 기록한 측면이 있는 것 같다. 성막 성전이 480년만에 건물성전으로의 전환을 위해 건축을 시작하였다. **솔로몬이 여호와를 위하여 성전 건축하기를 시작하였더라.** 이 일이 중요하기에 연도와 달까지 자세히 기록하고 있다. 솔로몬은 성막으로 이어오던 성전을 건물 성전으로 전환하였다. 다윗이 성전을 건축하고 싶은 마음이 매우 컸지만 결국 짓지 못하고 솔로몬이 짓게 되었다. 솔로몬이 성전을 건축할 수 있게 된 것은 지극히 큰 복이다. 하나님을 위하여 성전을 짓게 된 것은 그의 가장 큰 영광이고 행복이었다. 성전 건축은 언제나 모든 사람들에게 가장 큰 영광이고 행복이다. 오늘날 우리도 성전을 짓고 있다. 오늘날은 어떤 한 사람이 아니라 모든 사람이 성전을 짓는 사람들이다. 교회 성전이다. 사람 성전이다. 날마다 짓고 있다는 것도 잘 알아야 한다. 이것이 매우 큰 영광이고 행복이다. 이것의 영광을 모르는 사람은 행복하지 않겠지만 이 영광을 아는 사람은 참으로 행복하다. 교회라는 이름만으로 지극히 큰 영광이고 행복이다.

2 솔로몬 왕이 여호와를 위하여 건축한 성전은 길이가 육십 규빗이요 너비가 이십 규빗이요 높이가 삼십 규빗이며

2 Inside it was 27 metres long, 9 metres wide, and 13.5 metres high.

6:2 규빗. 길이 단위로 나온 '규빗'은 '팔꿈치에서 중지 끝까지의 거리'로 구체적인 길이는 다양한 의견이 있는데 공식적으로는 작은 규빗과 큰 규빗이 있다. 나는 보통 작

은 규빗 44cm로 계산한다. **길이가 육십 규빗이요 너비가 이십 규빗이요 높이가 삼십 규빗.** 이 길이는 어디에서 나왔을까? "다윗이 이르되 여호와의 손이 내게 임하여 이 모든 일의 설계를 그려 나에게 알려 주셨느니라"(대상 28:19) 하나님께서 다윗에게 설계도를 알려주셨다고 말씀한다. 솔로몬은 자신이 생각하는 성전의 모양이 있을 수 있다. 나라의 크기에 걸맞게 큰 성전을 짓고 싶을 수 있다. 이웃 국가들은 아주 큰 신전을 가지고 있었다. 그러나 솔로몬은 하나님께서 아버지 다윗에게 주신 그대로 지었다. 믿음으로 지은 것이다. 26.4m×8.8m×13.2m이다. 이 크기의 기본은 성막이다. 가로, 세로 길이가 성막의 두 배로 늘어났다. 성막에서 지성소의 크기가 5.86평이다. 성소의 크기는 11.72평이다. 솔로몬의 성전은 가로 세로 길이가 두 배로 들어 나고 높이는 외곽에서 보았을 때 3배로 늘어났다. 성막의 높이는 4.4m인데 솔로몬의 성전에서는 13.2m이다. 조금은 더 크게 하고 싶은 솔로몬의 마음을 배려하여 성전 옆에 방을 붙이고 높이를 3배로 건축하도록 하신 것으로 보인다. 성전은 더 크게 짓는다고 멋있는 것이 아니다. 하나님께서 말씀하신 대로 지어야 멋있는 것이다. 성전은 '크게'가 아니라 '거룩하게' 지어야 한다.

3 성전의 성소 앞 주랑의 길이는 성전의 너비와 같이 이십 규빗이요 그 너비는 성전 앞에서부터 십 규빗이며
4 성전을 위하여 창틀 있는 붙박이 창문을 내고
5 또 성전의 벽 곧 성소와 지성소의 벽에 연접하여 돌아가며 다락들을 건축하되 다락마다 돌아가며 골방들을 만들었으니
6 하층 다락의 너비는 다섯 규빗이요 중층 다락의 너비는 여섯 규빗이요 셋째 층 다락의 너비는 일곱 규빗이라 성전의 벽 바깥으로 돌아가며 턱을 내어 골방 들보들로 성전의 벽에 박히지 아니하게 하였으며
7 이 성전은 건축할 때에 돌을 그 뜨는 곳에서 다듬고 가져다가 건축하였으므로 건축하는 동안에 성전 속에서는 방망이나 도끼나 모든 철 연장 소리가 들리지 아니하였으며

3 The entrance room was 4.5 metres deep and 9 metres wide, as wide as the sanctuary itself.
4 The walls of the Temple had openings in them, narrower on the outside than on the inside.
5 Against the outside walls, on the sides and the back of the Temple, a three-storied annexe was built, each storey 2.2 metres high.
6 Each room in the lowest storey was 2.2 metres wide, in the middle storey 2.7 metres wide, and in the top storey 3.1 metres wide. The temple wall on each floor was thinner than on the floor below so that the rooms could rest on the wall without having their beams built into it.
7 The stones with which the Temple was built had been prepared at the quarry, so that

there was no noise made by hammers, axes, or any other iron tools as the Temple was being built.

6:7 건축할 때에 돌을 그 뜨는 곳에서 다듬고 가져다가 건축하였으므로. 성전 건축을 할 때 아주 거대한 돌이 많이 사용되었다. 그런데 그 돌을 건축현장이 아니라 멀리 떨어진, 돌을 채석하는 곳에서 다듬어서 가져갔다고 말한다. 돌을 건축 현장에서 다듬지 않고 채석장에서 다듬었다는 것은 건축학적으로 볼 때는 말도 안 된다. 너무 비효율적이다. 현장에서 얼마나 많은 변수가 있는데 그것을 채석장에서 다 할 수 있을까? 돌을 쌓을 때 아주 조금만 안 맞아도 크게 흔들린다. 그러면 기존의 돌에 맞게 조금 깎고 다듬어서 딱 맞게 해야 한다. 그런데 그렇게 하는 것도 어려운데 그 돌을 다시 채석장에 가져가서 다듬어서 가져왔다는 것이다. 도무지 상상이 안 갈 정도로 일을 어렵게 하고 있다. 성전건축에서 효율성보다 거룩성을 더 중요하게 여겼다는 것을 볼 수 있다. 세상은 효율성이 가장 중요하다. 그러나 성전은 거룩성이 중요하다. 어떻게 해야 하나님의 말씀과 거룩이 더 드러날지를 생각해야 한다. 그것에 따라야 한다.

8 중층 골방의 문은 성전 오른쪽에 있는데 나사 모양 층계로 말미암아 하층에서 중층에 오르고 중층에서 셋째 층에 오르게 하였더라
9 성전의 건축을 마치니라 그 성전은 백향목 서까래와 널판으로 덮었고
10 또 온 성전으로 돌아가며 높이가 다섯 규빗 되는 다락방을 건축하되 백향목 들보로 성전에 연접하게 하였더라
11 여호와의 말씀이 솔로몬에게 임하여 이르시되
12 네가 지금 이 성전을 건축하니 네가 만일 내 법도를 따르며 내 율례를 행하며 내 모든 계명을 지켜 그대로 행하면 내가 네 아버지 다윗에게 한 말을 네게 확실히 이룰 것이요

8 The entrance to the lowest storey of the annexe was on the south side of the Temple, with stairs leading up to the second and third storeys.
9 So King Solomon finished building the Temple. He put in a ceiling made of beams and boards of cedar.
10 The three-storied annexe, each storey 2.2 metres high, was built against the outside walls of the Temple, and was joined to them by cedar beams.
11 The Lord said to Solomon,
12 "If you obey all my laws and commands, I will do for you what I promised your father David.

6:12 네가 지금 이 성전을 건축하니. 솔로몬이 지금 건축한 성전은 참으로 중요하다. 그러나 성전 건축으로 끝나면 안 된다. 영광스러운 성전을 지어 참으로 복된 사람이

되었는데 그것을 허상이 되지 않도록 하기 위해 진짜 중요한 것이 남아 있다고 말씀한다. **네가 만일 내 법도를 따르며.** 진짜 영광스럽기 위해서는 성전을 지은 것으로 끝나지 말고 '법도'를 따라야 한다고 말씀한다. 말씀에 순종하는 삶을 살아야만 한다고 말씀한다. **계명을 지켜 그대로 행하면 내가 네 아버지 다윗에게 한 말을 네게 확실히 이룰 것이요.** 성전을 짓는 영광스러운 일이 '영광에서 영광으로'이어지기 위해 계명을 지켜야 한다고 말씀한다. 성전 건축만으로 모든 것을 다했다고 생각하면 안 된다. 성전 건축과 말씀을 순종하며 건축하는 인생을 하나로 묶고 있다. 말씀 순종이 없으면 성전 건축은 영광이 되지 못하고 무너지기 때문이다.

13 내가 또한 이스라엘 자손 가운데에 거하며 내 백성 이스라엘을 버리지 아니하리라 하셨더라
13 I will live among my people Israel in this Temple that you are building, and I will never abandon them."

6:13 내가 또한 이스라엘 자손 가운데에 거하며. 솔로몬과 이스라엘 백성이 말씀을 지킬 때 하나님께서 그들과 함께 거하신다고 말씀한다. '하나님의 임재'는 가장 큰 복이다. 하나님의 임재가 있어 영생이 있다. 영원한 행복한 나라가 있다. 하나님은 거룩하신 분이기 때문에 말씀하신 길 가운데 임재하신다. 인생을 말씀으로 건축해야 한다. 말씀을 순종하는 것 하나하나가 재료가 되어 건축하는 것이다.

14 솔로몬이 성전 건축하기를 마치고
15 백향목 널판으로 성전의 안벽 곧 성전 마루에서 천장까지의 벽에 입히고 또 잣나무 널판으로 성전 마루를 놓고
16 또 성전 뒤쪽에서부터 이십 규빗 되는 곳에 마루에서 천장까지 백향목 널판으로 가로막아 성전의 내소 곧 지성소를 만들었으며
14 So Solomon finished building the Temple.
15 The inside walls were covered with cedar panels from the floor to the ceiling, and the floor was made of pine.
16 An inner room, called the Most Holy Place, was built in the rear of the Temple. It was 9 metres long and was partitioned off by cedar boards reaching from the floor to the ceiling.

6:16 성전의 내소 곧 지성소를 만들었으며. 성전 내부에서는 지성소를 가장 먼저 이야기한다. 성전에서 지성소가 가장 중요하기 때문이다.

17 내소 앞에 있는 외소 곧 성소의 길이가 사십 규빗이며
18 성전 안에 입힌 백향목에는 박과 핀 꽃을 아로새겼고 모두 백향목이라 돌이 보이지 아니하며
19 여호와의 언약궤를 두기 위하여 성전 안에 내소를 마련하였는데

17 The room in front of the Most Holy Place was **18** metres long.
18 The cedar panels were decorated with carvings of gourds and flowers; the whole interior was covered with cedar, so that the stones of the walls could not be seen.
19 In the rear of the Temple an inner room was built, where the Lord's Covenant Box was to be placed.

6:19 언약궤를 두기 위하여. 성전이 중요하고, 성전에서 지성소가 중요한 이유는 '언약궤' 때문이다. 언약궤가 중요한 이유는 그 뚜껑이 '임재의 자리'로 하나님의 발등상 또는 보좌이기 때문이다.

20 그 내소의 안은 길이가 이십 규빗이요 너비가 이십 규빗이요 높이가 이십 규빗이라 정금으로 입혔고 백향목 제단에도 입혔더라

20 This inner room was 9 metres long, 9 metres wide, and 9 metres high, all covered with pure gold. The altar was covered with cedar panels.

6:20 내소의 안은 길이가 이십 규빗이요 너비가 이십 규빗이요 높이가 이십 규빗이라. 성막은 모두 십 규빗(4.4m)이었다. 솔로몬의 성전에서는 이십 규빗(8.8m)이다. 길이와 너비와 높이가 모두 성막의 2배다. 지성소와 성소의 높이가 다르다. 이것은 지성소를 성막의 지성소처럼 입방채로 하기 위함이다. 지성소만 천장을 낮추어 입방체를 만들었다. **정금으로 입혔고.** 아마 성전 내부를 백향목으로 둘러 싼 후 금으로 덧 씌운 것 같다. 성전 건축에서 금을 많이 사용한 이유는 하나님의 영광을 상징하기 위한 것으로 보인다.

21 솔로몬이 정금으로 외소 안에 입히고 내소 앞에 금사슬로 건너지르고 내소를 금으로 입히고
22 온 성전을 금으로 입히기를 마치고 내소에 속한 제단의 전부를 금으로 입혔더라
23 내소 안에 감람나무로 두 그룹을 만들었는데 그 높이가 각각 십 규빗이라

21 The inside of the Temple was covered with gold, and gold chains were placed across the entrance of the inner room, which was also covered with gold.
22 The whole interior of the Temple was covered with gold, as well as the altar in the Most Holy Place.

23 Two winged creatures were made of olive wood and placed in the Most Holy Place, each one 4.4 metres tall.

6:23 두 그룹을 만들었는데 그 높이가 각각 십 규빗이라. 그룹(케루빔)의 크기가 매우 크다. 높이가 4.4m로 지성소 전체 높이의 1/2을 차지한다.

24 한 그룹의 이쪽 날개도 다섯 규빗이요 저쪽 날개도 다섯 규빗이니 이쪽 날개 끝으로부터 저쪽 날개 끝까지 십 규빗이며
24 Both were of the same size and shape. Each had two wings, each wing 2.2 metres long, so that the distance from one wing tip to the other was 4.4 metres.

6:24 저쪽 날개도 다섯 규빗이니 이쪽 날개 끝으로부터 저쪽 날개 끝까지 십 규빗이며. 그룹은 날개 달린 천사다. 그룹의 모양이 어떻게 생겼는지는 정확하지 않다. 사람의 얼굴이거나 사자의 얼굴 또는 서로 섞였을 수도 있다. 몸은 사자의 몸이었을 것이다.

25 다른 그룹도 십 규빗이니 그 두 그룹은 같은 크기와 같은 모양이요
26 이 그룹의 높이가 십 규빗이요 저 그룹도 같았더라
27 솔로몬이 내소 가운데에 그룹을 두었으니 그룹들의 날개가 펴져 있는데 이쪽 그룹의 날개는 이쪽 벽에 닿았고 저쪽 그룹의 날개는 저쪽 벽에 닿았으며 두 날개는 성전의 중앙에서 서로 닿았더라
27 They were placed side by side in the Most Holy Place, so that two of their outstretched wings touched each other in the middle of the room, and the other two wings touched the walls.

6:27 두 그룹의 날개를 합하면 이십 규빗으로 지성소의 너비를 꽉 채우게 된다.

28 그가 금으로 그룹을 입혔더라
29 내 외소 사방 벽에는 모두 그룹들과 종려와 핀 꽃 형상을 아로새겼고
28 The two winged creatures were covered with gold.
29 The walls of the main room and of the inner room were all decorated with carved figures of winged creatures, palm trees, and flowers.

6:29 사방 벽에는 모두 그룹들...아로새겼고. 그룹을 사방 벽면에 새긴 이유는 그룹이 하나님의 보좌 천사이기 때문이다. 그래서 이 그룹을 새김으로 성전에 임재하시는 하나님을 상징한다.

30 내외 성전 마루에는 금으로 입혔으며
31 내소에 들어가는 곳에는 감람나무로 문을 만들었는데 그 문인방과 문설주는 벽의 오분의 일이요
32 감람나무로 만든 그 두 문짝에 그룹과 종려와 핀 꽃을 아로새기고 금으로 입히되 곧 그룹들과 종려에 금으로 입혔더라
33 또 외소의 문을 위하여 감람나무로 문설주를 만들었으니 곧 벽의 사분의 일이며
34 그 두 문짝은 잣나무라 이쪽 문짝도 두 짝으로 접게 되었고 저쪽 문짝도 두 짝으로 접게 되었으며
35 그 문짝에 그룹들과 종려와 핀 꽃을 아로새기고 금으로 입히되 그 새긴 데에 맞게 하였고
36 또 다듬은 돌 세 켜와 백향목 두꺼운 판자 한 켜로 둘러 안뜰을 만들었더라
37 넷째 해 시브월에 여호와의 성전 기초를 쌓았고
38 열한째 해 불월 곧 여덟째 달에 그 설계와 식양대로 성전 건축이 다 끝났으니 솔로몬이 칠 년 동안 성전을 건축하였더라

30 Even the floor was covered with gold.
31 A double door made of olive wood was set in place at the entrance of the Most Holy Place; the top of the doorway was a pointed arch.
32 The doors were decorated with carved figures of winged creatures, palm trees, and flowers. The doors, the winged creatures, and the palm trees were covered with gold.
33 For the entrance to the main room a rectangular door-frame of olive wood was made.
34 There were two folding doors made of pine
35 and decorated with carved figures of winged creatures, palm trees, and flowers, which were evenly covered with gold.
36 An inner court was built in front of the Temple, enclosed with walls which had one layer of cedar beams for every three layers of stone.
37 The foundation of the Temple was laid in the second month, the month of Ziv, in the fourth year of Solomon's reign.
38 In the eighth month, the month of Bul, in the eleventh year of Solomon's reign, the Temple was completely finished exactly as it had been planned. It had taken Solomon seven years to build it.

6:38 설계와 식양대로 성전 건축이 다 끝났으니. 하나님께서 주신 설계대로 성전 외부와 내부까지 다 완성되었다. 성전 건축이 하나님이 주신 설계대로 행하였다는 것이 중요하다. 그것은 어떤 것보다 더 중요하다. **솔로몬이 칠 년 동안 성전을 건축하였더라.** 성전의 규모가 그리 크지 않았지만 7년이라는 세월이 걸린 것은 그만큼 많은 주의를 기울였기 때문일 것이다. 솔로몬은 어떤 건물보다 앞서 성전을 건축함으로 하나님을 향한 그의 마음을 고백하였다.

7장

1 솔로몬이 자기의 왕궁을 십삼 년 동안 건축하여 그 전부를 준공하니라
1 Solomon also built a palace for himself, and it took him thirteen years.

7:1 솔로몬이 자기의 왕궁을 십삼 년 동안 건축하여. 솔로몬은 왕궁을 5개의 건물을 지어 건축하였다. 솔로몬의 성전 건축 7년은 적당해 보인다. 그런데 그의 왕궁 건축 13년은 조금 과해 보인다. 그것을 말하기 위해 왕궁 건축이 성전 건축 이야기 가운데 기록되어 있는 것일 수 있다. 무엇이든 과한 것은 좋지 못하다. 아니면 솔로몬의 왕궁 건축이 정상이고 성전 건축이 작은 것일 수 있다. 그런데 그것은 솔로몬의 마음이 성전 건축에 소홀한 것 때문이 아니라 다윗이 남긴 설계도 때문에 그랬을 것이다. 성전은 철저히 하나님께서 주신 설계도를 따라 건축하였다. 작지만 영광스럽다.

2 그가 레바논 나무로 왕궁을 지었으니 길이가 백 규빗이요 너비가 오십 규빗이요 높이가 삼십 규빗이라 백향목 기둥이 네 줄이요 기둥 위에 백향목 들보가 있으며
2 The Hall of the Forest of Lebanon was 44 metres long, 22 metres wide, and 13.5 metres high. It had three rows of cedar pillars, fifteen in each row, with cedar beams resting on them. The ceiling was of cedar, extending over store-rooms, which were supported by the pillars.

7:2 레바논 나무로 왕궁을 지었으니. 솔로몬의 사무공관을 지을 때 레바논 판재와 기둥을 많이 사용하여 그렇게 이름이 붙여진 것 같다.

3 기둥 위에 있는 들보 사십오 개를 백향목으로 덮었는데 들보는 한 줄에 열다섯이요
4 또 창틀이 세 줄로 있는데 창과 창이 세 층으로 서로 마주 대하였고
5 모든 문과 문설주를 다 큰 나무로 네모지게 만들었는데 창과 창이 세 층으로 서로 마주 대하였으며
6 또 기둥을 세워 주랑을 지었으니 길이가 오십 규빗이요 너비가 삼십 규빗이며 또 기둥 앞에 한 주랑이 있고 또 그 앞에 기둥과 섬돌이 있으며
4 In each of the two side walls there were three rows of windows.
5 The doorways and the windows had rectangular frames, and the three rows of windows in each wall faced the opposite rows.
6 The Hall of Columns was 22 metres long and 13.5 metres wide. It had a covered porch,

supported by columns.

7:6 기둥을 세워 주랑을 지었으니. 두 번째 사무 공간으로 기둥이 많은 것이 특징이며 열린 공간이었던 것으로 보인다.

7 또 심판하기 위하여 보좌의 주랑 곧 재판하는 주랑을 짓고 온 마루를 백향목으로 덮었고

7 The Throne Room, also called the Hall of Judgement, where Solomon decided cases, had cedar panels from the floor to the rafters.

7:7 재판하는 주랑을 짓고. 세 번째 사무공간으로 재판을 주로 했던 곳으로 보인다. 그렇게 솔로몬의 정부 사무공간으로 3곳을 지었다.

8 솔로몬이 거처할 왕궁은 그 주랑 뒤 다른 뜰에 있으니 그 양식이 동일하며 솔로몬이 또 그가 장가 든 바로의 딸을 위하여 집을 지었는데 이 주랑과 같더라

8 Solomon's own quarters, in another court behind the Hall of Judgement, were made like the other buildings. He also built the same kind of house for his wife, the daughter of the king of Egypt.

7:8 솔로몬이 거처할 왕궁은 그 주랑 뒤. 솔로몬의 개인이 거주할 왕궁이다. **바로의 딸을 위하여 집을 지었는데.** 솔로몬은 여러 왕비들 중에 특별히 바로의 딸을 위해 궁궐을 지었다. 그것은 정치적인 행위로 애굽의 바로가 강하기 때문에 그것을 배려하여 바로의 딸을 위해 따로 왕궁을 지은 것으로 보인다.

9 이 집들은 안팎을 모두 귀하고 다듬은 돌로 지었으니 크기대로 톱으로 켠 것이라 그 초석에서 처마까지와 외면에서 큰 뜰에 이르기까지 다 그러하니
10 그 초석은 귀하고 큰 돌 곧 십 규빗 되는 돌과 여덟 규빗 되는 돌이라
11 그 위에는 크기대로 다듬은 귀한 돌도 있고 백향목도 있으며
12 또 큰 뜰 주위에는 다듬은 돌 세 켜와 백향목 두꺼운 판자 한 켜를 놓았으니 마치 여호와의 성전 안뜰과 주랑에 놓은 것 같더라
13 솔로몬 왕이 사람을 보내어 히람을 두로에서 데려오니

9 All these buildings and the great court were made of fine stones from the foundations to the eaves. The stones were prepared at the quarry and cut to measure, with their inner and outer sides trimmed with saws.
10 The foundations were made of large stones prepared at the quarry, some of them 3.5

metres long and others 4 metres long.
11 On top of them were other stones, cut to measure, and cedar beams.
12 The palace court, the inner court of the Temple, and the entrance room of the Temple had walls with one layer of cedar beams for every three layers of cut stones.
13 King Solomon sent for a man named Huram, a craftsman living in the city of Tyre, who was skilled in bronze work.

7:13 히람을 두로에서 데려오니. 여기에서 말하는 히람은 앞에서 나온 두로 왕 히람과는 다른 사람이다.

14 그는 납달리 지파 과부의 아들이요 그의 아버지는 두로 사람이니 놋쇠 대장장이라 이 히람은 모든 놋 일에 지혜와 총명과 재능을 구비한 자이더니 솔로몬 왕에게 와서 그 모든 공사를 하니라
14 His father, who was no longer living, was from Tyre, and had also been a skilled bronze craftsman; his mother was from the tribe of Naphtali. Huram was an intelligent and experienced craftsman. He accepted King Solomon's invitation to be in charge of all the bronze work.

7:14 그는 납달리 지파 과부의 아들이요 그의 아버지는 두로 사람이니. 그는 이스라엘의 피와 두로 사람의 피가 섞인 사람이다. **모든 놋 일에 지혜와 총명과 재능을 구비한 자이더니.** 히람은 놋으로 만드는 일에 뛰어난 재능을 가지고 있었다. 기술자요 예술가일 것이다. 그런데 성막 제작자와는 다르게 '하나님의 영이 충만하였다'는 것에 대해서는 언급이 없다. 그는 단지 훌륭한 기술자에 머물렀던 것 같다.

15 그가 놋기둥 둘을 만들었으니 그 높이는 각각 십팔 규빗이라 각각 십이 규빗 되는 줄을 두를 만하며
15 Huram cast two bronze columns, each one 8 metres tall and 5.3 metres in circumference, and placed them at the entrance of the Temple.

7:15 놋기둥 둘을 만들었으니. 성막에서는 없었던 것이다. **높이는 각각 십팔 규빗이라 각각 십이 규빗 되는 줄을 두를 만하며.** 기둥 높이가 792cm이며 둘레가 각각 528cm이다.

16 또 놋을 녹여 부어서 기둥 머리를 만들어 기둥 꼭대기에 두었으니 한쪽 머리의 높이도 다섯 규빗이요 다른쪽 머리의 높이도 다섯 규빗이며

16 He also made two bronze capitals, each one 2.2 metres tall, to be placed on top of the columns.

7:16 기둥 머리…높이도 다섯 규빗이요. 기둥 위에 얹는 것의 높이가 220cm였다. 그러면 기둥의 높이는 합이 1,012cm이다. 대략 높이 10m, 둘레 5m이다. 거대한 놋기둥이다. 눈 여겨 보지 않을래야 보지 않을 수 없다.

17 기둥 꼭대기에 있는 머리를 위하여 바둑판 모양으로 얽은 그물과 사슬 모양으로 땋은 것을 만들었으니 이 머리에 일곱이요 저 머리에 일곱이라
17 The top of each column was decorated with a design of interwoven chains,

7:17 기둥 꼭대기에 있는 머리. 기둥 머리의 모양을 자세히 설명하고 있다. 이것에 대한 설명만 17절-20절을 할애하여 설명하고 있다. 그만큼 이 기둥이 가지는 의미가 크고 중요하다고 할 수 있다.

18 기둥을 이렇게 만들었고 또 두 줄 석류를 한 그물 위에 둘러 만들어서 기둥 꼭대기에 있는 머리에 두르게 하였고 다른 기둥 머리에도 그렇게 하였으며
19 주랑 기둥 꼭대기에 있는 머리의 네 규빗은 백합화 모양으로 만들었으며
20 이 두 기둥 머리에 있는 그물 곁 곧 그 머리의 공 같이 둥근 곳으로 돌아가며 각기 석류 이백 개가 줄을 지었더라
21 이 두 기둥을 성전의 주랑 앞에 세우되 오른쪽 기둥을 세우고 그 이름을 야긴이라 하고 왼쪽의 기둥을 세우고 그 이름을 보아스라 하였으며
18 and two rows of bronze pomegranates.
19 The capitals were shaped like lilies, 1.8 metres tall,
20 and were placed on a rounded section which was above the chain design. There were 200 pomegranates in two rows round each capital.
21 Huram placed these two bronze columns in front of the entrance of the Temple: the one on the south side was named Jachin, and the one on the north was named Boaz.

7:21 오른쪽 기둥을 세우고 그 이름을 야긴이라. 오른쪽은 성전이 동쪽을 보고 있기 때문에 남쪽을 의미한다. 성전에서 볼 때는 오른쪽이고 성전에 들어가면서 볼 때는 왼쪽이다. '야긴'의 뜻은 '그가 세우신다'이다. 하나님께서 그의 성전에 오가는 사람들을 세우신다는 의미로 해석이 가능하다. **왼쪽의 기둥을 세우고 그 이름을 보아스라 하였으며.** 성전에 들어가면서 볼 때는 오른쪽에 있는 기둥이다. '보아스'는 다윗의 할아버지 이름과 같다. 그래서 다윗과 연관시키기도 한다. 그 의미는 분명하지 않으나 '힘 안에

서' '힘으로'로 해석할 수 있다. 이 둘을 함께 해석한다면 '하나님께서 그 성전에 들어오고 나가는 사람을 하나님의 힘으로 세워주신다'는 의미일 것이다.
성전에 오가는 사람들은 그 성전이 세상의 신전보다 작다고 생각하여 가볍게 볼 것인지 아니면 그들 보기에 화려하다 생각할지 모르겠다. 그러나 실제로는 보이는 그 성전의 규모가 아니라 그 안에 임재하시는 하나님은 전능한 힘을 가지신 분이다. 그리고 그곳에 오가는 일은 그들의 인생에서 하는 많은 일 중에 작은 일처럼 보일 수 있다. 그러나 그것은 매우 큰 일이다. 그들을 하나님께서 보호하셔서 그들의 인생을 굳게 세워주실 것이기 때문이다. 오늘날 교회로 모일 때도 이 기둥을 기억하면 좋겠다.
성전에 오가는 사람은 야긴과 보아스를 기억해야 한다. 하나님의 힘으로 그 백성을 세우신다는 영원한 약속이다.

22 그 두 기둥 꼭대기에는 백합화 형상이 있더라 두 기둥의 공사가 끝나니라
23 또 바다를 부어 만들었으니 그 직경이 십 규빗이요 그 모양이 둥글며 그 높이는 다섯 규빗이요 주위는 삼십 규빗 줄을 두를 만하며

22 The lily-shaped bronze capitals were on top of the columns. And so the work on the columns was completed.
23 Huram made a round tank of bronze, 2.2 metres deep, 4.4 metres in diameter, and 13.2 metres in circumference.

7:23 바다를 부어 만들었으니. 성막에서는 물두멍만 있었다. 그런데 더 큰 그릇이 필요하여 '바다'라는 이름의 큰 그릇을 만들었다. 이것의 역할은 성막 때의 물두멍과 동일하게 의식용 물과 제물을 씻는 용도였을 것이다. '바다'라는 이름은 크기와 역할 때문에 붙여진 것으로 보인다. 특별히 '바다'가 혼돈의 대명사이며 사탄이 힘을 쓰는 영역이라면 '바다'라는 물두멍은 그것을 조절하는 하나님의 힘을 표시하는 것 같다. 그래서 바다라는 이름을 붙인 것으로 보인다.

24 그 가장자리 아래에는 돌아가며 박이 있는데 매 규빗에 열 개씩 있어서 바다 주위에 둘렸으니 그 박은 바다를 부어 만들 때에 두 줄로 부어 만들었으며
25 그 바다를 소 열두 마리가 받쳤으니 셋은 북쪽을 향하였고 셋은 서쪽을 향하였고 셋은 남쪽을 향하였고 셋은 동쪽을 향하였으며 바다를 그 위에 놓았고 소의 뒤는 다 안으로 두었으며

24 All round the outer edge of the rim of the tank were two rows of bronze gourds, which had been cast all in one piece with the rest of the tank.
25 The tank rested on the backs of twelve bronze bulls that faced outwards, three facing in

each direction.

7:25 소 열두 마리가 받쳤으니. 고대에 '소'는 힘의 상징이다. 그래서 소를 타고 다니는 신에 대한 묘사가 많다. 이것은 하나님의 힘을 상징할 수 있다. 하나님께서 모든 것을 통치하시는 것을 상징한다. 하나님의 힘으로 모든 것이 정결해지는 것을 상징할 것이다.

26 바다의 두께는 한 손 너비만 하고 그것의 가는 백합화의 양식으로 잔 가와 같이 만들었으니 그 바다에는 이천 밧을 담겠더라
26 The sides of the tank were 75 millimetres thick. Its rim was like the rim of a cup, curving outwards like the petals of a lily. The tank held about 40,000 litres.

7:26 이천 밧을 담겠더라. 1밧이 21.5리터이기 때문에 43,000리터가 들어간다는 말이다. 엄청난 크기다.

27 또 놋으로 받침 수레 열을 만들었으니 매 받침 수레의 길이가 네 규빗이요 너비가 네 규빗이요 높이가 세 규빗이라
28 그 받침 수레의 구조는 이러하니 사면 옆 가장자리 가운데에는 판이 있고
29 가장자리 가운데 판에는 사자와 소와 그룹들이 있고 또 가장자리 위에는 놓는 자리가 있고 사자와 소 아래에는 화환 모양이 있으며
30 그 받침 수레에 각각 네 놋바퀴와 놋축이 있고 받침 수레 네 발 밑에는 어깨 같은 것이 있으며 그 어깨 같은 것은 물두멍 아래쪽에 부어 만들었고 화환은 각각 그 옆에 있으며
31 그 받침 수레 위로 들이켜 높이가 한 규빗 되게 내민 것이 있고 그 면은 직경 한 규빗 반 되게 반원형으로 우묵하며 그 나머지 면에는 아로새긴 것이 있으며 그 내민 판들은 네모지고 둥글지 아니하며
32 네 바퀴는 옆판 밑에 있고 바퀴 축은 받침 수레에 연결되었는데 바퀴의 높이는 각각 한 규빗 반이며
33 그 바퀴의 구조는 병거 바퀴의 구조 같은데 그 축과 테와 살과 통이 다 부어 만든 것이며
34 받침 수레 네 모퉁이에 어깨 같은 것 넷이 있는데 그 어깨는 받침 수레와 연결되었고
35 받침 수레 위에 둥근 테두리가 있는데 높이가 반 규빗이요 또 받침 수레 위의 버팀대와 옆판들이 받침 수레와 연결되었고
36 버팀대 판과 옆판에는 각각 빈 곳을 따라 그룹들과 사자와 종려나무를 아로새겼고 또 그 둘레에 화환 모양이 있더라

37 이와 같이 받침 수레 열 개를 만들었는데 그 부어 만든 법과 크기와 양식을 다 동일하게 만들었더라

27 Huram also made ten bronze carts; each was 1.8 metres long, 1.8 metres wide, and 1.3 metres high.
28 They were made of square panels which were set in frames,
29 with the figures of lions, bulls, and winged creatures on the panels; and on the frames, above and underneath the lions and bulls, there were spiral figures in relief.
30 Each cart had four bronze wheels with bronze axles. At the four corners were bronze supports for a basin; the supports were decorated with spiral figures in relief.
31 There was a circular frame on top for the basin. It projected upwards 45 centimetres from the top of the cart and 18 centimetres down into it. It had carvings round it.
32 The wheels were 66 centimetres high; they were under the panels, and the axles were of one piece with the carts.
33 The wheels were like chariot wheels; their axles, rims, spokes, and hubs were all of bronze.
34 There were four supports at the bottom corners of each cart, which were of one piece with the cart.
35 There was a 22 centimetre band round the top of each cart; its supports and the panels were of one piece with the cart.
36 The supports and panels were decorated with figures of winged creatures, lions, and palm trees, wherever there was space for them, with spiral figures all round.
37 This, then, is how the carts were made; they were all alike, having the same size and shape.

7:37 받침. 물두멍을 나르기 위해 받침대 10개를 만들었다. 받침수레는 바퀴를 달아서 이동할 수 있게 만들었으며 정해진 자리가 있으나 실제로 사용할 때는 성전 뜰 안에서 이동하면서 사용되었다.

38 또 물두멍 열 개를 놋으로 만들었는데 물두멍마다 각각 사십 밧을 담게 하였으며 매 물두멍의 직경은 네 규빗이라 열 받침 수레 위에 각각 물두멍이 하나씩이더라

38 Huram also made ten basins, one for each cart. Each basin was 1.8 metres in diameter, and held about 800 litres.

7:38 물두멍 열 개를 놋으로 만들었는데. 열 개의 물두멍은 바다 물두멍을 보좌하는 성격이다. 그런데 이것에 대한 설명이 길다. 그것은 이 물두멍이 매우 중요하다는 것을 의미한다. **사십 밧을 담게 하였으며.** 860리터의 물이 들어가는 크기다. 1개의 바다 물두멍과 10개의 물두멍을 만든 이유는 실용적인 측면이 강하다. 성전은 성막에 비해 더 많은 사람이 모일 것이다. 그 많은 제물을 다듬을 때 한 개의 물로는 감당이 안 될 것이다. 그런데 이것이 단지 실용적인 측면만이 아님을 말하기 위해 이것에 대해

자세히 설명하고 있는 것으로 보인다. 또한 이것이 이전 성막과는 조금 다르기 때문에 더 많은 설명을 하였을 것이다.

39 그 받침 수레 다섯은 성전 오른쪽에 두었고 다섯은 성전 왼쪽에 두었고 성전 오른쪽 동남쪽에는 그 바다를 두었더라
40 히람이 또 물두멍과 부삽과 대접들을 만들었더라 이와 같이 히람이 솔로몬 왕을 위하여 여호와의 전의 모든 일을 마쳤으니
39 He placed five of the carts on the south side of the Temple, and the other five on the north side; the tank he placed at the south-east corner.
40 Huram also made pots, shovels, and bowls. He completed all his work for King Solomon for the Lord's Temple. This is what he made:

7:40 히람이 또 물두멍과 부삽과 대접들을 만들었더라. 히람은 성전에서 사용되는 기구 중에 놋제품을 만들었다.

41 곧 기둥 둘과 그 기둥 꼭대기의 공 같은 머리 둘과 또 기둥 꼭대기의 공 같은 머리를 가리는 그물 둘과
42 또 그 그물들을 위하여 만든 바 매 그물에 두 줄씩으로 기둥 위의 공 같은 두 머리를 가리게 한 석류 사백 개와
43 또 열 개의 받침 수레와 받침 수레 위의 열 개의 물두멍과
44 한 바다와 그 바다 아래의 소 열두 마리와
45 솥과 부삽과 대접들이라 히람이 솔로몬 왕을 위하여 여호와의 성전에 이 모든 그릇을 빛난 놋으로 만드니라
46 왕이 요단 평지에서 숙곳과 사르단 사이의 차진 흙에 그것들을 부어 내었더라
47 기구가 심히 많으므로 솔로몬이 다 달아보지 아니하고 두었으니 그 놋 무게를 능히 측량할 수 없었더라
48 솔로몬이 또 여호와의 성전의 모든 기구를 만들었으니 곧 금 단과 진설병의 금 상과
49 내소 앞에 좌우로 다섯씩 둘 정금 등잔대며 또 금 꽃과 등잔과 불집게며
41 The two columns; The two bowl-shaped capitals on top of the columns; The design of interwoven chains on each capital;
42 The 400 bronze pomegranates, in two rows of a hundred each round the design on each capital;
43 The ten carts; The ten basins;
44 The tank; The twelve bulls supporting the tank;
45 The pots, shovels, and bowls. All this equipment for the Temple, which Huram made for

King Solomon, was of polished bronze.
46 The king had it all made in the foundry between Sukkoth and Zarethan, in the Jordan Valley.
47 Solomon did not have these bronze objects weighed, because there were too many of them, and so their weight was never determined.
48 Solomon also had gold furnishings made for the Temple: the altar, the table for the bread offered to God,
49 the ten lamp-stands that stood in front of the Most Holy Place, five on the south side and five on the north; the flowers, lamps, and tongs;

7:48-49 금 단과 진설병의 금 상과 내소 앞에 좌우로 다섯씩 둘 정금 등잔대. 성소에 두는 기구다. 내부의 기구들은 '금'으로 만들었다. 내부의 기구들 또한 매우 중요하였으나 이전 성막의 것과 거의 같기 때문에 솔로몬 성전에서는 길게 설명하지 않고 있다. 성전은 없었던 것을 새로 건축한 것이 아니라 성막 성전이라는 것을 건물 성전으로의 전환이기 때문이다. 등잔대의 개수가 10개로 늘어났다. 설명 없이 늘어난 것을 보면 이것은 실용적인 측면인 것 같다. 성소가 이전 성막 성전에 비해 가로 세로가 각각 2배로 늘어났기 때문에 면적은 4배 늘어났다. 그래서 성소를 밝히기 위해서 등잔대가 더 느는 것이 당연하였을 것이다.

50 또 정금 대접과 불집게와 주발과 숟가락과 불을 옮기는 그릇이며 또 내소 곧 지성소 문의 금 돌쩌귀와 성전 곧 외소 문의 금 돌쩌귀더라
50 the cups, lamp snuffers, bowls, dishes for incense, and the pans used for carrying live coals; and the hinges for the doors of the Most Holy Place and of the outer doors of the Temple. All these furnishings were made of gold.

7:50 내소 곧 지성소 문의 금 돌쩌귀. 성막 때는 없었던 것이 추가되었다. 건물 성전이기 때문일 것이다. 그래서 그 의미가 특별하지 않기 때문에 설명 없이 말하고 있다.

51 솔로몬 왕이 여호와의 성전을 위하여 만드는 모든 일을 마친지라 이에 솔로몬이 그의 아버지 다윗이 드린 물건 곧 은과 금과 기구들을 가져다가 여호와의 성전 곳간에 두었더라
51 When King Solomon finished all the work on the Temple, he placed in the temple storerooms all the things that his father David had dedicated to the Lord—the silver, gold, and other articles.

7:51 솔로몬 왕이 여호와의 성전을 위하여 만드는 모든 일을 마친지라. 성전 건물과 기구들까지 모두 마쳤다. **솔로몬이 그의 아버지 다윗이 드린 물건 곧 은과 금과 기구들을**

가져다가 여호와의 성전 곳간에 두었더라. 다윗은 성전을 건축하고 싶어하였고 그것을 이루지 못하여 많은 것을 준비하였다. 다윗이 준비하였던 것을 솔로몬이 성전 곳간 안에 두었다. 그렇게 하여 다윗의 소원이 조금은 이루어졌다. 다윗의 이러한 소원을 솔로몬이 알고 있기 때문에 그렇게 하였을 것이다. 아버지 다윗의 소원을 솔로몬이 알고 있었기 때문에 성전 건축하는 것을 영광스럽게 생각하고 기쁨으로 지었을 것이다.

8장

1 이에 솔로몬이 여호와의 언약궤를 다윗 성 곧 시온에서 메어 올리고자 하여 이스라엘 장로와 모든 지파의 우두머리 곧 이스라엘 자손의 족장들을 예루살렘에 있는 자기에게로 소집하니

1 Then King Solomon summoned all the leaders of the tribes and clans of Israel to come to him in Jerusalem in order to take the Lord's Covenant Box from Zion, David's City, to the Temple.

8:1 솔로몬이 여호와의 언약궤를 다윗 성 곧 시온에서 메어 올리고자 하여. 성전 건축에 7년 6개월이 소요되었다. 그리고 언약궤를 옮길 때까지 그 사이의 기간이 얼마나 되는지 모른다. 최소한 11개월 이상이다. 이 기간에 성전 기구가 준비되었을 것이다. **이스라엘 장로와 모든 지파의 우두머리 곧 이스라엘 자손의 족장들을 예루살렘에 있는 자기에게로 소집하니.** 언약궤를 옮기는 것은 매우 중요하였다. 비록 장로들이 옮기는 것은 아니지만 모두 함께하도록 하였다.

2 이스라엘 모든 사람이 다 에다님월 곧 일곱째 달 절기에 솔로몬 왕에게 모이고
3 이스라엘 장로들이 다 이르매 제사장들이 궤를 메니라
4 여호와의 궤와 회막과 성막 안의 모든 거룩한 기구들을 메고 올라가되 제사장과 레위 사람이 그것들을 메고 올라가매

2 They all assembled during the Festival of Shelters in the seventh month, in the month of Ethanim.
3 When all the leaders had gathered, the priests lifted the Covenant Box
4 and carried it to the Temple. The Levites and the priests also moved the Tent of the Lord's presence and all its equipment to the Temple.

8:4 여호와의 궤와 회막과 성막 안의 모든 거룩한 기구들을 메고. 블레셋에 언약궤를 빼앗긴 이후 장막과 언약궤가 따로 있었다. 솔로몬이 기브온 산당에서 일천 번제를 드릴 때는 출애굽 때의 장막이 기브온 산당에 있었다. 언약궤는 다윗이 예루살렘에 준비한 곳에 있었다. 장막이 이중으로 있었다. 기브온 산당에 있던 장막이 이 시기 이전에 예루살렘으로 옮겼을 수도 있고 아니면 성전에 옮기기 위해 언약궤가 있는 곳으로 임시로 옮겼을 수도 있다. **그것들을 메고 올라가매.** 솔로몬이 지은 성전이 기존 다윗의 예루살렘보다 조금 위에 위치하고 있다. 솔로몬은 성전과 자신의 궁궐을 지으면서 예루살렘을 북쪽으로 조금 더 확장하였다. 북쪽은 지대가 조금 더 높았다. 그래서

올라간다고 표현하고 있다.

5 솔로몬 왕과 그 앞에 모인 이스라엘 회중이 그와 함께 그 궤 앞에 있어 양과 소로 제사를 지냈으니 그 수가 많아 기록할 수도 없고 셀 수도 없었더라
6 제사장들이 여호와의 언약궤를 그 처소로 메어 들였으니 곧 성전의 내소인 지성소 그룹들의 날개 아래라
5 King Solomon and all the people of Israel assembled in front of the Covenant Box and sacrificed a large number of sheep and cattle—too many to count.
6 Then the priests carried the Covenant Box into the Temple and put it in the Most Holy Place, beneath the winged creatures.

8:6 지성소 그룹들의 날개 아래라. 하나님의 보좌 천사인 그룹의 날개 아래 언약궤를 놓았다. 언약궤 뚜껑은 하나님의 발등상 또는 보좌를 상징한다. 하나님께서 그 백성과 언약을 통해 관계를 맺으시기 때문에 언약궤 위가 하나님의 임재의 자리가 된다. 하나님의 임재는 언약(말씀)을 통해서다. 많은 것을 통해 하나님께서 자신을 계시하신다. 그러한 것을 통해 하나님의 임재를 경험할 수 있다. 그러나 가장 좋은 경험은 말씀을 통해 하나님을 알고 말씀을 지키면서 경험하는 것이다. 모든 신앙인은 말씀을 통해 하나님의 임재를 경험하기 위해 부단히 노력해야 한다.

7 그룹들이 그 궤 처소 위에서 날개를 펴서 궤와 그 채를 덮었는데
8 채가 길므로 채 끝이 내소 앞 성소에서 보이나 밖에서는 보이지 아니하며 그 채는 오늘까지 그 곳에 있으며
7 Their outstretched wings covered the box and the poles it was carried by.
8 The ends of the poles could be seen by anyone standing directly in front of the Most Holy Place, but from nowhere else. (The poles are still there today.)

8:8 채가 길므로 채 끝이 내소 앞 성소에서 보이나. 언약궤를 만지지 않기 위해 채를 옮기고도 그대로 둔 모습이다. 그런데 그것이 밖에서 보였다는 것을 정확한 모습을 그리기가 어렵다. 확실한 것은 언약궤가 동서로 놓여졌다는 사실이다. 그래서 언약궤는 보이지 않아도 길게 꿴 채는 성소에서 보였던 것 같다. 그런데 이 채가 성소에서 보이기 위해서는 문 틈으로 채가 삐쳐 나왔을 것이다.

9 그 궤 안에는 두 돌판 외에 아무것도 없으니 이것은 이스라엘 자손이 애굽 땅

에서 나온 후 여호와께서 저희와 언약을 맺으실 때에 모세가 호렙에서 그 안에 넣은 것이더라
9 There was nothing inside the Covenant Box except the two stone tablets which Moses had placed there at Mount Sinai, when the Lord made a covenant with the people of Israel as they were coming from Egypt.

8:9 두 돌판 외에 아무것도 없으니. 민수기(17:10)에서는 아론의 싹 난 지팡이, 출애굽기(16:33)에서는 만나 항아리를 언약궤 앞에 둘 것을 말씀하고 있다. 그 구절을 알고 있는 독자들에게 정확히 말하기 위해 이 구절을 강조하고 있는 것으로 보인다. 블레셋에 언약궤를 빼앗기고 실로가 파괴되면서 싹 난 지팡이와 만나 항아리는 소실된 것으로 보인다. 이 구절은 어쩌면 언약궤에 처음부터 두 돌 판만 있었다는 것을 강조하는 것일 수도 있다. **여호와께서 저희와 언약을 맺으실 때에 모세가 호렙에서 그 안에 넣은 것이더라.** 언약궤는 하나님의 임재의 자리이지만 또한 하나님께서 이스라엘과 언약을 맺은 내용을 담고 있기도 하다. 그러기에 언약궤를 거룩하게 생각한다면 하나님의 말씀을 거룩하게 생각해야 한다. 말씀 없는 언약궤나 지성소는 없다. 오늘날 교회의 가장 큰 특징은 말씀이다. 말씀이 제대로 선포되지 않는다면 교회는 결코 성전이 될 수 없다.

10 제사장이 성소에서 나올 때에 구름이 여호와의 성전에 가득하매
10 As the priests were leaving the Temple, it was suddenly filled with a cloud

8:10 제사장이 성소에서 나올 때. 언약궤는 기계적인 어떤 것이 아니다. 지성소도 기계적으로 성전이 되는 것이 아니다. 언약궤가 들어간 순간 성전이 되는 것이 아니다. **구름이 여호와의 성전에 가득하매.** 구름은 하나님의 임재의 상징이다. 하나님이 임재하심으로 성전이 된다. 이제 이후로 제사장도 지성소 안에 들어가지 못한다. 대제사장도 아무 때나 들어가지 못한다. 일 년에 한 번만 들어가게 된다.

11 제사장이 그 구름으로 말미암아 능히 서서 섬기지 못하였으니 이는 여호와의 영광이 여호와의 성전에 가득함이었더라
11 shining with the dazzling light of the Lord's presence, and they could not go back in to perform their duties.

8:11 제사장이 그 구름으로 말미암아 능히 서서 섬기지 못하였으니. 성전에 임한 하나님

의 영광 때문에 사람들이 매우 경외하는 모습이다.
오늘날 우리는 하나님의 임재가 교회에 임하는 것을 눈으로 보지 못하여도 임재하신다는 것을 믿는다. 하나님의 임재의 상징인 구름이 우리가 예배하는 곳에 가득하지 않아도 우리는 하나님의 임재를 믿음으로 볼 수 있어야 한다. 그런 마음을 가져야 한다. 우리가 교회로 예배할 때마다 하나님의 임재의 영광을 경외함으로 바라보아야 한다.

12 그 때에 솔로몬이 이르되 여호와께서 캄캄한 데 계시겠다 말씀하셨사오나
12 Then Solomon prayed: "You, Lord, have placed the sun in the sky, yet you have chosen to live in clouds and darkness.

8:12 여호와께서 캄캄한 데 계시겠다 말씀하셨사오나. '캄캄한 데'는 지금 그가 보고 있는 성전에 가득한 구름을 의미한다. 성전에 가득한 구름을 보고 하나님의 말씀을 기억하며 하나님의 임재를 경외함으로 바라보며 감탄하고 있는 것이다.

13 내가 참으로 주를 위하여 계실 성전을 건축하였사오니 주께서 영원히 계실 처소로소이다 하고
13 Now I have built a majestic temple for you, a place for you to live in for ever."

8:13 주를 위하여 계실 성전을 건축하였사오니. 그가 지은 성전에 구름이 가득하게 되는 것을 보니 하나님의 임재를 확실히 알았다. 그가 지은 성전에 하나님께서 임재하시는 것을 보고 놀라면서 감탄하고 있다. 성전은 하나님의 임재의 자리다. 하나님의 임재가 구름이라는 상징으로 보이든 그렇지 않든 모든 성전은 하나님의 특별한 임재의 자리다. 물론 하나님께서 그 성전에 물질이 존재하는 것처럼 제한적으로 계신다는 것을 의미하는 것은 아니다. 하나님은 만물 가운데 계시며 또한 그것을 초월하여 계신다. 성전에 하나님께서 임재하신다는 것은 하나님께서 특별히 임재하신다는 것을 의미한다. 그러기에 이후에 그 백성이 그곳을 바라보는 것만으로도 특별한 임재가 전이된다. 오늘날 교회에 하나님의 특별한 임재가 있다. 하나님의 특별한 임재를 경험하고 싶은 사람은 교회의 예배가 가장 좋은 자리다.

14 얼굴을 돌이켜 이스라엘의 온 회중을 위하여 축복하니 그 때에 이스라엘의 온 회중이 서 있더라

14 As the people stood there, King Solomon turned to face them, and he asked God's blessing on them.

8:14 온 회중을 위하여 축복하니. 그곳에 모인 백성들을 축복하였다. 성전에 하나님께서 임재하신다는 것은 그 백성들에게 큰 복이다. 하나님의 임재는 그 자리를 복되게 하고 사람들을 영광스럽게 한다.

15 왕이 이르되 이스라엘의 하나님 여호와를 송축할지로다 여호와께서 그의 입으로 내 아버지 다윗에게 말씀하신 것을 이제 그의 손으로 이루셨도다 이르시기를

15 He said, "Praise the Lord God of Israel! He has kept the promise he made to my father David, when he said,

8:15 이스라엘의 하나님 여호와를 송축할지로다. 하나님께서 그와 이스라엘이 지은 성전에 임재하신다는 것은 이스라엘에게 참으로 영광스러운 일이다. 하나님께는 오히려 귀찮은 일일 수 있다. 만물의 주되신 하나님께서 어떤 곳에 특별히 임재하신다는 것이 만물의 주되신 하나님께 어울리지 않을 수 있다. 그런데도 불구하고 그 백성을 사랑하셔서 성전에 임재하셨다. 그러니 이스라엘 백성은 하나님의 그 놀라운 은혜를 송축하고 또 송축해야 한다.

16 내가 내 백성 이스라엘을 애굽에서 인도하여 낸 날부터 내 이름을 둘 만한 집을 건축하기 위하여 이스라엘 모든 지파 가운데에서 아무 성읍도 택하지 아니하고 다만 다윗을 택하여 내 백성 이스라엘을 다스리게 하였노라 하신지라
17 내 아버지 다윗이 이스라엘의 하나님 여호와의 이름을 위하여 성전을 건축할 마음이 있었더니

16 'From the time I brought my people out of Egypt, I have not chosen any city in all the land of Israel in which a temple should be built where I would be worshipped. But I chose you, David, to rule my people.' "
17 And Solomon continued, "My father David planned to build a temple for the worship of the Lord God of Israel,

8:17 다윗이...성전을 건축할 마음이 있었으니. 다윗의 시편을 보라. 그가 얼마나 많이 하나님의 임재를 사모하였는지 모른다. 하나님과의 친밀한 만남을 사모하였다. 그래서 성전을 건축할 마음이 많았다.

18 여호와께서 내 아버지 다윗에게 이르시되 네가 내 이름을 위하여 성전을 건축할 마음이 있으니 이 마음이 네게 있는 것이 좋도다
18 but the Lord said to him, 'You were right in wanting to build a temple for me,

8:18 성전을 건축할 마음이 있으니 이 마음이 네게 있는 것이 좋도다. 다윗이 성전을 건축하고자 하는 마음을 가진 것을 하나님께서 칭찬하셨다. 성전을 사모하는 마음은 참으로 귀한 마음이다. 하나님의 임재를 사모하는 마음은 참으로 귀하다. 우리는 하나님의 충만한 임재를 다윗처럼 더욱더 사모해야 한다.

19 그러나 너는 그 성전을 건축하지 못할 것이요 네 몸에서 낳을 네 아들 그가 내 이름을 위하여 성전을 건축하리라 하시더니
19 but you will never build it. It is your son, your own son, who will build my temple.'

8:19 너는 그 성전을 건축하지 못할 것이요. 하나님께서 다윗의 요청을 거절하셨다. 거절을 들은 다윗의 마음이 얼마나 낙심되었을까? 그러나 이것을 알아야 한다. 다윗이 성전 건축을 하고자 하는 마음을 하나님께서 기뻐 받으셨다. 그렇다면 그가 건축하는 계획은 거절되었어도 이미 다윗은 성전을 건축한 것이나 마찬가지다. 그 마음을 받으셨기 때문이다. 성전 건축 계획이 거절되었으나 아들이 성전 건축을 하도록 준비한 다윗의 마음은 더욱더 귀하다. 자신이 성전 건축을 한 것보다 더 귀하다. 사람은 자신이 무엇인가를 하기는 쉬워도 다른 사람이 하는 것을 돕는 것은 매우 어렵다. 다윗은 하나님의 왕되심을 믿었다. 그러기에 하나님께서 거절하셨어도 그것이 복된 것인 것을 믿었다. 그래서 순종하였다.

20 이제 여호와께서 말씀하신 대로 이루시도다 내가 여호와께서 말씀하신 대로 내 아버지 다윗을 이어서 일어나 이스라엘의 왕위에 앉고 이스라엘의 하나님 여호와의 이름을 위하여 성전을 건축하고
20 "And now the Lord has kept his promise. I have succeeded my father as king of Israel, and I have built the Temple for the worship of the Lord God of Israel.

8:20 이제 여호와께서 말씀하신 대로 이루시도다. 하나님께서 다윗에게 말씀하신 대로 솔로몬이 성전을 건축하였다. 훌륭하게 건축하였다. 성전의 핵심은 하나님의 말씀이다. 하나님과 그 백성의 언약이다. 하나님께서 말씀하신 것을 지키기로 언약을 맺는 것이다. 하나님은 언약하신 대로 행하신다. 다윗은 언약대로 아들에게 성전 건축

을 맡겼다. 하나님께서 언약대로 솔로몬 때에 성전이 건축되게 하셨다. 그렇게 성전건축은 언약이 중심이다. 만약 다윗이 하나님의 뜻이 없이 성전을 지었다면 그것은 성전의 가장 기본적인 언약을 거스른 것이 된다. 성전이라는 가장 좋은 것조차도 하나님과의 언약이 기반이 되어야 한다. 언약이 아닌 자신의 출세나 이름을 위한 성전이라면 그것은 언약이 중심이 되는 성전이 될 수 없다. 오늘날 교회가 언약이 중심이 되지 못하고 자신의 출세나 명예가 중심이 된다면 그것은 성전의 모습을 잃은 것이다.

21 내가 또 그 곳에 우리 조상들을 애굽 땅에서 인도하여 내실 때에 그들과 세우신 바 여호와의 언약을 넣은 궤를 위하여 한 처소를 설치하였노라
21 I have also provided a place in the Temple for the Covenant Box containing the stone tablets of the covenant which the Lord made with our ancestors when he brought them out of Egypt."

8:21 여호와의 언약을 넣은 궤를 위하여 한 처소를 설치하였노라. 성전은 화려함이 아니라 언약이 중심이다. 아무리 천막으로 만들었어도 언약궤가 있으면 성전이요, 아무리 화려한 금으로 건축했어도 언약궤가 없으면 성전이 아니다. 그것처럼 오늘날 교회가 아무리 크고 화려하여도 말씀이 바르게 선포되고 지켜지지 않으면 그것은 교회가 아니다. 말씀이 바르게 선포되지 않는 교회를 보는 것은 슬픈 일이다.

22 솔로몬이 여호와의 제단 앞에서 이스라엘의 온 회중과 마주서서 하늘을 향하여 손을 펴고
23 이르되 이스라엘의 하나님 여호와여 위로 하늘과 아래로 땅에 주와 같은 신이 없나이다 주께서는 온 마음으로 주의 앞에서 행하는 종들에게 언약을 지키시고 은혜를 베푸시나이다
22 Then in the presence of the people Solomon went and stood in front of the altar, where he raised his arms
23 and prayed, "Lord God of Israel, there is no god like you in heaven above or on earth below! You keep your covenant with your people and show them your love when they live in wholehearted obedience to you.

8:23 이스라엘의 하나님 여호와여. 성전이 좋은 것은 하나님 앞에 설 수 있기 때문이다. 홀로 있을 때도 말씀을 읽고 기도하며 하나님을 부르지만 교회로 모여 하나님의 이름을 부를 때와는 많이 다르다. 같은 시간을 비교해 보면 훨씬 더 많이 하나님을 부를 것이다. 성전으로 모이면 하나님 앞에 특별하게 서게 될 것이다. **위로 하늘과 아**

래로 땅에 주와 같은 신이 없나이다. 하나님 앞에 서면 하나님의 위대하심을 생각하게 된다. 그래서 찬양하게 된다. 하나님 앞에 서지 않으면 하나님의 위대하심을 찬양하지 않는 경향이 있다. 그러나 하나님 앞에 서면 찬양하지 않을 수 없게 된다. 우리는 성전으로 모여 하나님 앞에 서서 하나님의 위대하심을 찬양하는 사람이 되어야 한다. **주의 앞에서 행하는 종들에게 언약을 지키시고 은혜를 베푸시나이다.** 하나님께서 다윗에게 주신 약속 따라 솔로몬이 성전을 지을 수 있게 하셨다. 그 약속을 철저히 지키셨다. 하나님께서 그 백성과 언약을 하신다. 전능하신 하나님께서 참으로 나약한 사람과 언약을 하는 것은 참으로 감사한 일이다. 세상에서 약속을 보라. 누가 누구와 하는가? 약속은 주로 서로 격이 맞을 때 한다. 임금이 힘 없는 사람과 하지 않는다. 그런데 전능하신 하나님께서 힘이 하나도 없는 이스라엘과 언약을 맺었다. 얼마나 감사한 일인가.

> **24** 주께서 주의 종 내 아버지 다윗에게 하신 말씀을 지키사 주의 입으로 말씀하신 것을 손으로 이루심이 오늘과 같으니이다
> **25** 이스라엘의 하나님 여호와여 주께서 주의 종 내 아버지 다윗에게 말씀하시기를 네 자손이 자기 길을 삼가서 네가 내 앞에서 행한 것 같이 내 앞에서 행하기만 하면 네게서 나서 이스라엘의 왕위에 앉을 사람이 내 앞에서 끊어지지 아니하리라 하셨사오니 이제 다윗을 위하여 그 하신 말씀을 지키시옵소서
> **24** You have kept the promise you made to my father David; today every word has been fulfilled.
> **25** And now, Lord God of Israel, I pray that you will also keep the other promise you made to my father when you told him that there would always be one of his descendants ruling as king of Israel, provided they obeyed you as carefully as he did.

8:25 이스라엘의 왕위에 앉을 사람이 내 앞에서 끊어지지 아니하리라 하셨사오니 이제 다윗을 위하여 그 하신 말씀을 지키시옵소서. 솔로몬은 하나님께서 약속하신 언약을 언급하면서 지켜주시기를 간구하고 있다. 이러한 간구는 옳다. 그런데 사람들이 진짜 걱정해야 하는 것이 무엇일까? **네 자손이 자기 길을 삼가서 네가 내 앞에서 행한 것 같이 내 앞에서 행하기만 하면.** 솔로몬이 이것을 기도하고 있다. 그런데 이것을 명심하는 데는 실패한다. 언약은 상호 약속이다. 세상에서는 강한 사람이 언약을 깨고 마음대로 하지만 하나님은 그 백성과 맺은 언약을 결코 깨지 않으신다. 그러기에 솔로몬은 자신이 언약을 지키는 것에 더 많은 힘을 쏟아야 했다.

26 그런즉 이스라엘의 하나님이여 원하건대 주는 주의 종 내 아버지 다윗에게 하신 말씀이 확실하게 하옵소서
27 하나님이 참으로 땅에 거하시리이까 하늘과 하늘들의 하늘이라도 주를 용납하지 못하겠거든 하물며 내가 건축한 이 성전이오리이까
26 So now, O God of Israel, let everything come true that you promised to my father David, your servant.
27 "But can you, O God, really live on earth? Not even all heaven is large enough to hold you, so how can this Temple that I have built be large enough?

8:27 하늘들의 하늘이라도 주를 용납하지 못하겠거든 하물며 내가 건축한 이 성전이오리까. 하나님은 어디에 계실까? 솔로몬이 지은 성전은 땅에서 지극히 작은 부분이다. '하늘'은 땅보다 훨씬 더 광대하다. 우리는 우주가 얼마나 큰지를 안다. '하늘의 하늘이라도'라고 말한다. 이것은 '하늘'의 최상급이다. '가장 광대한 하늘이라도' 정도의 의미다. 그러나 그러한 것도 하나님의 임재에 적합한 것이 아니다. 하나님은 온 우주를 창조하신 분이다. 그러기에 우주를 초월하여 계신다. 그런데 그 분이 솔로몬이 건축한 작은 성전에 임재하신다는 것은 무엇을 의미하는 것일까? 솔로몬은 하나님께서 그의 성전을 집으로 하여 임재하시는 것이 아님을 고백하고 있다.

28 그러나 내 하나님 여호와여 주의 종의 기도와 간구를 돌아보시며 이 종이 오늘 주 앞에서 부르짖음과 비는 기도를 들으시옵소서
29 주께서 전에 말씀하시기를 내 이름이 거기 있으리라 하신 곳 이 성전을 향하여 주의 눈이 주야로 보시오며 주의 종이 이 곳을 향하여 비는 기도를 들으시옵소서
28 Lord my God, I am your servant. Listen to my prayer, and grant the requests I make to you today.
29 Watch over this Temple day and night, this place where you have chosen to be worshipped. Hear me when I face this Temple and pray.

8:29 내 이름이 거기 있으리라 하신 곳 이 성전을 향하여. 성전은 하나님의 이름이 있는 곳이다. 이름은 하나님의 임재를 상징한다. 여기에서는 하나님이 이곳에만 임재하신다는 의미가 아니다. 이름이 있다는 것은 하나님의 명예와 영광이 있다는 것을 의미하기도 한다. 하나님의 이름이 관련되어 있기 때문에 어떤 방식으로든 하나님께서 그곳과 관련을 가지시고 그곳에 특별한 의미를 주신다. **주의 눈이 주야로 보시오며.** 주의 성전에 '하나님이 임재하신다'는 것은 그곳에 하나님께서 거하신다는 의미가 아니다. 솔로몬은 그곳에 '주의 눈길을 주시기를' 간구한다. 성전에 주의 눈길을 주시기에

이곳에 오가는 모든 사람들을 하나님의 눈이 더욱 주의 깊게 보실 것이다. 사랑스럽게 보실 것이다. '주야로 보시는 것'이기 때문에 성전에 오가는 사람은 어떤 사람이든 결코 하나님의 눈에서 벗어나지 않을 것이다. 이것은 하나님께서 그곳에 앉아 계신 것과 같은 효과다. **이 곳을 향하여 비는 기도를 들으시옵소서.** 하나님께서 성전을 향하여 귀를 기울이시길 간구하고 있다. 하나님께서 성전에서 나는 소리에 귀를 기울이셔서 하나님께서 성전에 앉으셔서 들으시는 것과 같은 효과가 있는 것이다. 성전에 오지 못하는 사람은 멀리서라도 이곳을 향하여 기도할 때 하나님께서 또한 그들의 기도에 응답하시기를 기도한다. 하나님은 성전에 계시며 아주 멀리서도 들으시는 하나님이시기에 성전을 향하는 것으로 성전에 와서 기도하는 것과 같은 효과가 있도록 요청하고 있다. 사실 이 당시 대부분의 신앙인들은 성전에는 일 년에 한 두 번 오는 것이고 나머지는 늘 성전을 향하여 기도하였다.

30 주의 종과 주의 백성 이스라엘이 이 곳을 향하여 기도할 때에 주는 그 간구함을 들으시되 주께서 계신 곳 하늘에서 들으시고 들으시사 사하여 주옵소서
30 Hear my prayers and the prayers of your people when they face this place and pray. In your home in heaven hear us and forgive us.

8:30 주께서 계신 곳 하늘에서 들으시고. 여기에서 '하늘(히. 샤마임)'은 27절의 하늘과 같은 단어이지만 다른 뜻으로 해석하는 것이 맞다. 앞에서 하늘은 광대한 창공을 말하기 위한 것이라면 이곳에서는 하나님이 임재하시는 '하나님 나라'를 의미한다. 이곳은 우주의 어느 한 공간이 아니다. 모든 것을 초월하는 곳이다. 하나님은 우주의 어느 공간에 계신 분이 아니다. 하나님은 영이시기 때문이다. 또한 물질을 창조하신 분이시기 때문이다. 그런데 이 성전을 하나님의 거하시는 곳으로 삼으신다. 그래서 마치 사람이 그곳에 있을 때처럼, 그곳에서 일어나는 모든 일에 대해 하늘에 계시면서도 마치 그곳에 계신 것 같이 행하신다. 그래서 성전에서 들려지는 모든 일을 바로 앞에서 일어나는 것처럼 보시고 들으신다. 죄를 사하신다.

31 만일 어떤 사람이 그 이웃에게 범죄함으로 맹세시킴을 받고 그가 와서 이 성전에 있는 주의 제단 앞에서 맹세하거든
31 "When a person is accused of wronging another and is brought to your altar in this Temple to take an oath that he is innocent,

8:31 네 가지 상황을 가정하여 기도한다. **이웃에게 범죄함으로 맹세시킴을 받고 그가 와서 이 성전에 있는 주의 제단 앞에서 맹세하거든.** 첫 번째 상황은 이웃에게 죄를 범한 경우다. 이웃에게 죄를 범하였는데 증인과 증거가 없는 상황이다. 그래서 성전에 가서 저주의 맹세를 하여 그가 죄가 없음을 증명하라고 시키는 것을 말한다. 증인과 증거가 없으면 범죄가 묻히는 경우가 많다. 그러나 묻히면 안 된다. 죄가 묻히면 가해자는 죄를 가벼이 여며 결국 죄를 권장하는 것이 되고 억울한 피해자가 늘어갈 것이다. 죄를 행하였지만 증인과 증거가 없다고 오리발을 내밀고 있는 경우 최후의 수단으로 성전에서 '맹세'를 시킴으로 죄를 분별하려는 시도를 하였다. 성전은 하나님이 계신 곳이니 하나님을 두려워하여 거짓 맹세하지 못하고 자신의 죄를 시인하면 죄가 드러난다.

32 주는 하늘에서 들으시고 행하시되 주의 종들을 심판하사 악한 지의 죄를 정하여 그 행위대로 그 머리에 돌리시고 의로운 자를 의롭다 하사 그의 의로운 바대로 갚으시옵소서

32 O Lord, listen in heaven and judge your servants. Punish the guilty one as he deserves, and acquit the one who is innocent.

8:32 주의 종들을 심판하사 악한 자의 죄를 정하여 그 행위대로 그 머리에 돌리시고. 하나님이 벌 주시는 것을 무서워하지 않고 거짓으로 맹세하는 사람을 하나님께서 심판하시기를 구하고 있다. 증인과 증거가 없어도 거짓은 거짓이다. 증인과 증거가 없어 세상에서 가려진 죄라고 쉽게 생각하면 결코 안 된다. 하나님의 심판이 있으면 사람들은 하나님을 더욱더 경외하게 되어 거짓 맹세하지 않게 될 것이다. 그것을 간구하는 것이다.

33 만일 주의 백성 이스라엘이 주께 범죄하여 적국 앞에 패하게 되므로 주께로 돌아와서 주의 이름을 인정하고 이 성전에서 주께 기도하며 간구하거든

33 "When your people Israel are defeated by their enemies because they have sinned against you, and then when they turn to you and come to this Temple, humbly praying to you for forgiveness,

8:33 이스라엘이 주께 범죄하여 적국 앞에 패하게 되므로. 적국에게 패하는 일은 큰 문제다. 하나님을 믿는 사람들에게 왜 그런 일이 일어날까? 많은 경우 '범죄' 때문이다. 죄는 정상을 비정상으로 만든다. 문제를 만났을 때 신앙인은 성전으로 나가야 한다. 문제는 신앙인이 하나님의 충만한 임재를 놓치면서 생긴다. 그러기에 다시 하나님께

나와야 한다. 문제가 범죄 때문에 생긴 것이어서 하나님께 나가는 것이 어색할 수 있다. 그러나 그것을 이겨야 한다. 문제가 생기면 무조건 하나님 앞에 나가야 한다. 예배에서 더욱더 깊이 하나님을 바라보아야 한다.

34 주는 하늘에서 들으시고 주의 백성 이스라엘의 죄를 사하시고 그들의 조상들에게 주신 땅으로 돌아오게 하옵소서
34 listen to them in heaven. Forgive the sins of your people, and bring them back to the land which you gave to their ancestors.

8:34 이스라엘의 죄를 사하시고 그들의 조상들에게 주신 땅으로 돌아오게 하옵소서. 회개하면 하나님께서 회복시키실까? 회복시키시든 그렇지 않든 신앙인은 일단 죄를 지었으면 회개해야 한다. 회복은 그 다음이다. 또한 하나님께서 뜻하시면 언제든지 회복된다. 그러니 하나님 앞으로 나가는 것이 우선이다.

35 만일 그들이 주께 범죄함으로 말미암아 하늘이 닫히고 비가 없어서 주께 벌을 받을 때에 이 곳을 향하여 기도하며 주의 이름을 찬양하고 그들의 죄에서 떠나거든
35 "When you hold back the rain because your people have sinned against you, and then when they repent and face this Temple, humbly praying to you,

8:35 주께 범죄함으로 말미암아 하늘이 닫히고 비가 없어서 주께 벌을 받을 때에. 죄를 범하여 비가 내리지 않는 경우를 말한다. 오늘날은 더 많은 자연재해가 있다. 그런데 문제는 그러한 것을 보면서 자신들의 죄를 회개하지 않는다는 것이다. 하나님은 자연현상을 사용하셔서 우리의 죄를 지적하시기도 한다.

36 주는 하늘에서 들으사 주의 종들과 주의 백성 이스라엘의 죄를 사하시고 그들이 마땅히 행할 선한 길을 가르쳐 주시오며 주의 백성에게 기업으로 주신 주의 땅에 비를 내리시옵소서
37 만일 이 땅에 기근이나 전염병이 있거나 곡식이 시들거나 깜부기가 나거나 메뚜기나 황충이 나거나 적국이 와서 성읍을 에워싸거나 무슨 재앙이나 무슨 질병이 있든지 막론하고
36 listen to them in heaven. Forgive the sins of the king and of the people of Israel. Teach them to do what is right. Then, O Lord, send rain on this land of yours, which you gave to your people as a permanent possession.

37 "When there is famine in the land or an epidemic, or the crops are destroyed by scorching winds or swarms of locusts, or when your people are attacked by their enemies, or when there is disease or sickness among them,

8:37 기근...전염병...메뚜기...적국이 성읍을 에워싸거나. 사람이 먹지 못하게 되는 여러 문제다. 오늘날에는 경제와 관련된 더욱더 다양한 문제들이 있다.

38 한 사람이나 혹 주의 온 백성 이스라엘이 다 각각 자기의 마음에 재앙을 깨닫고 이 성전을 향하여 손을 펴고 무슨 기도나 무슨 간구를 하거든
38 listen to their prayers. If any of your people Israel, out of heartfelt sorrow, stretch out their hands in prayer towards this Temple,

8:38 한 사람이나 혹 주의 온 백성 이스라엘이 다 각각 자기의 마음에 재앙을 깨닫고. 문제가 심각해졌을 때 누군가 문제의 심각성과 죄가 원인이 되었음을 깨닫고 기도하거나 공동체가 기도하는 것을 말한다. 그렇게 기도하면 하나님께서 용서하여 주시길 간구하고 있다. 우리는 살면서 수많은 문제를 만난다. 문제를 만나도 하나님께 나오는 것을 모르는 사람이 많다. 하나님 없는 삶의 연속이다. 솔로몬이 그런 사람이 성전에 나와 기도할 때 응답하여 주시길 간구하고 있다. 실제로 하나님은 문제를 만나 성전에 나와 기도하는 사람들을 용서하신다. 문제가 많은 세상에서 그냥 문제에 묻혀 살면 안 된다. 문제를 해결하는 법을 알아야 한다. 하나님께 아뢰어 하나님께서 문제를 해결하시는 것을 두 눈으로 분명히 보아야 한다.

39 주는 계신 곳 하늘에서 들으시고 사하시며 각 사람의 마음을 아시오니 그들의 모든 행위대로 행하사 갚으시옵소서 주만 홀로 사람의 마음을 다 아심이니이다
40 그리하시면 그들이 주께서 우리 조상들에게 주신 땅에서 사는 동안에 항상 주를 경외하리이다
39 hear their prayer. Listen to them in your home in heaven, forgive them, and help them. You alone know the thoughts of the human heart. Deal with each person as he deserves,
40 so that your people may obey you all the time they live in the land which you gave to our ancestors.

8:40 그리하시면...항상 주를 경외하리이다. 주 앞에 나와 주께 간구하여 문제가 해결될 때 더욱 주를 경외하게 된다. 하나님께서 자신의 삶에 가장 밀접히 관련되며 보호하시고 인도하심을 알게 되었기 때문이다. '문제'는 '하나님을 경외'하는 길이 될 것이

다. '경외(히. 야레)'는 일반적으로 '두려워하다'라는 의미의 단어다. '경외'는 의역이다. 사람들은 문제를 두려워한다. 그러나 신앙인은 하나님을 두려워해야 한다. 그러기 위해서는 문제를 해결하시는 하나님을 경험해야 한다. 그래야 문제보다 하나님을 두려워할 줄 알게 된다. 문제가 무서워 우는 사람이 아니라 하나님의 은혜가 놀라워 우는 사람이 되어야 한다. 그러면 하나님을 경외하는 사람이라 말한다.

41 또 주의 백성 이스라엘에 속하지 아니한 자 곧 주의 이름을 위하여 먼 지방에서 온 이방인이라도

41 "When a foreigner who lives in a distant land hears of your fame and of the great things you have done for your people, and comes to worship you and to pray at this Temple,

8:41 이스라엘에 속하지 아니한 자...이방인이라도. 솔로몬은 이방인이 성전에 와서 기도하는 것을 말한다. 그는 결코 이방인은 성전에 합당하지 않은 사람들이라고 말하지 않았다. 오히려 그들이 성전으로 나오는 것을 꿈꾸면서 기도하였다.

42 그들이 주의 크신 이름과 주의 능한 손과 주의 펴신 팔의 소문을 듣고 와서 이 성전을 향하여 기도하거든

8:42 그들이...소문을 듣고 와서 이 성전을 향하여 기도하거든. 이방인들이 '하나님에 대한 소문을 들은 것'에 대해 이야기한다. 그들이 하나님에 대한 소문을 듣고 성전에 나와 기도하면 그들은 이스라엘 사람들이 성전에 나와 기도한 것 같은 효과가 있기를 기도하고 있다 솔로몬 시대에 이미 이방인들을 향한 열린 마음을 가지고 있는 것을 볼 수 있다. 열린 마음을 넘어 꿈을 가지고 있었다. 하나님의 위대하심을 깨달은 백성들이 하나님을 전하고, 그것을 들은 이방인들이 성전에 나왔을 때 그들이 하나님을 경험하여 그들도 하나님의 백성이 되는 것이다.

43 주는 계신 곳 하늘에서 들으시고 이방인이 주께 부르짖는 대로 이루사 땅의 만민이 주의 이름을 알고 주의 백성 이스라엘처럼 경외하게 하시오며 또 내가 건축한 이 성전을 주의 이름으로 일컫는 줄을 알게 하옵소서
44 주의 백성이 그들의 적국과 더불어 싸우고자 하여 주께서 보내신 길로 나갈 때에 그들이 주께서 택하신 성읍과 내가 주의 이름을 위하여 건축한 성전이 있는 쪽을 향하여 여호와께 기도하거든

43 listen to his prayer. In heaven, where you live, hear him and do what he asks you to do, so that all the peoples of the world may know you and obey you, as your people Israel do. Then they will know that this Temple I have built is the place where you are to be worshipped.
44 "When you command your people to go into battle against their enemies and they pray to you, wherever they are, facing this city which you have chosen and this Temple which I have built for you,

8:44 주의 백성이 그들의 적국과 더불어 싸우고자 하여 주께서 보내신 길로 나갈 때. 신앙인은 하나님께서 보내신 소명의 길이 있다. 그러한 길은 더욱더 성공이 필요한 순간이다. 신앙인이 하나님께서 주신 소명을 이루고자 성전에 나와 기도하는 것에 대해 이야기한다. 성전에 귀 기울이시는 하나님께서 그들의 기도를 응답하여 주시기를 기도한다.

45 주는 하늘에서 그들의 기도와 간구를 들으시고 그들의 일을 돌아보옵소서
46 범죄하지 아니하는 사람이 없사오니 그들이 주께 범죄함으로 주께서 그들에게 진노하사 그들을 적국에게 넘기시매 적국이 그들을 사로잡아 원근을 막론하고 적국의 땅으로 끌어간 후에
45 listen to their prayers. Hear them in heaven, and give them victory.
46 "When your people sin against you—and there is no one who does not sin—and in your anger you let their enemies defeat them and take them as prisoners to some other land, even if that land is far away,

8:46 솔로몬의 마지막 기도 제목이다. **주께 범죄함으로...적국의 땅으로 끌어간 후에.** 솔로몬은 가장 비참한 상황을 가정하여 다시 한 번 강하게 기도한다. 이런 일이 결코 일어나서는 안 된다. 그런데 솔로몬은 이런 일이 일어날 때가 있을 것이라는 것을 알았다. **범죄하지 아니하는 사람이 없사오니.** 사람은 이 땅에 살면서 늘 죄의 강한 영향력 속에 살고 있다. 또한 죄가 조금 더 크게 영향을 미칠 때가 있다. 그래서 원하지 않는 가장 슬픈 수렁에 빠질 때가 있다.

47 그들이 사로잡혀 간 땅에서 스스로 깨닫고 그 사로잡은 자의 땅에서 돌이켜 주께 간구하기를 우리가 범죄하여 반역을 행하며 악을 지었나이다 하며
48 자기를 사로잡아 간 적국의 땅에서 온 마음과 온 뜻으로 주께 돌아와서 주께서 그들의 조상들에게 주신 땅 곧 주께서 택하신 성읍과 내가 주의 이름을 위하여 건축한 성전 있는 쪽을 향하여 주께 기도하거든
49 주는 계신 곳 하늘에서 그들의 기도와 간구를 들으시고 그들의 일을 돌아보

시오며
47 listen to your people's prayers. If there in that land they repent and pray to you, confessing how sinful and wicked they have been, hear their prayers, O Lord.
48 If in that land they truly and sincerely repent, and pray to you as they face towards this land which you gave to our ancestors, this city which you have chosen, and this Temple which I have built for you,
49 then listen to their prayers. In your home in heaven hear them and be merciful to them.

8:49 그들의 기도와 간구를 들으시고 그들의 일을 돌아보시오며. 그들이 비록 큰 죄로 인하여 이방 나라에 포로로 잡혀갔지만 그들이 성전을 향하여 기도하면 하늘의 하나님이 그들의 기도를 응답하시길 간구하고 있다.

50 주께 범죄한 백성을 용서하시며 주께 범한 그 모든 허물을 사하시고 그들을 사로잡아 간 자 앞에서 그들로 불쌍히 여김을 얻게 하사 그 사람들로 그들을 불쌍히 여기게 하옵소서
50 Forgive all their sins and their rebellion against you, and make their enemies treat them with kindness.

8:50 허물을 사하시고 그들을 사로잡아 간 자 앞에서 그들로 불쌍히 여김을 얻게 하사. 실패의 시간 속에 있을 때 그들은 오히려 더욱더 하나님이 필요하다. 그들이 하나님을 찾을 때 그들의 죄를 용서하고 불쌍히 여기시길 간구한다. 그들이 잡혀간 곳에서 주변 사람들에게 긍휼을 입을 수 있도록 간구한다. 그들이 잡혀간 곳이 이방 나라이지만 하나님은 그곳에서도 모든 것을 주관하시는 분임을 믿기 때문에 그렇게 간구하고 있다.

51 그들은 주께서 철 풀무 같은 애굽에서 인도하여 내신 주의 백성, 주의 소유가 됨이니이다
51 They are your own people, whom you brought out of Egypt, that blazing furnace.

8:51 애굽에서 인도하여 내신 주의 백성. 이스라엘 백성이 애굽에 있을 때 하나님께서 긍휼히 여기셔서 출애굽하게 하셨다. 물론 그때는 이스라엘이 잘못하여 애굽에 간 것은 아니다. 그러나 강한 나라 애굽에게서 출애굽을 시키신 것은 참으로 놀라운 사건이었다. 하나님께는 불가능한 것이 없다. 하나님께서 그렇게 출애굽하게 하신 백성이니 그들을 다시 그들이 사로잡힌 곳에서 나올 수 있도록 하시길 간구하고 있다. 주의

백성이 하나님을 경외하지 않고 범죄하여 먼 이국의 땅으로 잡혀가게 되었다. 그러나 그들이 성전을 향하여 기도한다는 것은 다시 하나님을 경외한다는 것을 의미한다. 그러면 그들을 회복시켜 달라고 간구하고 있다. 주를 찾는 자를 하나님께서 회복시켜 주신다. 그러니 교회 성전에서 주를 찾는 자가 되는 것이 중요하다.
우리는 상실의 시대에 살고 있다. 수많은 것을 잃게 되고 그것 때문에 눈물 흘리는 시대다. 그러나 그러한 상실의 시간을 절망이 아니라 찾음의 시간이 되게 해야 한다. 실제로는 하나님을 상실한 것이 모든 상실의 근본이다. 성전에 나와 하나님을 찾는 시간이 되게 해야 한다. 그러면 놀라운 일이 일어난다.

52 원하건대 주는 눈을 들어 종의 간구함과 주의 백성 이스라엘의 간구함을 보시고 주께 부르짖는 대로 들으시옵소서
53 주 여호와여 주께서 우리 조상을 애굽에서 인도하여 내실 때에 주의 종 모세를 통하여 말씀하심 같이 주께서 세상 만민 가운데에서 그들을 구별하여 주의 기업으로 삼으셨나이다
54 솔로몬이 무릎을 꿇고 손을 펴서 하늘을 향하여 이 기도와 간구로 여호와께 아뢰기를 마치고 여호와의 제단 앞에서 일어나
55 서서 큰 소리로 이스라엘의 온 회중을 위하여 축복하며 이르되
52 "Sovereign Lord, may you always look with favour on your people Israel and their king, and hear their prayer whenever they call to you for help.
53 You chose them from all the peoples to be your own people, as you told them through your servant Moses when you brought our ancestors out of Egypt."
54 After Solomon had finished praying to the Lord, he stood up in front of the altar, where he had been kneeling with uplifted hands.
55 In a loud voice he asked God's blessings on all the people assembled there. He said,

8:55 온 회중을 위하여 축복하며. 솔로몬은 성전 앞에 모인 그들이 얼마나 행복한 사람인지를 말하였다.

56 여호와를 찬송할지로다 그가 말씀하신 대로 그의 백성 이스라엘에게 태평을 주셨으니 그 종 모세를 통하여 무릇 말씀하신 그 모든 좋은 약속이 하나도 이루어지지 아니함이 없도다
56 "Praise the Lord who has given his people peace, as he promised he would. He has kept all the generous promises he made through his servant Moses.

8:56 여호와를 찬송할지로다. 이스라엘 백성이 지금 행복한 백성이 된 것은 오직 하나

님의 은혜이기 때문에 찬송하라는 말로 시작한다. **말씀하신 대로 그의 백성 이스라엘에게 태평을 주셨으니.** '태평(히. 므누하)'은 '안식할 땅'이라고 번역하는 것이 더 좋을 것 같다. 아브라함에게 약속을 주실 때 가나안에 땅 한 평 없었다. 그러나 하나님께서 약속을 지키셔서 이제는 '하맛 어귀에서부터 애굽강까지(65절)' 땅을 차지하게 되었다. 그곳에서 안식하고 있다. **모세를 통하여 무릇 말씀하신 그 모든 좋은 약속이 하나도 이루어지지 아니함이 없도다.** 모세를 통해 말씀하신 신명기의 약속처럼 그 백성이 말씀에 순종할 때 주어지는 행복한 약속이 그대로 이루어졌다. 하나님이 복 주시는 온전한 샬롬이 이루어졌다. 그래서 백성들은 참으로 복된 상태였다. 그래서 백성들에게 복을 말하고 있다.

57 우리 하나님 여호와께서 우리 조상들과 함께 계시던 것 같이 우리와 함께 계시옵고 우리를 떠나지 마시오며 버리지 마시옵고
57 May the Lord our God be with us, as he was with our ancestors; may he never leave us, or abandon us;

8:57 이스라엘이 누리는 복을 계속 누릴 수 있도록 솔로몬은 구체적으로 3가지의 복이 임하기를 축복한다. **여호와께서 우리 조상들과 함께 계시던 것 같이 우리와 함께 계시옵고.** 하나님이 함께 계셔야 이스라엘은 복을 누리게 된다. 그래서 그렇게 되기를 축복하고 있다. 하나님의 임재가 복이다. 창조주의 임재이기 때문이다.

58 우리의 마음을 주께로 향하여 그의 모든 길로 행하게 하시오며 우리 조상들에게 명령하신 계명과 법도와 율례를 지키게 하시기를 원하오며
58 may he make us obedient to him, so that we will always live as he wants us to live, and keep all the laws and commands he gave our ancestors.

8:58 계명과 법도와 율례를 지키게 하시기를 원하오며. 이스라엘이 복을 누리기 위해서는 말씀에 순종해야 한다. 그래서 그렇게 말씀에 순종하는 삶이 되도록 하나님이 도우시는 복을 누리기를 축복하고 있다.

59 여호와 앞에서 내가 간구한 이 말씀이 주야로 우리 하나님 여호와께 가까이 있게 하시옵고 또 주의 종의 일과 주의 백성 이스라엘의 일을 날마다 필요한 대로 돌아보사

59 May the Lord our God remember at all times this prayer and these petitions I have made to him. May he always be merciful to the people of Israel and to their king, according to their daily needs.

8:59 솔로몬이 말하는 세 번째 축복은 성전과 관련된 그의 기도의 내용들을 하나님께서 이스라엘 백성들에게 이루어 주시길 바라는 축복이다. **날마다 필요한 대로 돌아보사.** 그들이 문제가 생기거나 어떤 필요가 생길 때 성전을 통한 복이 그들에게 이루어지길 바라는 축복이다.

60 이에 세상 만민에게 여호와께서만 하나님이시고 그 외에는 없는 줄을 알게 하시기를 원하노라

60 And so all the nations of the world will know that the Lord alone is God—there is no other.

8:60 세상 만민에게 여호와께서만 하나님이시고 그 외에는 없는 줄을 알게. 세번째 축복이 이루어질 때 그 백성이 필요가 채워지는 것을 보면서 세상 사람들도 하나님의 백성의 자리로 들어오게 되는 것을 말한다. 이 땅의 궁극적 목적이 이루어지는 것이다.

61 그런즉 너희의 마음을 우리 하나님 여호와께 온전히 바쳐 완전하게 하여 오늘과 같이 그의 법도를 행하며 그의 계명을 지킬지어다

61 May you, his people, always be faithful to the Lord our God, obeying all his laws and commands, as you do today."

8:61 너희의 마음을 우리 하나님 여호와께 온전히 바쳐...그의 계명을 지킬지어다. 백성을 위해 축복하고 있는 이러한 일이 성취되기 위해서는 이스라엘 백성이 말씀을 지키는 것이 중요하다. 하나님의 뜻과 마음을 따르지 않고 하나님이 주시는 복을 누릴 수는 없다. 하나님의 임재가 있을 수 없다.

62 이에 왕과 및 왕과 함께 한 이스라엘이 다 여호와 앞에 희생제물을 드리니라

63 솔로몬이 화목제의 희생제물을 드렸으니 곧 여호와께 드린 소가 이만 이천 마리요 양이 십이만 마리라 이와 같이 왕과 모든 이스라엘 자손이 여호와의 성전의 봉헌식을 행하였는데

62 Then King Solomon and all the people there offered sacrifices to the Lord.

63 He sacrificed 22,000 head of cattle and 120,000 sheep as fellowship offerings. And so the king and all the people dedicated the Temple.

8:63 소가 이만 이천 마리요 양이 십이만 마리라. 비현실적이라고 말하는 사람이 있을 정도로 많은 양이다. 그러나 이것은 결코 비현실적이지 않다. 이것은 하나님의 충만한 임재 가운데 있는 이스라엘 백성이 드리는 진정한 제사다. 하나님의 충만한 임재 가운데 있는 사람들은 '많이 드림'이 문제가 되지 않는다. 하나님의 임재를 잘 모르면 '많음'이 늘 문제다. 시간이나 재물 무엇이든 하나님께 드리는 것이 문제다. 그래서 어떻게 해서든 '조금' 하려고 한다. 그러나 하나님의 충만한 임재 안에 있는 사람들은 '많은' 헌신이 결코 문제가 되지 않는다.

64 그 날에 왕이 여호와의 성전 앞뜰 가운데를 거룩히 구별하고 거기서 번제와 소제와 감사제물의 기름을 드렸으니 이는 여호와의 앞 놋 제단이 작으므로 번제물과 소제물과 화목제의 기름을 다 용납할 수 없음이라

64 That same day he also consecrated the central part of the courtyard, the area in front of the Temple, and then he offered there the sacrifices burnt whole, the grain offerings, and the fat of the animals for the fellowship offerings. He did this because the bronze altar was too small for all these offerings.

8:64 여호와의 성전 앞뜰 가운데를 거룩히 구별하고. 번제물이 너무 많아 번제단이 다 소화할 수 없어 번제단이 놓인 뜰 전체를 제사를 드릴 수 있는 곳으로 구별하여 그 안 이곳저곳에서 제물을 잡았다는 말이다. 그렇게 많아도 전혀 문제가 되지 않았다. 하나님의 충만한 임재가 있었기 때문이다.

65 그 때에 솔로몬이 칠 일과 칠 일 도합 십사 일간을 우리 하나님 여호와 앞에서 절기로 지켰는데 하맛 어귀에서부터 애굽 강까지의 온 이스라엘의 큰 회중이 모여 그와 함께 하였더니

65 There at the Temple, Solomon and all the people of Israel celebrated the Festival of Shelters for seven days. There was a huge crowd of people from as far away as Hamath Pass in the north and the Egyptian border in the south.

8:65 칠 일과 칠 일 도합 십사 일간을 우리 하나님 여호와 앞에서 절기로 지켰는데. 장막절의 절기로 칠 일을 지켜야 한다. 그것은 큰 결심과 헌신이 필요하다. 그런데 시간이 두 배로 늘었다. 14일이다. 그러면 백성들이 불평하였을까? 아니다. 불평이 전혀 없었

다. 하나님의 충만한 임재 안에 있었기 때문이다. 많음이나 적음이 문제가 되는 것은 사실 많고 적음이 아니라 다른 문제다. 하나님의 충만한 임재 여부가 그것을 결정하였을 것이다.

66 여덟째 날에 솔로몬이 백성을 돌려보내매 백성이 왕을 위하여 축복하고 자기 장막으로 돌아가는데 여호와께서 그의 종 다윗과 그의 백성 이스라엘에게 베푸신 모든 은혜로 말미암아 기뻐하며 마음에 즐거워하였더라
66 On the eighth day Solomon sent the people home. They all praised him and went home happy because of all the blessings that the Lord had given his servant David and his people Israel.

8:66 은혜로 말미암아 기뻐하며 마음에 즐거워하였더라. 이스라엘 백성들은 기뻐하며 돌아갔다. 그들 가운데 하나님의 충만한 임재가 있었기 때문이다.

하나님의 충만한 임재는 제사(예배)와 기쁨으로 드러나는 것을 볼 수 있다. 오늘날도 하나님의 충만한 임재 가운데 있기를 원하는 사람은 이러한 예배가 중요하다. 예배하며 기쁨이 있는지를 잘 살펴보는 것이 중요하다. 그러한 충만한 임재는 영원한 행복한 나라의 충만한 임재와 영생의 나라로 이어진다. 우리는 오늘 예배와 기쁨으로 하나님의 충만한 임재를 누리고 있어야 한다.

9장

1 솔로몬이 여호와의 성전과 왕궁 건축하기를 마치며 자기가 이루기를 원하던 모든 것을 마친 때에
1 After King Solomon had finished building the Temple and the palace and everything else he wanted to build,

9:1 성전과 왕궁 건축하기를 마치며. 시기를 정확히 특정하기는 어렵다. 성전과 왕궁 건축을 마치고 다른 건물들도 어느 정도 마친 시점이다. 솔로몬의 통치 24년을 넘긴 어느 시점일 것이다. 모든 것이 잘 되고 있던 시기이지만 이미 어둠의 그림자가 드리워지고 있었던 것 같다.

2 여호와께서 전에 기브온에서 나타나심 같이 다시 솔로몬에게 나타나사
2 the Lord appeared to him again, as he had in Gibeon.

9:2 다시 솔로몬에게 나타나사. 일천 번제 이후 기브온에서 솔로몬에게 말씀하셨던 하나님께서 다시 솔로몬에게 말씀하셨다. 강한 경고의 말씀을 하시기 위한 것으로 보인다.

3 여호와께서 그에게 이르시되 네 기도와 네가 내 앞에서 간구한 바를 내가 들었은즉 나는 네가 건축한 이 성전을 거룩하게 구별하여 내 이름을 영원히 그 곳에 두며 내 눈길과 내 마음이 항상 거기에 있으리니
3 The Lord said to him, "I have heard your prayer. I consecrate this Temple which you have built as the place where I shall be worshipped for ever. I will watch over it and protect it for all time.

9:3 내 이름을 영원히 그 곳에 두며 내 눈길과 내 마음이 항상 거기에 있으리니. 성전은 참으로 영광스럽다. 충남 해미에 가면 산성이 있다. 나는 그곳에 가면 이순신 장군이 그곳에서 근무했었음을 말한다. 이순신 장군이 있었기에 더 의미가 생긴다. 가까이 느낀다. 하나님이 성전에 계시면 성전 때문이 아니라 하나님 때문에 성전은 참으로 영광스러워진다. 일 초만 계셨어도 영원히 가치가 있을 것이다. 어떤 의미에서는 성전은 하나님이 계신 곳은 아니다. 하나님의 이름(명예)이 있는 곳으로 하나님과 관련되는 곳이다. 하나님의 눈길과 마음이 있는 곳이기에 성전이라 말한다. 그러나 그래도

성전은 영원한 가치를 가진다. 나는 성전이 있었던 예루살렘에 가서 그 장소만 보는 것만으로도 놀랍다.

4 네가 만일 네 아버지 다윗이 행함 같이 마음을 온전히 하고 바르게 하여 내 앞에서 행하며 내가 네게 명령한 대로 온갖 일에 순종하여 내 법도와 율례를 지키면
4 If you will serve me in honesty and integrity, as your father David did, and if you obey my laws and do everything I have commanded you,

9:4 내 법도와 율례를 지키면. 성전은 기계적으로 영광스럽게 되는 것이 아니다. 성전은 하나님께서 그 백성을 특별히 만나시는 곳이다. 만남은 마음과 마음이 만나는 것이다. 마음이 없으면 만남이라고 말하지 않는다. 하나님께서 성전에 마음을 주시기 때문에 성전이 된다. 그런데 사람이 마음을 두지 않으면 성전은 만남의 자리가 되지 못한다. 그 영광을 잃어버리는 것이다.

5 내가 네 아버지 다윗에게 말하기를 이스라엘의 왕위에 오를 사람이 네게서 끊어지지 아니하리라 한 대로 네 이스라엘의 왕위를 영원히 견고하게 하려니와
5 I will keep the promise I made to your father David when I told him that Israel would always be ruled by his descendants.

9:5 이스라엘의 왕위에 오를 사람이 네게서 끊어지지 아니하리라. 성전이 성전이 될 때 그 영광이 사람들에게 비친다. 하나님의 영광이 사람들에게 비침으로 그 삶이 영광스럽게 된다. 샬롬이 된다.
오늘날 교회 성전에서 우리가 하나님을 만날 때 하나님의 영광이 우리의 모든 것에 임할 것이다. 교회 성전에서 하나님을 온전히 만날 때 우리의 삶이 온전해지며 영광스러워질 것이다. 그러기에 교회 성전으로 모여 예배하는 순간이 우리의 삶의 모든 순간을 좌우한다고 말할 수 있다. 예배에 성공하라. 그래야 삶이 성공이다.

6 만일 너희나 너희의 자손이 아주 돌아서서 나를 따르지 아니하며 내가 너희 앞에 둔 나의 계명과 법도를 지키지 아니하고 가서 다른 신을 섬겨 그것을 경배하면
6 But if you or your descendants stop following me, if you disobey the laws and commands I have given you, and worship other gods,

9:6 나의 계명과 법도를 지키지 아니하고 가서 다른 신을 섬겨 그것을 경배하면. 성전이 있고 그곳에 참여하고 있어도 만약 말씀을 순종하지 않고 다른 우상을 가지고 있는 경우를 말한다.

> 7 내가 이스라엘을 내가 그들에게 준 땅에서 끊어 버릴 것이요 내 이름을 위하여 내가 거룩하게 구별한 이 성전이라도 내 앞에서 던져버리리니 이스라엘은 모든 민족 가운데에서 속담거리와 이야기거리가 될 것이며
> 7 then I will remove my people Israel from the land that I have given them. I will also abandon this Temple which I have consecrated as the place where I am to be worshipped. People everywhere will ridicule Israel and treat her with contempt.

9:7 내가 이스라엘을 내가 그들에게 준 땅에서 끊어 버릴 것이요. 하나님께서 이스라엘에게 주신 땅은 약속의 땅이다. 이스라엘 백성이 약속을 어겼기 때문에 약속의 땅을 잃어버리는 것이다. **내가 거룩하게 구별한 이 성전이라도 내 앞에서 던져버리리니.** 성전이 파괴될 것이다. 성전이 더 이상 성전이 아니기 때문이다.

> 8 이 성전이 높을지라도 지나가는 자마다 놀라며 비웃어 이르되 여호와께서 무슨 까닭으로 이 땅과 이 성전에 이같이 행하셨는고 하면
> 8 This Temple will become a pile of ruins, and everyone who passes by will be shocked and amazed. 'Why did the Lord do this to this land and this Temple?' they will ask.

9:8 이 성전이 높을지라도. 직역하면 '이 성전이 높이 될 것이다'인데 의미론적으로 '이 성전이 높을지라도' 또는 본문의 훼손으로 생각하여 '이 성전이 폐허가 될 것이다'라고 번역한다. 그 영광스러운 성전이 파괴되어 폐허가 될 것이다. 높음이 낮음이 될 것이다. **무슨 까닭으로 이 땅과 이 성전에 이같이 행하셨는고.** 가나안은 하나님께서 그들에게 주신 땅이요, 성전은 참으로 영광스러운 곳인데 어찌하여 이렇게 폐허가 되었는지 놀라게 될 것이라는 말씀이다.

> 9 대답하기를 그들이 그들의 조상들을 애굽 땅에서 인도하여 내신 그들의 하나님 여호와를 버리고 다른 신을 따라가서 그를 경배하여 섬기므로 여호와께서 이 모든 재앙을 그들에게 내리심이라 하리라 하셨더라
> 9 People will answer, 'It is because they abandoned the Lord their God, who brought their ancestors out of Egypt. They gave their allegiance to other gods and worshipped them. That

is why the Lord has brought this disaster on them.' "

9:9 여호와를 버리고 다른 신을 따라가서...여호와께서 이 모든 재앙을 그들에게 내리심이라. 이스라엘이 무너지는 것은 힘이 없어서가 아니다. 말씀이 없어서다. 하나님이 아닌 다른 것을 좋아 좇아가기 때문이다. 이 구절은 솔로몬과 이스라엘 백성을 향한 아주 강한 경고다. 아마 가장 화려하고 잘 살고 있을 때 이 말씀을 주셨을 것이다. 이미 불순종의 그림자가 짙게 드리워 있던 시기였을 것이다. 오늘날 사람들은 경제적으로 부유하면 잘 살고 있다고 착각한다. 그러나 지금 정신 차려야 한다. 그들은 잘 살고 있는 것이 아니라 아주 위험한 시기를 지나고 있을 가능성이 높다.

10 솔로몬이 두 집 곧 여호와의 성전과 왕궁을 이십 년 만에 건축하기를 마치고
10 It took Solomon twenty years to build the Temple and his palace

9:10 솔로몬의 통치 24년이 지난 시기다. 이제 남은 16년을 어떻게 통치할까? 9장-11장은 솔로몬의 후반기에 대한 이야기다. 이 시기는 앞 부분의 솔로몬의 지혜를 통한 이스라엘의 번영과 12장에서 시작되는 이스라엘의 분열의 중간 지점이다. 이 때는 중요한 시점이다. 이 시기에 그가 걸어가야 할 길을 위해 하나님께서 그에게 다시 나타나셔서 성전의 파괴에 대한 경고를 하셨다. 그 경고를 듣고 솔로몬은 무엇을 해야 했을까? 그 경고를 심각하게 듣지 않은 것으로 보인다.

11 갈릴리 땅의 성읍 스무 곳을 히람에게 주었으니 이는 두로 왕 히람이 솔로몬에게 그 온갖 소원대로 백향목과 잣나무와 금을 제공하였음이라
11 King Hiram of Tyre had provided him with all the cedar and pine and with all the gold he wanted for this work. After it was finished, King Solomon gave Hiram twenty towns in the region of Galilee.

9:11 갈릴리 땅의 성읍 스무 곳을 히람에게 주었으니. 솔로몬은 히람에게 식량을 주었고 또한 이스라엘과 히람 사이의 경계에 있던 성 스무 곳을 주었다.

12 히람이 두로에서 와서 솔로몬이 자기에게 준 성읍들을 보고 눈에 들지 아니하여
13 이르기를 내 형제여 내게 준 이 성읍들이 이러한가 하고 이름하여 가불 땅

이라 하였더니 그 이름이 오늘까지 있느니라
14 히람이 금 일백이십 달란트를 왕에게 보내었더라
12 Hiram went to see them, and he did not like them.
13 So he said to Solomon, "So these, my brother, are the towns you have given me!" For this reason the area is still called Cabul.
14 Hiram had sent Solomon more than 4,000 kilogrammes of gold.

9:12-13 눈에 들지 아니하여...가불 땅이라 하였더니. 히람은 솔로몬이 준 땅이 마음에 들지 않았다. 그래서 '쓸모 없는(가불) 땅'이라는 이름을 붙였다. 솔로몬은 히람과 좋은 상업적 관계를 계속 맺었다. 그런데 그것이 조금은 힘의 관계로 변질되어 있는 느낌을 받는다. 솔로몬의 힘이 강하니 이 관계는 어느 정도 지속될 것이다. 그러나 이런 관계는 오랫동안 지속 가능하지는 않다.

9:15-10:29은 솔로몬의 번영에 대한 이야기다.

15 솔로몬 왕이 역군을 일으킨 까닭은 이러하니 여호와의 성전과 자기 왕궁과 밀로와 예루살렘 성과 하솔과 므깃도와 게셀을 건축하려 하였음이라
15 King Solomon used forced labour to build the Temple and the palace, to fill in land on the east side of the city, and to build the city wall. He also used it to rebuild the cities of Hazor, Megiddo, and Gezer.

9:15 밀로와 예루살렘 성과 하솔과 므깃도와 게셀을 건축하려 하였음이라. 성전과 왕궁을 완공한 것이 그의 통치 24년이다. 밀로와 예루살렘 성은 그 이후에 더 추가로 한 것이다. 다른 성들도 주로 그러하였을 것이다. 솔로몬은 건축 인생이었다. 마치 신약 시대에 성전을 리모델링한 헤롯 대제를 닮아 있다.

16 전에 애굽 왕 바로가 올라와서 게셀을 탈취하여 불사르고 그 성읍에 사는 가나안 사람을 죽이고 그 성읍을 자기 딸 솔로몬의 아내에게 예물로 주었더니
17 솔로몬이 게셀과 아래 벧호론을 건축하고
18 또 바알랏과 그 땅의 들에 있는 다드몰과
19 자기에게 있는 모든 국고성과 병거성들과 마병의 성들을 건축하고 솔로몬이 또 예루살렘과 레바논과 그가 다스리는 온 땅에 건축하고자 하던 것을 다 건축하였는데
16 (The king of Egypt had attacked Gezer and captured it, killing its inhabitants and setting fire to the city. Then he gave it as a wedding present to his daughter when she married

Solomon,
17 and Solomon rebuilt it.) Using his forced labour, Solomon also rebuilt Lower Beth Horon,
18 Baalath, Tamar in the wilderness of Judah,
19 the cities where his supplies were kept, the cities for his horses and chariots, and everything else he wanted to build in Jerusalem, in Lebanon, and elsewhere in his kingdom.

9:19 그가 다스리는 온 땅에 건축하고자 하던 것을 다 건축하였는데. 솔로몬은 자신의 영토를 굳건하게 지키기 위해 수많은 성을 건축하였다.

20 이스라엘 자손이 아닌 아모리 사람과 헷 사람과 브리스 사람과 히위 사람과 여부스 사람 중 남아 있는 모든 사람
21 곧 이스라엘 자손이 다 멸하지 못하므로 그 땅에 남아 있는 그들의 자손들을 솔로몬이 노예로 역군을 삼아 오늘까지 이르렀으되
20 For his forced labour Solomon used the descendants of the people of Canaan whom the Israelites had not killed when they took possession of their land. These included Amorites, Hittites, Perizzites, Hivites, and Jebusites, whose descendants continue to be slaves down to the present time.

9:21 그 땅에 남아 있는 그들의 자손들을 솔로몬이 노예로 역군을 삼아. 힘 없는 사람들을 동원하여 힘든 노동을 시켰다. 그것은 좋은 모습이 아니다.

22 다만 이스라엘 자손은 솔로몬이 노예를 삼지 아니하였으니 그들은 군사와 그 신하와 고관과 대장이며 병거와 마병의 지휘관이 됨이었더라
22 Solomon did not make slaves of Israelites; they served as his soldiers, officers, commanders, chariot captains, and horsemen.

9:22 이스라엘 자손은 솔로몬이 노예를 삼지 아니하였으니. 이스라엘 백성들은 건축에 계속 동원되지는 않았지만 노예들을 지휘하며 다른 일들을 위해 일정한 기간 동원됨으로 그들의 불만이 쌓여갔다. 번영의 이면에는 이런 희생이 생기기 쉽다.

23 솔로몬에게 일을 감독하는 우두머리 오백오십 명이 있어 일하는 백성을 다스렸더라
24 바로의 딸이 다윗 성에서부터 올라와 솔로몬이 그를 위하여 건축한 궁에 이를 때에 솔로몬이 밀로를 건축하였더라
23 There were 550 officials in charge of the forced labour working on Solomon's various building projects.

24 Solomon filled in the land on the east side of the city, after his wife, the daughter of the king of Egypt, had moved from David's City to the palace Solomon built for her.

9:24 바로의 딸이...궁에 이를 때에 솔로몬이 밀로를 건축하였더라. 솔로몬은 바로의 딸에 대한 예우로 그를 위한 왕궁을 건축하였다. "솔로몬이 바로의 딸을 데리고 다윗 성에서부터 그를 위하여 건축한 왕궁에 이르러 이르되 내 아내가 이스라엘 왕 다윗의 왕궁에 살지 못하리니 이는 여호와의 궤가 이른 곳은 다 거룩함이니라 하였더라"(대하 8:11) 이전에 다윗이 언약궤를 다윗의 왕궁 안에 두었던 것으로 보인다. 그래서 이방인인 바로의 딸이 그곳에 계속 거주해서는 안 된다는 이유로 바로의 딸을 위해 궁을 새로 지어주었다. 그런데 그는 성전 바로 밑에 그녀를 위한 궁을 지어주었다. 그의 변명이 별로 타당성이 없어 보인다. 자신의 왕궁과 바로의 딸 궁을 지어 옮기고 보니 옛 예루살렘 성을 보강해야 하는 것이 보였다. 그래서 밀로(성벽 보강 작업)를 지었다. 사실 건축은 끝이 없다. 이것을 하고 나면 다른 것이 보인다. 다른 것을 하고 나면 또 다른 것이 보인다. 솔로몬은 그렇게 계속 건축을 했다.

25 솔로몬이 여호와를 위하여 쌓은 제단 위에 해마다 세 번씩 번제와 감사의 제물을 드리고 또 여호와 앞에 있는 제단에 분향하니라 이에 성전 짓는 일을 마치니라

25 Three times a year Solomon offered burnt offerings and fellowship offerings on the altar he had built to the Lord. He also burnt incense to the Lord. And so he finished building the Temple.

9:25 솔로몬이 여호와를 위하여 쌓은 제단 위에 해마다 세 번씩 번제와 감사의 제물을 드리고. 이스라엘 백성이 드려야 하는 3대 절기에 모인 것을 의미한다. 솔로몬은 그가 행해야 하는 믿음의 의무를 다 행하고 있었다. 그의 후반기가 믿음이 많이 약화된 상태이지만 일반적으로 행해야 하는 것에 대해서는 계속 진행되고 있다는 것을 말하는 것으로 보인다. **이에 성전 짓는 일을 마치니라.** 이것이 무엇을 의미하는지는 분명하지 않다. 그런데 아마 성전 수리를 의미하는 것으로 보인다. 성전을 짓고 나서 성전 수리할 것이 있어 그것을 수리한 것을 말하는 것 같다. 그렇게 건축은 또 계속 보인다.

26 솔로몬 왕이 에돔 땅 홍해 물 가의 엘롯 근처 에시온게벨에서 배들을 지은지라

27 히람이 자기 종 곧 바다에 익숙한 사공들을 솔로몬의 종과 함께 그 배로 보

내매
28 그들이 오빌에 이르러 거기서 금 사백이십 달란트를 얻고 솔로몬 왕에게로 가져왔더라
26 King Solomon also built a fleet of ships at Eziongeber, which is near Elath, on the shore of the Gulf of Aqaba, in the land of Edom.
27 King Hiram sent some experienced seamen from his fleet to serve with Solomon's men.
28 They sailed to the land of Ophir, and brought back to Solomon more than 14,000 kilogrammes of gold.

9:27-28 히람이 자기 종...보내매 그들이 오빌에 이르러 금 사백이십 달란트를 얻고 솔로몬 왕에게로 가져왔더라. '오빌'의 위치는 정확히 모르나 아프리카 동쪽 해안일 가능성이 있다. 이 지역은 금 생산지로 유명하다. 솔로몬은 히람과 계속 함께 관계를 가졌고 무역을 통해 더 많은 부를 축적하였다. 더 많은 부를 찾고 이룬 것은 좋아 보이는 모습이다. 그러나 그러한 부는 또 다른 부를 요청하게 되면서 부에 대한 요청이 계속된다. 끝없는 요청이며 만족 없는 요청이다.

솔로몬의 계속된 번영은 많은 것을 이루고 있는 것 같다. 그러나 그만큼 많은 것을 잃고 있는 것이기도 하였다. 번영을 위한 질주는 결국 그의 삶을 병들게 한다. 인생은 번영이 전부가 아니다. 번영은 그가 걸어가야 하는 길을 위한 수단일 뿐이다. 인생을 수단만 얻기 위한 것으로 산다면 낭비가 된다.

10장

1 스바의 여왕이 여호와의 이름으로 말미암은 솔로몬의 명성을 듣고 와서 어려운 문제로 그를 시험하고자 하여
1 The queen of Sheba heard of Solomon's fame, and she travelled to Jerusalem to test him with difficult questions.

10:1 스바. 아마 아라비아 남서부로 지금의 예맨 지역일 것이다. 예루살렘에서 2000km가 넘는 거리다. 이것은 솔로몬의 번영이 매우 크다는 것을 간접적으로 나타낸다. **여호와의 이름으로 말미암은 솔로몬의 명성을 듣고.** '여호와의 이름으로 말미암은'은 스바 여왕이 그렇게 생각한 것인지 아니면 저자가 그렇게 말하고 있는 것인지는 분명하지 않다. 둘 다 어느 정도 관련성이 있는 것 같다. 솔로몬의 지혜가 특출하기에 그것의 원인을 그가 섬기고 있는 하나님께로 둔 것이다. **어려운 문제로 그를 시험하고자 하여.** 학문적이거나 유희적인 지혜 놀이를 하고 있는 것 같지 않다. 실제적인 지혜로 무역을 함께 할 수 있는 비즈니스 파트너로 적당한지를 묻는 것 같다. 신뢰를 위한 시험인 것이다. 무역과 삶의 실제적인 것에 대한 질문이다.

2 예루살렘에 이르니 수행하는 자가 심히 많고 향품과 심히 많은 금과 보석을 낙타에 실었더라 그가 솔로몬에게 나아와 자기 마음에 있는 것을 다 말하매
2 She brought with her a large group of attendants, as well as camels loaded with spices, jewels, and a large amount of gold. When she and Solomon met, she asked him all the questions that she could think of.

10:2 그가 솔로몬에게 나아와 자기 마음에 있는 것을 다 말하매. 이것을 어떤 유대 전설과 에디오피아 전설에서 여왕과 솔로몬이 사랑에 빠진 것으로 해석한다. 그러나 에디오피아 왕의 배경을 보면 이것이 잘못된 전설로 드러났다. 스바 여왕이 단순히 무역만을 위해서라면 직접 이곳까지 올 필요는 없을 것 같다. 그러나 솔로몬과 솔로몬의 지혜를 직접 보기 위해 먼 곳까지 온 것을 예수님께서 칭찬하시는 것이 복음서에 두 곳이나 나온다.

3 솔로몬이 그가 묻는 말에 다 대답하였으니 왕이 알지 못하여 대답하지 못한 것이 하나도 없었더라

4 스바의 여왕이 솔로몬의 모든 지혜와 그 건축한 왕궁과
5 그 상의 식물과 그의 신하들의 좌석과 그의 시종들이 시립한 것과 그들의 관복과 술 관원들과 여호와의 성전에 올라가는 층계를 보고 크게 감동되어
6 왕께 말하되 내가 내 나라에서 당신의 행위와 당신의 지혜에 대하여 들은 소문이 사실이로다
7 내가 그 말들을 믿지 아니하였더니 이제 와서 친히 본즉 내게 말한 것은 절반도 못되니 당신의 지혜와 복이 내가 들은 소문보다 더하도다
8 복되도다 당신의 사람들이여 복되도다 당신의 이 신하들이여 항상 당신 앞에 서서 당신의 지혜를 들음이로다
9 당신의 하나님 여호와를 송축할지로다 여호와께서 당신을 기뻐하사 이스라엘 왕위에 올리셨고 여호와께서 영원히 이스라엘을 사랑하시므로 당신을 세워 왕으로 삼아 정의와 공의를 행하게 하셨도다 하고

3 He answered them all; there was nothing too difficult for him to explain.
4 The queen of Sheba heard Solomon's wisdom and saw the palace he had built.
5 She saw the food that was served at his table, the living quarters for his officials, the organization of his palace staff and the uniforms they wore, the servants who waited on him at feasts, and the sacrifices he offered in the Temple. It left her breathless and amazed.
6 She said to King Solomon, "What I heard in my own country about you and your wisdom is true!
7 But I couldn't believe it until I had come and seen it all for myself. But I didn't hear even half of it; your wisdom and wealth are much greater than what I was told.
8 How fortunate are your wives! And how fortunate your servants, who are always in your presence and are privileged to hear your wise sayings!
9 Praise the Lord your God! He has shown how pleased he is with you by making you king of Israel. Because his love for Israel is eternal, he has made you their king so that you can maintain law and justice."

10:9 당신의 하나님 여호와를 송축할지로다. 여왕은 하나님의 이름을 계속 언급하면서 솔로몬의 지혜와 번영을 찬양한다. 그런데 놀라운 것은 솔로몬의 입에서 하나님을 찬양하면서 스바 여왕에게 말하는 것은 없다는 것이다. 솔로몬이 하나님의 이름을 말하지 않았을리는 없다. 그러나 그가 그것을 강조하여 말하지 않았기 때문에 기록하지 않고 있는 것으로 보인다. 솔로몬의 영광을, 스바 여왕은 하나님께 영광을 돌리고 있는데 정작 솔로몬은 하나님의 영광을 중하게 생각하고 있지 않은 것이다. 이것은 그의 영광이 가장 찬란한 순간이었지만 실제로는 이미 빛을 잃고 있었다는 것을 의미할 것이다.

10 이에 그가 금 일백이십 달란트와 심히 많은 향품과 보석을 왕에게 드렸으니 스바의 여왕이 솔로몬 왕에게 드린 것처럼 많은 향품이 다시 오지 아니하였더라

10 She presented to King Solomon the gifts she had brought: more than **4,000** kilogrammes of gold and a very large amount of spices and jewels. The amount of spices she gave him was by far the greatest that he ever received at any time.

10:10 솔로몬 왕에게 드린 것처럼 많은 향품이 다시 오지 아니하였더라. 이 당시의 영광을 말하는 것이기도 하지만 반대로 이후에 이런 영광의 때가 없다는 것을 의미하기도 한다. 솔로몬 때에 이런 큰 무역을 할 수 있었으면 이후에도 이런 무역을 하는 것이 당연하다. 그러나 그렇지 못하였다. 솔로몬의 번영이 그 이후 시대에는 멈추었다.

11 오빌에서부터 금을 실어온 히람의 배들이 오빌에서 많은 백단목과 보석을 운반하여 오매
12 왕이 백단목으로 여호와의 성전과 왕궁의 난간을 만들고 또 노래하는 자를 위하여 수금과 비파를 만들었으니 이같은 백단목은 전에도 온 일이 없었고 오늘까지도 보지 못하였더라
11 (Hiram's fleet, which had brought gold from Ophir, also brought from there a large amount of juniper wood and jewels.
12 Solomon used the wood to build railings in the Temple and the palace, and also to make harps and lyres for the musicians. It was the finest juniper wood ever imported into Israel; none like it has ever been seen again.)

10:12 성전과 왕궁의 난간을 만들고 또 노래하는 자를 위하여 수금과 비파를 만들었으니. 백단목을 수입하여 성전을 보수하였다. 성전에서 찬양할 도구를 만들었다. 솔로몬이 성전과 신앙의 일을 계속 진행하였다는 것을 볼 수 있다. 그러나 그렇게 진행되었다 하여 신앙이 보장되는 것은 아니다. **이같은 백단목은 전에도 온 일이 없었고 오늘까지도 보지 못하였더라.** 스바 여왕의 방문에 대해 말하다가 갑자기 히람과 공동으로 무역한 것에 대한 이야기를 말한다. 스바 여왕과의 향품 무역만이 아니라 백단목 무역도 이 때는 풍성하였으나 이후에는 이런 풍성한 무역이 이루어지지 않았다는 것을 의미한다.

13 솔로몬 왕이 왕의 규례대로 스바의 여왕에게 물건을 준 것 외에 또 그의 소원대로 구하는 것을 주니 이에 그가 그의 신하들과 함께 본국으로 돌아갔더라
13 King Solomon gave the queen of Sheba everything she asked for, besides all the other customary gifts that he had generously given her. Then she and her attendants returned to the land of Sheba.

10:13 여왕에게 물건을 준 것 외에 그의 소원대로 구하는 것을 주니. 무역이 잘 성사된 것을 말한다. 서로 신뢰 관계가 형성되어 무역을 잘 할 수 있게 되었다. 이것이 이어져야 할텐데 이후로는 이런 일이 없었으니 그의 무역은 반절의 성공으로 끝난다. 스바 여왕의 방문은 많은 호사가의 입방아에 오르게 되었지만 실제로는 그 영광이 이어지지 못한 안타까움이 담겨 있다.

> **14** 솔로몬의 세입금의 무게가 금 육백육십육 달란트요
> **14** Every year King Solomon received almost **23,000** kilogrammes of gold

10:14 육백육십육 달란트. 히브리어 본문의 '해마다'가 번역에서 빠졌다. 한 달란트는 34kg이기 때문에 해마다 22톤이 넘는 세금이 걷혔다는 말이다. 참고로 우리나라 국가의 금 총 보유량은 104톤이다. 이 시기가 고대인 것을 감안하면 참으로 어마어마한 양이다.

> **15** 그 외에 또 상인들과 무역하는 객상과 아라비아의 모든 왕들과 나라의 고관들에게서도 가져온지라
> **16** 솔로몬 왕이 쳐서 늘인 금으로 큰 방패 이백 개를 만들었으니 매 방패에 든 금이 육백 세겔이며
> **15** in addition to the taxes paid by merchants, the profits from trade, and tribute paid by the Arabian kings and the governors of the Israelite districts.
> **16** Solomon made 200 large shields, and had each one overlaid with almost **7** kilogrammes of gold.

10:16 쳐서 늘인 금으로 큰 방패 이백 개를 만들었으니. 솔로몬은 늘어나는 금을 주체하지 못하여 많은 방패를 만들었다.

> **17** 또 쳐서 늘인 금으로 작은 방패 삼백 개를 만들었으니 매 방패에 든 금이 삼 마네라 왕이 이것들을 레바논 나무 궁에 두었더라
> **18** 왕이 또 상아로 큰 보좌를 만들고 정금으로 입혔으니
> **19** 그 보좌에는 여섯 층계가 있고 보좌 뒤에 둥근 머리가 있고 앉는 자리 양쪽에는 팔걸이가 있고 팔걸이 곁에는 사자가 하나씩 서 있으며
> **20** 또 열두 사자가 있어 그 여섯 층계 좌우편에 서 있으니 어느 나라에도 이같이 만든 것이 없었더라

21 솔로몬 왕이 마시는 그릇은 다 금이요 레바논 나무 궁의 그릇들도 다 정금이라 은 기물이 없으니 솔로몬의 시대에 은을 귀히 여기지 아니함은
17 He also made 300 smaller shields, overlaying each one of them with almost 2 kilogrammes of gold. He had all these shields placed in the Hall of the Forest of Lebanon.
18 He also had a large throne made. Part of it was covered with ivory and the rest of it was covered with the finest gold.
19 The throne had six steps leading up to it, with the figure of a lion at each end of every step, a total of twelve lions. At the back of the throne was the figure of a bull's head, and beside each of the two arms was the figure of a lion. No throne like this had ever existed in any other kingdom.
21 All of Solomon's drinking cups were made of gold, and all the utensils in the Hall of the Forest of Lebanon were of pure gold. No silver was used, since it was not considered valuable in Solomon's day.

10:21 솔로몬 왕이 마시는 그릇은 다 금이요...은을 귀히 여기지 아니함은. 돈은 '은'으로 제조하였다. 은이 귀하기 때문이다. 그런데 금은 더욱더 귀하였다. 그런데 그 귀한 금으로 모든 그릇을 만들었으니 솔로몬의 부가 매우 크다는 것을 알 수 있다.

22 왕이 바다에 다시스 배들을 두어 히람의 배와 함께 있게 하고 그 다시스 배로 삼 년에 한 번씩 금과 은과 상아와 원숭이와 공작을 실어 왔음이더라
22 He had a fleet of ocean-going ships sailing with Hiram's fleet. Every three years his fleet would return, bringing gold, silver, ivory, apes, and monkeys.

10:22 삼 년에 한 번씩 금과 은과 상아와 원숭이와 공작을 실어 왔음이더라. 이스라엘은 금이 나지 않는다. 다 수입하여야 한다. 그 많은 것을 다 수입하였다. 또한 원숭이와 공작이라는 사치품을 수입하였다. 그렇게 많은 부를 누렸다. 그런데 그 수입품이 누구에게 갔을까? 솔로몬과 돈 많은 소수의 사람에게 갔을 것이다.
10:14-29에는 '금'이라는 단어가 11번이나 나온다. 그만큼 금을 반복하여 말한다. 금을 통해 솔로몬의 부를 말하고 있다. 성전을 지을 때도 내부는 금으로 도금하였다. 금은 '하나님의 영광'을 상징할 때가 많다. 그런데 지금 솔로몬이 모으고 있는 금은 하나님의 영광을 위한 것일까, 자신의 영광을 위한 것일까? 솔로몬이 금을 사용하는 것을 보면 마치 하나님의 영광을 자신의 영광으로 가로채고 있는 것 같은 모습이다. 자신의 왕좌와 그릇과 명예를 위해 금을 사용하고 있다.

23 솔로몬 왕의 재산과 지혜가 세상의 그 어느 왕보다 큰지라
23 King Solomon was richer and wiser than any other king,

10:23 솔로몬이 참으로 재산과 지혜가 번영하였다. 지금까지 말한 것들이 이것을 잘 반영한다. 이것은 참으로 복된 것이다. 그러나 이것이 무엇의 결과인지를 잘 알아야 한다.

24 온 세상 사람들이 다 하나님께서 솔로몬의 마음에 주신 지혜를 들으며 그의 얼굴을 보기 원하여
24 and the whole world wanted to come and listen to the wisdom that God had given him.

10:24 하나님께서 솔로몬의 마음에 주신 지혜를 들으며. 솔로몬이 가진 지혜와 부는 하나님께서 주신 것이다. 솔로몬은 이것을 알고 있다고 생각했을 것이다. 그러나 놓치고 있는 것이 분명하다. 하나님께서 주신 것이라면 자신을 위해 사용할 것이 아니라 하나님의 영광을 위해 사용해야 했다. 솔로몬은 이것을 명심하고 또 명심해야 했다. 그러나 분명히 놓치고 있다.

25 그들이 각기 예물을 가지고 왔으니 곧 은 그릇과 금 그릇과 의복과 갑옷과 향품과 말과 노새라 해마다 그리하였더라
26 솔로몬이 병거와 마병을 모으매 병거가 천사백 대요 마병이 만 이천 명이라 병거성에도 두고 예루살렘 왕에게도 두었으며
25 Everyone who came brought him a gift—articles of silver and gold, robes, weapons, spices, horses, and mules. This continued year after year.

10:26 병거와 마병을 모으매. 이것은 말씀을 어긴 것이 분명하다. "그는 병마를 많이 두지 말 것이요 병마를 많이 얻으려고 그 백성을 애굽으로 돌아가게 하지 말 것이니 이는 여호와께서 너희에게 이르시기를 너희가 이 후에는 그 길로 다시 돌아가지 말 것이라 하셨음이며 그에게 아내를 많이 두어 그의 마음이 미혹되게 하지 말 것이며 자기를 위하여 은금을 많이 쌓지 말 것이니라"(신 17:16-17) '병마를 많이 두지 말 것이요'라고 말씀하셨다. '아내를 많이 두어 그의 마음이 미혹되게 하지 말 것이며'라고 말씀하셨다. '자기를 위하여 은금을 많이 쌓지 말 것이니라'고 말씀하셨다. 그러나 솔로몬은 이것을 다 어기고 있었다. 아주 열심히 어기고 있었다.
솔로몬이 기억해야 할 것은 그의 지혜와 부는 하나님께서 언약을 지키시는 것의 결과라는 것이다. 그리고 그가 이미 언약을 어기고 있었지만 하나님께서 신실하셔서 지금까지 참으시면서 그에게 지혜와 부를 주고 계시다는 사실이다. 그러나 만약 그가 계속 언약 깨기를 진행한다면 결국 하나님은 그 말씀대로 솔로몬의 날을 짧게 하실 것이다.

27 왕이 예루살렘에서 은을 돌 같이 흔하게 하고 백향목을 평지의 뽕나무 같이 많게 하였더라
28 솔로몬의 말들은 애굽에서 들여왔으니 왕의 상인들이 값주고 산 것이며
29 애굽에서 들여온 병거는 한 대에 은 육백 세겔이요 말은 한 필에 백오십 세겔이라 이와 같이 헷 사람의 모든 왕과 아람 왕들에게 그것들을 되팔기도 하였더라

27 During his reign silver was as common in Jerusalem as stone, and cedar was as plentiful as ordinary sycomore in the foothills of Judah.
28 The king's agents controlled the export of horses from Musri and Cilicia,
29 and the export of chariots from Egypt. They supplied the Hittite and Syrian kings with horses and chariots, selling chariots for 600 pieces of silver each and horses for 150 each.

11장

11:1-43은 솔로몬의 죄와 죽음에 대한 이야기다.

10장까지 솔로몬의 화려한 번영에 대해 이야기하였고 11장은 솔로몬의 노년기와 적대자의 출현에 대한 이야기다. 11장으로 솔로몬의 이야기가 끝난다. 솔로몬을 생각하면 사람들은 그의 화려한 지혜와 번영을 생각한다. 그러나 사실 그의 노년기를 잘 살펴보아야 한다. 사람의 실속은 노년기에 있기 때문이다.

1 솔로몬 왕이 바로의 딸 외에 이방의 많은 여인을 사랑하였으니 곧 모압과 암몬과 에돔과 시돈과 헷 여인이라
1 Solomon loved many foreign women. Besides the daughter of the king of Egypt he married Hittite women and women from Moab, Ammon, Edom, and Sidon.

11:1 솔로몬 왕이 바로의 딸 외에 이방의 많은 여인을 사랑하였으니. 솔로몬은 젊어서 바로의 딸과 결혼하였다. 애굽은 제국의 왕이 아니면 공주를 보내지 않았다. 그래서 바로의 딸을 아내로 맞이한 것은 나라가 부강하다는 것을 증명하는 것이다. 나라의 영광이다. **모압과 암몬과 에돔과 시돈과 헷 여인이라.** 이 여인들을 아내로 맞이한 것은 당시 국제적인 외교관계에서 일반적인 일이었다. 솔로몬은 자신이 통치하고 있는 지역의 유력 인사의 딸을 아내로 맞이하여 통치의 편의를 도모하였을 것이다.

2 여호와께서 일찍이 이 여러 백성에 대하여 이스라엘 자손에게 말씀하시기를 너희는 그들과 서로 통혼하지 말며 그들도 너희와 서로 통혼하게 하지 말라 그들이 반드시 너희의 마음을 돌려 그들의 신들을 따르게 하리라 하셨으나 솔로몬이 그들을 사랑하였더라
2 He married them even though the Lord had commanded the Israelites not to intermarry with these people, because they would cause the Israelites to give their loyalty to other gods.

11:2 여호와께서 일찍이 이 여러 백성에 대하여 이스라엘 자손에게 말씀하시기를 너희는 그들과 서로 통혼하지 말며. 외교 관례는 서로 통혼하는 것이었지만 성경은 금하였다. 이스라엘 백성은 가나안이나 이웃 이방 나라 여인을 아내로 맞이하지 말아야 했다. **그들이 반드시 너희의 마음을 돌려 그들의 신들을 따르게 하리라.** 사랑은 국경을 초월하

는데 왜 이방 여인과 결혼하지 못하게 하였을까? 이방 여인과의 통혼이 결국 그들이 섬기는 신까지 가지고 오기 쉽기 때문이다. 신앙이 무너지면 모든 것이 무너지기 때문이다.

3 왕은 후궁이 칠백 명이요 첩이 삼백 명이라 그의 여인들이 왕의 마음을 돌아서게 하였더라
3 Solomon married 700 princesses and also had 300 concubines. They made him turn away from God

11:3 왕은 후궁이 칠백 명이요 첩이 삼백 명이라. 후궁은 주로 이웃 나라의 외교 관계에서 얻은 아내인 것으로 보인다. '첩'은 '궁녀'와 비슷한 개념의 아내다. 조금은 신분이 낮은 아내다. 솔로몬은 계속 아내를 늘린 것으로 보인다. 다양한 이유가 있었을 것이다. 그러나 한 발자국만 떨어져서 보면 그것은 '말씀을 어긴 것'이라는 면에서 모두 동일하다.

4 솔로몬의 나이가 많을 때에 그의 여인들이 그의 마음을 돌려 다른 신들을 따르게 하였으므로 왕의 마음이 그의 아버지 다윗의 마음과 같지 아니하여 그의 하나님 여호와 앞에 온전하지 못하였으니
4 and by the time he was old they had led him into the worship of foreign gods. He was not faithful to the Lord his God, as his father David had been.

11:4 '이방 아내를 얻지 마라'와 '많은 아내를 얻지 마라'는 말씀만 어긴 것이 아니다. **솔로몬의 나이가 많을 때에 그의 여인들이 그의 마음을 돌려 다른 신들을 따르게 하였으므로.** 솔로몬은 젊었을 때 믿음의 사람이었다. 그런데 노년기에 '다른 신을 따랐다'라고 말한다. 어떻게 이런 일이 일어났을 수 있을까? '노년기'라는 사실이 큰 영향을 미쳤을 것이다. 노년기에는 마음이 약해지는 경향이 있다. 마음이 단호하지 못하고 이것도 좋고 저것도 좋은 경우가 많다. 살다 보니 인생이 별것 아닌 것 같아 조금 더 마음이 부드러워지는 것이다. 자꾸 타협한다. 그래서 결국 솔로몬의 아내들이 가져온 신들에 대해서도 조금은 양보하는 마음이 생긴 것 같다. 솔로몬이 '다른 신들에게 마음을 따른 것'이 구체적으로 무엇인지는 모른다. 그래도 '배교'는 아니었을 것이다. 그러나 이것이 단순히 이방 신들을 위해 산당을 지어준 것만은 아닌 것 같다. 일정 부분 그도 참여한 것으로 보인다. 마음이 아니라 단지 몸만 가는 것이라고 생각했을까? 구체

적으로 무엇인지는 모르지만 아내들의 많은 성화가 한몫 하였을 것이다.
솔로몬의 인생은 누구나 부러워하는 삶이다. 그 화려함은 대단하다. 성경에 기록된 신앙인 중에 가장 성공적이고 화려한 삶을 살았다. 그러나 실제로는 많은 부끄러움을 가지고 있다. 만약 이후 하나님 나라에서 등수를 매긴다면 아마 아주 뒤쪽에 있을 것 같다. 그렇다면 그는 결코 잘 산 인생이 아니다. 부러운 인생이 아니다. 노년기를 망쳐서 인생을 망쳤다. 놀다가도 최소한 시험 시간이 다가오면 열심히 공부해야 한다. 이전에 열심히 공부하였어도 시험 때 놀면 전에 열심히 공부한 것이 허사가 되기 쉽다. 솔로몬은 열심히 공부하다가 시험을 앞두고 논 사람과 같다. 노년기가 그렇다. 우리의 삶을 심판하시는 하나님 앞에 가기 직전 곧 노년기에 망쳐서 결국 인생을 망치는 사람이 많다. 참으로 안타까운 일이다.

5 이는 시돈 사람의 여신 아스다롯을 따르고 암몬 사람의 가증한 밀곰을 따름이라
6 솔로몬이 여호와의 눈앞에서 악을 행하여 그의 아버지 다윗이 여호와를 온전히 따름 같이 따르지 아니하고
7 모압의 가증한 그모스를 위하여 예루살렘 앞 산에 산당을 지었고 또 암몬 자손의 가증한 몰록을 위하여 그와 같이 하였으며
8 그가 또 그의 이방 여인들을 위하여 다 그와 같이 한지라 그들이 자기의 신들에게 분향하며 제사하였더라
9 솔로몬이 마음을 돌려 이스라엘의 하나님 여호와를 떠나므로 여호와께서 그에게 진노하시니라 여호와께서 일찍이 두 번이나 그에게 나타나시고
10 이 일에 대하여 명령하사 다른 신을 따르지 말라 하셨으나 그가 여호와의 명령을 지키지 않았으므로
11 여호와께서 솔로몬에게 말씀하시되 네게 이러한 일이 있었고 또 네가 내 언약과 내가 네게 명령한 법도를 지키지 아니하였으니 내가 반드시 이 나라를 네게서 빼앗아 네 신하에게 주리라
5 He worshipped Astarte the goddess of Sidon, and Molech the disgusting god of Ammon.
6 He sinned against the Lord and was not true to him as his father David had been.
7 On the mountain east of Jerusalem he built a place to worship Chemosh, the disgusting god of Moab, and a place to worship Molech, the disgusting god of Ammon.
8 He also built places of worship where all his foreign wives could burn incense and offer sacrifices to their own gods.
9 Even though the Lord, the God of Israel, had appeared to Solomon twice and had commanded him not to worship foreign gods, Solomon did not obey the Lord, but turned away from him. So the Lord was angry with Solomon
11 and said to him, "Because you have deliberately broken your covenant with me and disobeyed my commands, I promise that I will take the kingdom away from you and give it

to one of your officials.

11:11 내가 네게 명령한 법도를 지키지 아니하였으니 내가 반드시 이 나라를 네게서 빼앗아 네 신하에게 주리라. 솔로몬이 말씀을 가벼이 여겼다. 그것의 결과는 참으로 비참하다. 그의 나라가 망하고 힘이 없어지게 된다. 이후 이스라엘은 다시는 이때의 강력함을 가지지 못하게 된다.

말씀은 사람들이 보기에 그리 중요하지 않게 보인다. 나라를 지키는데 다른 많은 중요한 일이 있지만 '말씀'은 별 의미가 없어 보인다. 오늘날 사람들도 그렇다. 말씀은 그들의 삶을 풍성하게 하는데 별 의미가 없어 보인다. 그러나 말씀을 어김으로 솔로몬의 나라와 그의 삶이 무너진다. 오늘날도 똑같다. 말씀을 어김으로 모든 것이 무너진다. 나라도, 가정도, 개인도 무너진다. 말씀을 가벼이 여기지 말아야 한다. 귀찮은 것이나 무의미한 것으로 여기지 말아야 한다.

12 그러나 네 아버지 다윗을 위하여 네 세대에는 이 일을 행하지 아니하고 네 아들의 손에서 빼앗으려니와

12 However, for the sake of your father David I will not do this in your lifetime, but during the reign of your son.

11:12 다윗을 위하여 네 세대에는 이 일을 행하지 아니하고. 솔로몬이 죄를 범하였다. 그런데 벌을 솔로몬의 때가 아니라 솔로몬의 아들 때에 내린다고 말씀한다. 다윗 때문에 다윗의 아들인 솔로몬이 큰 어려움을 당하는 것을 면한 것이다. **네 아들의 손에서 빼앗으려니와.** 솔로몬은 아버지 다윗 때문에 벌이 유예되었지만 솔로몬의 아들은 아버지 솔로몬의 죄 때문에 결국 환난을 당하게 될 것이다. 솔로몬은 아버지 덕에 환난을 면하였으나 자신의 아들에게 환난을 넘겨주는 사람이 되었다. 그것은 환난을 면한 것보다 더 가슴 아픈 일이다.

구원을 위해서는 오직 개인의 믿음이 가장 중요하다. 그런데 복과 벌에 대해서 부모의 역할이 매우 크다는 것을 볼 수 있다. 솔로몬은 아버지 다윗의 신실한 믿음 때문에 덕을 보았다. 그래서 살아 생전 고난을 당하지 않았다. 그러나 솔로몬의 아들은 솔로몬의 죄 때문에 환난을 당하게 된다. 주변에서 이런 일을 많이 본다. 부모 때문에 자녀가 복을 받는 것을 본다. 부모의 신실한 믿음이 자녀를 보호하고 복되게 하는 것을 본다. 노년의 시간을 열심히 살아야 한다. 자식에게 재앙을 남기는 사람이 아니라 복을 남기는 사람이 되어야 하지 않을까? 재산을 남기지는 못하여도 복을 남길 수는

있다. 그 복은 어떤 재산보다 더 풍성한 삶을 주게 될 것이다.
노년은 끝나는 시간이 아니다. 노년은 다음 세대를 낳는 역할을 한다. 다음 세대에 미치는 크고 중요한 역할이 남아 있다. 솔로몬은 다윗과 같은 노년이 되지 못하여 다음 세대에 불행을 넘겨주었다. 우리는 우리의 노년을 다윗과 같이 보내어 다음 세대에 행복을 낳는 사람이 되어야 한다.

13 오직 내가 이 나라를 다 빼앗지 아니하고 내 종 다윗과 내가 택한 예루살렘을 위하여 한 지파를 네 아들에게 주리라 하셨더라
14 여호와께서 에돔 사람 하닷을 일으켜 솔로몬의 대적이 되게 하시니 그는 왕의 자손으로서 에돔에 거하였더라
13 And I will not take the whole kingdom away from him; instead, I will leave him one tribe for the sake of my servant David and for the sake of Jerusalem, the city I have made my own."
14 So the Lord caused Hadad, of the royal family of Edom, to turn against Solomon.

11:14 여호와께서 에돔 사람 하닷을 일으켜 솔로몬의 대적이 되게 하시니. 솔로몬의 죄에 대해 하나님께서 지적하시면서 심판을 말씀하셨다. 그런데 다윗 때문에 그의 때가 아니라 아들의 때에 나라가 나뉠 것을 말씀하셨다. 치명적인 심판 이전에 그러한 심판을 감지할 수 있는 사건이 일어났다. 에돔에서의 반란이다. 하닷이 에돔에서 반란을 일으켜 솔로몬을 괴롭혔다. 그것은 하닷이 힘이 있어서가 아니라 하나님께서 심판하시는 도구로 사용하셨기 때문이다.

15 전에 다윗이 에돔에 있을 때에 군대 지휘관 요압이 가서 죽임을 당한 자들을 장사하고 에돔의 남자를 다 쳐서 죽였는데
15 Long before this, when David had conquered Edom, Joab the commander of his army had gone there to bury the dead. He and his men remained in Edom six months, and during that time they killed every male in Edom

11:15 전에 다윗이 에돔에 있을 때에. 솔로몬의 말년에 에돔에서 반란이 일어났는데 반란군의 수장 '하닷'에 대해 설명하기 위해 다윗 시대까지 거슬러 올라가 설명하고 있다. 다윗이 에돔을 점령하고 통치하게 되었다. 그때 에돔의 왕실에 속한 하닷이 애굽으로 도피하였다.

16 요압은 에돔의 남자를 다 없애기까지 이스라엘 무리와 함께 여섯 달 동안 그곳에 머물렀더라
17 그 때에 하닷은 작은 아이라 그의 아버지 신하 중 에돔 사람 몇몇과 함께 도망하여 애굽으로 가려 하여
18 미디안을 떠나 바란에 이르고 거기서 사람을 데리고 애굽으로 가서 애굽 왕 바로에게 나아가매 바로가 그에게 집과 먹을 양식을 주며 또 토지를 주었더라
19 하닷이 바로의 눈 앞에 크게 은총을 얻었으므로 바로가 자기의 처제 곧 왕비 다브네스의 아우를 그의 아내로 삼으매

17 except Hadad and some of his father's Edomite servants, who escaped to Egypt. (At that time Hadad was just a child.)
18 They left Midian and went to Paran, where some other men joined them. Then they travelled to Egypt and went to the king, who gave Hadad some land and a house and provided him with food.
19 Hadad won the friendship of the king, and the king gave his sister-in-law, the sister of Queen Tahpenes, to Hadad in marriage.

11:19 왕비 다브네스의 아우를 그의 아내로 삼으매. '다브네스'는 이름이 아니라 '왕의 아내'라는 뜻이다. 구체적으로 왕비가 누구인지는 알려지지 않았으나 하닷은 애굽의 왕실과 혼인 관계를 갖게 되었다. 바로는 이스라엘에 대한 견제 장치로 하닷을 이용한 것 같다.

20 다브네스의 아우가 그로 말미암아 아들 그누밧을 낳았더니 다브네스가 그 아이를 바로의 궁중에서 젖을 떼게 하매 그누밧이 바로의 궁에서 바로의 아들 가운데 있었더라
21 하닷이 애굽에 있어서 다윗이 그의 조상들과 함께 잔 것과 군대 지휘관 요압이 죽은 것을 듣고 바로에게 아뢰되 나를 보내어 내 고국으로 가게 하옵소서

20 She bore him a son, Genubath, who was brought up by the queen in the palace, where he lived with the king's sons.
21 When the news reached Hadad in Egypt that David had died and that Joab the commander of the army was dead, Hadad said to the king, "Let me go back to my own country."

11:21 다윗이 그의 조상들과 함께 잔 것과...내 고국으로 가게 하옵소서. 하닷은 다윗이 죽은 후 에돔에 돌아온 것으로 보인다. 그러나 당시에는 어떤 큰 세력을 가지고 있지 못하였을 것이다. 그러나 솔로몬이 노년이 되어 죄 가운데 있을 때 하닷이 세력을 얻어 솔로몬을 괴롭히는 적이 되었다. 하닷은 솔로몬 초기 때부터 에돔에 이주하였다. 그러나 그것이 문제가 되지 않았다. 힘이 없었기 때문이다. 그러나 솔로몬의 말년에는

문제가 되었다. 솔로몬의 적이 되었다. 그가 갑작스럽게 힘을 더 갖게 된 것이 아니다. 솔로몬이 죄 가운데 빠진 것이 문제였다. 문제가 안 되었던 것이 갑자기 문제가 되었다. 우리의 죄가 그렇다. 이전에는 문제가 되지 않았던 것이 죄로 인하여 문제가 불거진다. 사실 이전에 문제가 되지 않았던 것은 그냥 된 것이 아니라 하나님께서 보호하시고 인도하셨기 때문이다. 그런데 그의 죄악으로 인하여 하나님께서 보호의 손길을 접으시자 문제가 문제로 불거지는 것이다.

22 바로가 그에게 이르되 네가 나와 함께 있어 무슨 부족함이 있기에 네 고국으로 가기를 구하느냐 대답하되 없나이다 그러나 아무쪼록 나를 보내옵소서 하였더라
23 하나님이 또 엘리아다의 아들 르손을 일으켜 솔로몬의 대적자가 되게 하시니 그는 그의 주인 소바 왕 하닷에셀에게서 도망한 자라
22 "Why?" the king asked. "Have I failed to give you something? Is that why you want to go back home?" "Just let me go," Hadad answered the king. And he went back to his country. As king of Edom, Hadad was an evil, bitter enemy of Israel.
23 God also caused Rezon son of Eliada to turn against Solomon. Rezon had fled from his master, King Hadadezer of Zobah,

11:23 하나님이 또 엘리아다의 아들 르손을 일으켜 솔로몬의 대적자가 되게 하시니. '르손'은 이름이 아니라 아람의 통치자를 지칭하는 말이다. 아람은 이전에 강한 나라였다. 그러나 소바의 영향 아래 있던 시기에 엘리아다의 아들은 다윗이 소바를 칠 때 소바의 속국으로 있다가 독립하였다. 그래서 다윗 시대와 솔로몬 초기 시대에는 그 지역의 군주로 이스라엘을 섬겼던 것으로 보인다.

24 다윗이 소바 사람을 죽일 때에 르손이 사람들을 자기에게 모으고 그 무리의 괴수가 되어 다메섹으로 가서 살다가 거기서 왕이 되었더라
24 and had become the leader of a gang of outlaws. (This happened after David had defeated Hadadezer and had slaughtered his Syrian allies.) Rezon and his men went and lived in Damascus, where his men made him king of Syria.

11:24 다윗이 소바 사람을 죽일 때에...거기서 왕이 되었더라. 그는 다윗 시대부터 솔로몬 시대까지 이스라엘을 섬기는 사람이었다. 결코 솔로몬의 대적이 되지 못하였다. 그러나 솔로몬이 노년에 죄를 범한 이후 상황이 바뀌었다.

25 솔로몬의 일평생에 하닷이 끼친 환난 외에 르손이 수리아 왕이 되어 이스라엘을 대적하고 미워하였더라

25 He was an enemy of Israel during the lifetime of Solomon.

11:25 솔로몬의 일평생에...르손이 수리아 왕이 되어 이스라엘을 대적하고 미워하였더라. 이 구절은 5장 4절과 상치되는 것처럼 보인다. "이제 내 하나님 여호와께서 내게 사방의 태평을 주시매 원수도 없고 재앙도 없도다"(왕상 5:4) '원수도 없고'라고 말한다. 솔로몬의 초기에는 르손이 솔로몬의 원수가 아니라 지배를 받는 상태였다는 것을 볼 수 있다. 그렇다면 '솔로몬의 일평생'의 실제적인 의미는 '솔로몬의 노년의 남은 날 동안'을 생각하는 것이 맞는 것 같다. 르손은 이전에는 문제가 되지 않았다. 그런데 에돔의 하닷처럼 솔로몬의 노년에는 문제가 되었던 것이다.

사실 죄는 우리의 모든 것을 무너지게 한다. 죄는 하나님으로부터 멀어지게 하며 하나님으로부터 멀어졌을 때 세상의 슬프고 악한 일들이 우리의 삶을 놀이터로 삼게 된다. 하나님께 가까이 있을 때는 악한 것이 감히 가까이할 수 없었다. 그러나 하나님으로부터 멀어지면 악한 것이 자신들의 놀이터로 삼는다. 그래서 온갖 악행을 저지른다. 그들의 악행에 사람은 무기력하게 당한다. 문제로 드러나는 악한 세력의 다양한 만행은 오직 하나님께 가까이 감으로 이길 수 있다. 문제와 싸워서 이기는 것이 아니라 하나님께 가까이 감으로 이길 수 있다.

문제와 싸우는 인생이 아니라 하나님께 가까이 가는 인생이 되어야 한다. 문제를 만나면 하나님께 가까이 가야 한다는 사실을 명심하라. 문제에 함몰되는 인생에서 하나님께 가까이 가는 인생으로 바뀌기를 기도하라.

26 솔로몬의 신하 느밧의 아들 여로보암이 또한 손을 들어 왕을 대적하였으니 그는 에브라임 족속인 스레다 사람이요 그의 어머니의 이름은 스루아이니 과부더라

26 Another man who turned against King Solomon was one of his officials, Jeroboam son of Nebat, from Zeredah in Ephraim. His mother was a widow named Zeruah.

11:26 솔로몬은 외부의 적(다른 민족)에 이어 내부의 적(이스라엘 백성)도 생겼다. **솔로몬의 신하 느밧의 아들 여로보암이 또한 손을 들어 왕을 대적하였으니 그는 에브라임 족속인 스레다 사람이요.** 에브라임 지파에 속한 여로보암이 솔로몬을 대적하게 되었다고 말한다.

27 그가 손을 들어 왕을 대적하는 까닭은 이러하니라 솔로몬이 밀로를 건축하고 그의 아버지 다윗의 성읍이 무너진 것을 수축하였는데
28 이 사람 여로보암은 큰 용사라 솔로몬이 이 청년의 부지런함을 보고 세워 요셉 족속의 일을 감독하게 하였더니
27 This is the story of the revolt. Solomon was filling in the land on the east side of Jerusalem and repairing the city walls.
28 Jeroboam was an able young man, and when Solomon noticed how hard he worked, he put him in charge of all the forced labour in the territory of the tribes of Manasseh and Ephraim.

11:28 큰 용사라 솔로몬이 이 청년의 부지런함을 보고 세워. 여로보암은 능력이 많고 부지런하기까지 하여 솔로몬의 신임을 얻었다. 그는 에브라임과 므낫세 지파를 총괄하는 감독이 되었다.

29 그 즈음에 여로보암이 예루살렘에서 나갈 때에 실로 사람 선지자 아히야가 길에서 그를 만나니 아히야가 새 의복을 입었고 그 두 사람만 들에 있었더라
29 One day, as Jeroboam was travelling from Jerusalem, the prophet Ahijah, from Shiloh, met him alone on the road in the open country.

11:29 여로보암이 예루살렘에서 나갈 때에 실로 사람 선지자 아히야가 길에서 그를 만나니. 솔로몬의 충실한 신하였던 여로보암은 어느 날 선지자 아히야를 만나게 되었다.

30 아히야가 자기가 입은 새 옷을 잡아 열두 조각으로 찢고
30 Ahijah took off the new robe he was wearing, tore it into twelve pieces,

11:30 새 옷을 잡아 열두 조각으로 찢고. 선지자는 자신의 새 옷을 찢었다. 비싼 옷을 찢는 것은 실제적인 극화로서 강조이며 아주 확신에 찬 예언이기도 하다.

31 여로보암에게 이르되 너는 열 조각을 가지라 이스라엘의 하나님 여호와의 말씀이 내가 이 나라를 솔로몬의 손에서 찢어 빼앗아 열 지파를 네게 주고
31 and said to Jeroboam, "Take ten pieces for yourself, because the Lord, the God of Israel, says to you, 'I am going to take the kingdom away from Solomon, and I will give you ten tribes.

11:31 여로보암에게 이르되 너는 열 조각을 가지라 이스라엘의 하나님 여호와의 말씀이.

선지자는 하나님의 말씀을 여로보암에게 전했다. 그가 이스라엘 열두 지파 중에 열 지파의 왕이 될 것을 전하였다.

32 오직 내 종 다윗을 위하고 이스라엘 모든 지파 중에서 택한 성읍 예루살렘을 위하여 한 지파를 솔로몬에게 주리니
33 이는 그들이 나를 버리고 시돈 사람의 여신 아스다롯과 모압의 신 그모스와 암몬 자손의 신 밀곰을 경배하며 그의 아버지 다윗이 행함 같지 아니하여 내 길로 행하지 아니하며 나 보기에 정직한 일과 내 법도와 내 율례를 행하지 아니함이니라
34 그러나 내가 택한 내 종 다윗이 내 명령과 내 법도를 지켰으므로 내가 그를 위하여 솔로몬의 생전에는 온 나라를 그의 손에서 빼앗지 아니하고 주관하게 하려니와
35 내가 그의 아들의 손에서 나라를 빼앗아 그 열 지파를 네게 줄 것이요
36 그의 아들에게는 내가 한 지파를 주어서 내가 거기에 내 이름을 두고자 하여 택한 성읍 예루살렘에서 내 종 다윗이 항상 내 앞에 등불을 가지고 있게 하리라

32 Solomon will keep one tribe, for the sake of my servant David and for the sake of Jerusalem, the city I have chosen to be my own from the whole land of Israel.
33 I am going to do this because Solomon has rejected me and has worshipped foreign gods: Astarte, the goddess of Sidon; Chemosh, the god of Moab; and Molech, the god of Ammon. Solomon has disobeyed me; he has done wrong, and has not kept my laws and commands as his father David did.
34 But I will not take the whole kingdom away from Solomon, and I will keep him in power as long as he lives. This I will do for the sake of my servant David, whom I chose and who obeyed my laws and commands.
35 I will take the kingdom away from Solomon's son and will give you ten tribes,
36 but I will let Solomon's son keep one tribe, so that I will always have a descendant of my servant David ruling in Jerusalem, the city I have chosen as the place where I am worshipped.

11:32-36 솔로몬에게 말씀하신 것과 같은 내용이다. 솔로몬에게는 그의 죄 때문에 그의 나라를 나누어 두 지파만 솔로몬의 아들에게 주실 것이라는 말씀을 하셨고 여로보암에게는 솔로몬의 죄 때문에 여로보암에게 열 지파를 주신다는 말씀이다.
여로보암이 왕이 되려고 한 것이 아니다. 하나님께서 그를 왕으로 세우신다고 말씀하셨다. 하나님의 말씀 때문에 여로보암은 하루 아침에 솔로몬의 대적이 되었다. 그가 원하든 원하지 않든 간에 솔로몬의 대적이 되었다. 여로보암은 하나님께서 솔로몬의 죄를 묻기 위해 세운 사람이었다.

37 내가 너를 취하리니 너는 네 마음에 원하는 대로 다스려 이스라엘 위에 왕이 되되
38 네가 만일 내가 명령한 모든 일에 순종하고 내 길로 행하며 내 눈에 합당한 일을 하며 내 종 다윗이 행함 같이 내 율례와 명령을 지키면 내가 너와 함께 있어 내가 다윗을 위하여 세운 것 같이 너를 위하여 견고한 집을 세우고 이스라엘을 네게 주리라
39 내가 이로 말미암아 다윗의 자손을 괴롭게 할 것이나 영원히 하지는 아니하리라 하셨느니라 한지라
40 이러므로 솔로몬이 여로보암을 죽이려 하매 여로보암이 일어나 애굽으로 도망하여 애굽 왕 시삭에게 이르러 솔로몬이 죽기까지 애굽에 있으니라
37 Jeroboam, I will make you king of Israel, and you will rule over all the territory that you want.
38 If you obey me completely, live by my laws, and win my approval by doing what I command, as my servant David did, I will always be with you. I will make you king of Israel and will make sure that your descendants rule after you, just as I have done for David.
39 Because of Solomon's sin I will punish the descendants of David, but not for all time.' "
40 And so Solomon tried to kill Jeroboam, but he escaped to King Shishak of Egypt and stayed there until Solomon's death.

11:40 선지자가 여로보암에게 전해준 신탁의 말씀을 솔로몬이 알게 된 것 같다. **솔로몬이 여로보암을 죽이려 하매.** 여로보암이 하나님으로부터 열 지파의 왕으로 세움을 받은 사실을 알고 솔로몬은 여로보암을 죽이려 하였다. 그런 말을 들으면 어떤 왕이든 그렇게 행동할 것이다. 그러나 신앙인은 다시 한 번 더 생각해 보아야 한다.
솔로몬이 어떤 경로를 통해 여로보암에 대해 들었는지 모르지만 그것을 들었을 때 그가 해야 하는 행동은 무엇이었을까? 여로보암에게 전해진 말씀은 솔로몬이 이미 하나님께 들은 말씀이다. 그렇다면 여로보암의 출현이 하나님의 뜻이라는 것이 분명해 보인다. 하나님의 뜻이 분명해 보이면 그것에 순종하는 것이 맞다. 그것이 솔로몬 자신에게 복이 되든 해가 되든 받아들이는 것이 필요하다. 그것이 여호와를 경외하는 자의 마땅한 행동이다. 그러나 그는 여로보암을 죽이려 하였다. 그것은 하나님의 뜻을 막으려 하였다는 것을 의미한다.
솔로몬은 지혜의 왕이었다. 지혜는 '여호와를 경외하는 것'에서 시작한다는 사실을 솔로몬만큼 잘 아는 사람이 없다. 그런데 인생 마지막 순간에 그는 자신에게 주어진 가장 중요한 문제에서 하나님을 경외하지 않고 자신의 이익과 감정을 따라 처리하려 하였다. 그것은 큰 죄다.

41 솔로몬의 남은 사적과 그의 행한 모든 일과 그의 지혜는 솔로몬의 실록에 기록되지 아니하였느냐
42 솔로몬이 예루살렘에서 온 이스라엘을 다스린 날 수가 사십 년이라
43 솔로몬이 그의 조상들과 함께 자매 그의 아버지 다윗의 성읍에 장사되고 그의 아들 르호보암이 대신하여 왕이 되니라

41 Everything else that Solomon did, his career and his wisdom, are all recorded in The History of Solomon.
42 He was king in Jerusalem over all Israel for 40 years.
43 He died and was buried in David's City, and his son Rehoboam succeeded him as king.

11:43 솔로몬이 그의 조상들과 함께 자매. 결국 솔로몬은 인생을 마치게 된다. 그의 인생 후반에 외부의 적과 내부의 적을 맞이하여 골치 아프게 생각하다 마쳤을 것이다. 그러나 실제로는 그것이 문제가 아니었다. 솔로몬 자신이 가장 큰 문제였다. 그러한 문제는 아무 것도 아니다. 가장 큰 문제는 자기 자신을 스스로 하나님의 적이 되게 만든 것이다. 회초리를 드신 하나님께 순종해야 했는데 회초리를 손으로 막으며 대항하였다. 회초리를 맞으면 오히려 길이 열릴 수 있는데 손으로 막음으로 그는 더욱더 추락하였다. 지혜의 왕이었으나 지혜를 완전히 잃어버린 모습이다. 솔로몬이 여전히 부러운가? 아니다. 아주 불쌍한 모습이다.

3부

유다와 북이스라엘의 분열 왕국

(12:1-22:53)

12장

12:1-24은 솔로몬의 아들 르호보암 때에 나라가 분리되는 배경에 대한 이야기다.

1 르호보암이 세겜으로 갔으니 이는 온 이스라엘이 그를 왕으로 삼고자 하여 세겜에 이르렀음이더라

1 Rehoboam went to Shechem, where all the people of northern Israel had gathered to make him king.

12:1 르호보암이 세겜으로 갔으니. 르호보암은 예루살렘에서 왕 즉위식을 하였을 것이다. 그러나 또한 전통적으로 중요한 도시 세겜으로 가서 북이스라엘 지파(열 지파)의 지지를 공식화하고자 하였던 것 같다. 세겜은 이후에 북이스라엘의 첫 수도가 된다. **온 이스라엘이 그를 왕으로 삼고자 하여 세겜에 이르렀음이더라.** '온 이스라엘'은 이스라엘 전체를 말할 때 사용되지만 유다와 베냐민을 제외한 열 지파를 말할 때도 사용한다. 혼동을 방지하기 위해 북이스라엘로 부르기도 한다. 나는 주로 북이스라엘로 지칭할 것이다. 북이스라엘 지파 사람들이 여로보암을 왕으로 공식적으로 인정하기 위해 모였다. 그런데 그들은 한 가지 조건을 붙였다.

2 느밧의 아들 여로보암이 전에 솔로몬 왕의 얼굴을 피하여 애굽으로 도망하여 있었더니 이제 그 소문을 듣고 여전히 애굽에 있는 중에
3 무리가 사람을 보내 그를 불렀더라 여로보암과 이스라엘의 온 회중이 와서 르호보암에게 말하여 이르되

2 When Jeroboam son of Nebat, who had gone to Egypt to escape from King Solomon, heard this news, he returned from Egypt.
3 The people of the northern tribes sent for him, and then they all went together to Rehoboam and said to him,

12:3 여로보암과 이스라엘의 온 회중이 와서 르호보암에게 말하여. 애굽으로 도피하였던 여로보암은 솔로몬이 죽었다는 소식을 듣고 돌아왔다. 그는 이미 북이스라엘의 리더로 인정을 받고 있는 것 같다.

4 왕의 아버지가 우리의 멍에를 무겁게 하였으나 왕은 이제 왕의 아버지가 우리에게 시킨 고역과 메운 무거운 멍에를 가볍게 하소서 그리하시면 우리가 왕

을 섬기겠나이다
4 "Your father Solomon treated us harshly and placed heavy burdens on us. If you make these burdens lighter and make life easier for us, we will be your loyal subjects."

12:4 왕은 이제 왕의 아버지가 우리에게 시킨 고역과 메운 무거운 멍에를 가볍게 하소서. 북이스라엘 사람들은 솔로몬 때의 무거운 고역을 시키지 않겠다고 하여야 르호보암을 왕으로 받아들이겠다고 말하였다.

5 르호보암이 대답하되 갔다가 삼 일 후에 다시 내게로 오라 하매 백성이 가니라
5 "Come back in three days and I will give you my answer," he replied. So they left.

12:5 삼 일 후에 다시 내게로 오라. 르호보암은 선택의 중요한 순간에 판단을 일단 보류함으로 현명하게 처신하였다.

6 르호보암 왕이 그의 아버지 솔로몬의 생전에 그 앞에 모셨던 노인들과 의논하여 이르되 너희는 어떻게 충고하여 이 백성에게 대답하게 하겠느냐
6 King Rehoboam consulted the older men who had served as his father Solomon's advisers. "What answer do you advise me to give these people?" he asked.

12:6 노인들과 의논하여 이르되 너희는 어떻게 충고하여 이 백성에게 대답하게 하겠느냐. 르호보암은 나이 많은 대신들에게 자신이 어떻게 해야 하는지 물었다.

7 대답하여 이르되 왕이 만일 오늘 이 백성을 섬기는 자가 되어 그들을 섬기고 좋은 말로 대답하여 이르시면 그들이 영원히 왕의 종이 되리이다 하나
7 They replied, "If you want to serve this people well, give a favourable answer to their request, and they will always serve you loyally."

12:7 오늘 이 백성을 섬기는 자가 되어 그들을 섬기고...그들이 영원히 왕의 종이 되리이다. 나이 먹은 신하들은 르호보암에게 현명한 충고를 하였다. 왕은 본래 '섬기는 자'다. 그러니 르호보암이 북이스라엘 백성을 부리는 사람이 아니라 섬기는 사람으로 그들의 요구를 들어주는 것이 마땅하다. 그러할 때 북이스라엘은 왕을 잘 섬기게 될 것이다.

8 왕이 노인들이 자문하는 것을 버리고 자기 앞에 모셔 있는 자기와 함께 자라난 어린 사람들과 의논하여
8 But he ignored the advice of the older men and went instead to the young men who had grown up with him and who were now his advisers.

12:8 노인들이 자문하는 것을 버리고. 이 구절은 르호보암이 노인들의 충고를 하나의 선택지로 놓고 또 다른 충고를 듣기 위해 '어린 사람들과 의논'한 것으로 생각할 수 있다. 그러나 그것보다는 그가 젊은 신하들과 의논하러 갈 때 이미 노인들의 자문을 버린 것으로 해석하는 것이 더 맞을 것 같다. 노인들의 충고를 들었을 때 그것이 마음에 들지 않았던 것이다. 왜 마음에 들지 않았을까? 노인들의 충고는 르호보암 자신을 멋없는 사람으로 보이게 하였다. 백성들의 요구에 굴종하는 힘 없는 왕으로 보였기 때문에 그는 노인들의 충고가 마음에 들지 않았던 것 같다.

9 이르되 너희는 어떻게 자문하여 이 백성에게 대답하게 하겠느냐 백성이 내게 말하기를 왕의 아버지가 우리에게 메운 멍에를 가볍게 하라 하였느니라
10 함께 자라난 소년들이 왕께 아뢰어 이르되 이 백성들이 왕께 아뢰기를 왕의 부친이 우리의 멍에를 무겁게 하였으나 왕은 우리를 위하여 가볍게 하라 하였은즉 왕은 대답하기를 내 새끼 손가락이 내 아버지의 허리보다 굵으니
9 "What do you advise me to do?" he asked. "What shall I say to the people who are asking me to make their burdens lighter?"
10 They replied, "This is what you should tell them: 'My little finger is thicker than my father's waist!'

12:10 왕은 대답하기를 내 새끼 손가락이 내 아버지의 허리보다 굵으니. 젊은 신하들은 어쩌면 왕의 마음을 잘 읽은 것 같다. 아니면 힘으로 누르는 것을 더 선호한 것으로 보인다. 북이스라엘 백성들이 지금 르호보암을 얕잡아 보고 월권적인 요구를 하고 있는데 르호보암은 솔로몬의 강한 것(허리)보다 자신의 약한 것(새끼 손가락)이 더 강하다고 당차게 말하라고 자문하였다. 처음부터 기싸움을 확실히 해야 한다고 생각한 것 같다.

11 내 아버지께서 너희에게 무거운 멍에를 메게 하였으나 이제 나는 너희의 멍에를 더욱 무겁게 할지라 내 아버지는 채찍으로 너희를 징계하였으나 나는 전갈 채찍으로 너희를 징계하리라 하소서
11 Tell them, 'My father placed heavy burdens on you; I will make them even heavier. He

beat you with a whip; I'll flog you with a horsewhip!' "

12:11 내 아버지는 채찍으로 너희를 징계하였으나 나는 전갈 채찍으로 너희를 징계하리라. '전갈 채찍'은 아마 '금속이 붙은 채찍'을 의미할 것이다. 훨씬 더 강한 채찍을 말한다. 백성들은 멍에를 가볍게 해 달라고 하였는데 르호보암에게 오히려 '멍에를 더 무겁게 할 것이다'라고 대답하라는 말이다. 젊은 자문 그룹의 말은 어찌 보면 옳을 수 있다. 강한 힘을 보여주어야 반란을 사전에 제압할 수 있을 수 있다. 그러나 최소한 믿음의 법칙은 아니다. 하나님께서 말씀하시는 왕은 백성을 그렇게 힘과 억압으로 다스리라고 말씀하지 않으셨다.

12 삼 일 만에 여로보암과 모든 백성이 르호보암에게 나아왔으니 이는 왕이 명령하여 이르기를 삼 일 만에 내게로 다시 오라 하였음이라
13 왕이 포학한 말로 백성에게 대답할새 노인의 자문을 버리고
12 Three days later Jeroboam and all the people returned to King Rehoboam, as he had instructed them.
13 The king ignored the advice of the older men and spoke harshly to the people,

12:13 왕이 포악한 말로 백성에게 대답할새. 르호보암은 북이스라엘 백성들의 요구에 포악하게 대답하였다. **노인의 자문을 버리고.** 그가 백성들의 요구를 들어주어야 한다는 조언이 없었던 것이 아니다. 그러나 그는 그 조언을 싫어하였다. 권위주의 때문일 것이다. 아마 그는 백성들의 요구에 기분이 상하였던 것 같다. 감히 백성들이 왕에게 이렇게 하라 저렇게 하라고 요구하는 것이 싫었음이 분명하다.

14 어린 사람들의 자문을 따라 그들에게 말하여 이르되 내 아버지는 너희의 멍에를 무겁게 하였으나 나는 너희의 멍에를 더욱 무겁게 할지라 내 아버지는 채찍으로 너희를 징계하였으나 나는 전갈 채찍으로 너희를 징치하리라 하니라
14 as the younger men had advised. He said, "My father placed heavy burdens on you; I will make them even heavier. He beat you with a whip; I'll flog you with a horsewhip!"

12:14 내 아버지는 너희의 멍에를 무겁게 하였으나 나는 너희의 멍에를 더욱 무겁게 할지라. 르호보암의 선언은 '왕은 백성 위에 군림한다'는 논리다. 젊은 사람들이 조언한 것이 그의 마음에 들었을 것이다. 그의 권위가 세워지는 것이기 때문이다.

15 왕이 이같이 백성의 말을 듣지 아니하였으니 이 일은 여호와께로 말미암아 난 것

이라 여호와께서 전에 실로 사람 아히야로 느밧의 아들 여로보암에게 하신 말씀을 이루게 하심이더라

16 온 이스라엘이 자기들의 말을 왕이 듣지 아니함을 보고 왕에게 대답하여 이르되 우리가 다윗과 무슨 관계가 있느냐 이새의 아들에게서 받을 유산이 없도다 이스라엘아 너희의 장막으로 돌아가라 다윗이여 이제 너는 네 집이나 돌아보라 하고 이스라엘이 그 장막으로 돌아가니라

15 It was the will of the Lord to bring about what he had spoken to Jeroboam son of Nebat through the prophet Ahijah from Shiloh. This is why the king did not pay any attention to the people.

16 When the people saw that the king would not listen to them, they shouted, "Down with David and his family! What have they ever done for us? People of Israel, let's go home! Let Rehoboam look out for himself!" So the people of Israel rebelled,

12:16 다윗이여 이제 너는 네 집이나 돌아보라 하고 이스라엘이 그 장막으로 돌아가니라.

이스라엘 백성들이 르호보암을 떠났다. 그래서 이스라엘은 두 나라로 나뉘게 되었다. 르호보암은 나라가 이렇게 될 줄은 전혀 생각하지 못하였을 것이다. 그러나 사실 이스라엘이 하나로 있는 것이 이상한 상태였다. 사울부터 열두 지파가 통일된 한 나라로 120년을 지내왔다. 다윗부터 시작된 다윗 왕조는 80년을 지내왔다. 그런데 그 안에서는 늘 유다 지파와 나머지 열 지파의 알력이 있었다. 솔로몬의 때에 이미 분열되어야 했던 것을 하나님께서 한 나라로 지켜 주셨다. 하나님께서 지켜 주심으로 한 나라로 이어져 있었던 것이다. 그런데 르호보암은 그런 것을 전혀 생각하지 못하였다. 하늘 하나님의 권위로 한 나라가 되어 있는 것을 알지 못하고 자신의 권위와 힘으로 그런 것처럼 착각하였다. 그래서 왕의 권위에 도전하는 북이스라엘 사람들의 요구를 들어주지 않았다. 그것이 나라의 분열로 이어질 것은 전혀 생각하지 못하였다.

17 그러나 유다 성읍들에 사는 이스라엘 자손에게는 르호보암이 그들의 왕이 되었더라

18 르호보암 왕이 역군의 감독 아도람을 보냈더니 온 이스라엘이 그를 돌로 쳐 죽인지라 르호보암 왕이 급히 수레에 올라 예루살렘으로 도망하였더라

17 leaving Rehoboam as king only of the people who lived in the territory of Judah.

18 Then King Rehoboam sent Adoniram, who was in charge of the forced labour, to go to the Israelites, but they stoned him to death. At this, Rehoboam hurriedly got into his chariot and escaped to Jerusalem.

12:18 왕이 역군의 감독 아도람을 보냈더니 온 이스라엘이 그를 돌로 쳐죽인지라. 왕은 역군의 감독으로 북이스라엘 사람들을 부리던 아도람을 보내 북이스라엘 사람들을 권위와 힘으로 굴복시키고자 하였다. 그러나 아도람을 본 북이스라엘 사람들은 오히려 더 분노하여 그를 죽였다. 아도람 때문에 더욱 힘들게 일하였던 때를 생각하였던 것 같다. **르호보암 왕이 급히 수레에 올라 예루살렘으로 도망하였더라.** 왕은 그제서야 상황 파악을 하고 재빨리 세겜에서 빠져나와 예루살렘으로 갔다. 권위와 체면이 땅에 떨어졌다.

> **19** 이에 이스라엘이 다윗의 집을 배반하여 오늘까지 이르렀더라
> **20** 온 이스라엘이 여로보암이 돌아왔다 함을 듣고 사람을 보내 그를 공회로 청하여 온 이스라엘의 왕으로 삼았으니 유다 지파 외에는 다윗의 집을 따르는 자가 없으니라
> **19** Ever since that time the people of the northern kingdom of Israel have been in rebellion against the dynasty of David.
> **20** When the people of Israel heard that Jeroboam had returned from Egypt, they invited him to a meeting of the people and made him king of Israel. Only the tribe of Judah remained loyal to David's descendants.

12:20 온 이스라엘이 여로보암이 돌아왔다 함을 듣고 사람을 보내 그를 공회로 청하여 온 이스라엘의 왕으로 삼았으니. 여로보암은 애굽의 왕실 사람이었으니 북이스라엘 사람들이 왕으로 추대하기에 적합하였다. 여로보암이 주도적으로 행동하여 유다에서 독립한 것이 아니다. 르호보암이 권위적으로 어리석게 행동하여 북이스라엘 사람들이 르호보암을 떠났고 그래서 여로보암이 북이스라엘의 왕이 되었다. **유다 지파 외에는 다윗의 집을 따르는 자가 없으니라.** 유다는 유다 지파가 중심이 되었다. 하나님 말씀대로 베냐민 지파는 르호보암의 지배에 남았다. 그래서 베냐민 지파와 북이스라엘 사이에 경계선이 그어졌다. 시므이 지파는 유다 지역에 흩어져 있었다. 유명무실한 상태이기도 하였다. 그래서 그들도 유다에 속해졌다. 그리고 레위 지파 사람들은 예루살렘이 있는 유다 지역으로 남하하였다. 또한 이후에 진정한 신앙을 찾아 남쪽으로 내려온 북이스라엘 사람들이 있었다. 그래서 이스라엘은 남쪽의 유다와 북쪽의 북이스라엘로 나뉘게 되었다.

> **21** 르호보암이 예루살렘에 이르러 유다 온 족속과 베냐민 지파를 모으니 택한 용사가 십팔만 명이라 이스라엘 족속과 싸워 나라를 회복하여 솔로몬의 아들

르호보암에게 돌리려 하더니
21 When Rehoboam arrived in Jerusalem, he called together 180,000 of the best soldiers from the tribes of Judah and Benjamin. He intended to go to war and restore his control over the northern tribes of Israel.

12:21 이스라엘 족속과 싸워 나라를 회복하여 솔로몬의 아들 르호보암에게 돌리려 하더니. 르호보암은 군대를 모아 북이스라엘을 정벌하고자 하였다. 르호보암에게 북이스라엘은 반란군에 불과하였다. 북이스라엘은 군대가 미약했다. 르호보암의 군대는 강한 왕 솔로몬의 군대를 그대로 물려 받았다. 그러니 지금 공격을 하면 무조건 이길 수 있을 것 같았다. 르호보암이 북이스라엘 사람들에게 큰 소리쳤던 배경도 이런 힘을 가지고 있었기 때문일 것이다.

22 하나님의 말씀이 하나님의 사람 스마야에게 임하여 이르시되
22 But God told the prophet Shemaiah

12:22 하나님의 말씀이 하나님의 사람 스마야에게 임하여. '하나님의 사람'은 일반적으로 선지자를 일컫는 말이다. 하나님께서 선지자를 통해 하나님의 말씀을 전하셨다.

23 솔로몬의 아들 유다 왕 르호보암과 유다와 베냐민 온 족속과 또 그 남은 백성에게 말하여 이르기를
24 여호와의 말씀이 너희는 올라가지 말라 너희 형제 이스라엘 자손과 싸우지 말고 각기 집으로 돌아가라 이 일이 나로 말미암아 난 것이라 하셨다 하라 하신지라 그들이 여호와의 말씀을 듣고 그 말씀을 따라 돌아갔더라
23 to give this message to Rehoboam and to all the people of the tribes of Judah and Benjamin:
24 "Do not attack your own brothers, the people of Israel. Go home, all of you. What has happened is my will." They all obeyed the Lord's command and went back home.

12:24 여호와의 말씀이 너희는 올라가지 말라. 갑자기 선지자가 나타나 르호보암에게 '전쟁을 하지 말라'는 하나님의 말씀을 전하였다. 르호보암이 보기에는 그냥 한 사람일 수 있다. 그가 전쟁하기를 원하면 그 사람을 거짓 선지자로 치부하면 된다. 그런데 르호보암은 하나님을 믿는 진정한 신앙인이었던 것으로 보인다. **그들이 여호와의 말씀을 듣고 그 말씀을 따라 돌아갔더라.** 르호보암과 모인 군대가 선지자가 전해준 하나님의 말씀을 따라 집으로 돌아갔다. 어느 경우든 하나님의 말씀을 따르는 것은 옳은 선

택이다. 하나님의 백성은 어느 경우이든 그것이 하나님의 뜻이라는 확신이 들면 무조건 순종해야 한다.

12:25-14:20은 북이스라엘의 초대 왕 여로보암에 대한 이야기다.

25 여로보암이 에브라임 산지에 세겜을 건축하고 거기서 살며 또 거기서 나가서 부느엘을 건축하고
25 King Jeroboam of Israel fortified the town of Shechem in the hill country of Ephraim and lived there for a while. Then he left and fortified the town of Penuel.

12:25 세겜을 건축하고...부느엘을 건축하고. 북이스라엘은 요단강 서편에 정치적, 지리적으로 중요한 장소인 세겜을 건축하여 수도로 삼았다. 그리고 요단강 동편에는 '부느엘'을 건축하여 통치력 확대를 꾀하고 만약을 대비하였다.

26 그의 마음에 스스로 이르기를 나라가 이제 다윗의 집으로 돌아가리로다
27 만일 이 백성이 예루살렘에 있는 여호와의 성전에 제사를 드리고자 하여 올라가면 이 백성의 마음이 유다 왕 된 그들의 주 르호보암에게로 돌아가서 나를 죽이고 유다의 왕 르호보암에게로 돌아가리로다 하고
26 He said to himself, "As things are now, if my people go to Jerusalem and offer sacrifices to the Lord in the Temple there, they will transfer their allegiance to King Rehoboam of Judah and will kill me."

12:27 만일 이 백성이 예루살렘에 있는 여호와의 성전에 제사를 드리고자 하여 올라가면. 나라를 세우고 난 이후 여로보암은 그의 나라에 가장 큰 위험요소는 종교라고 생각하였다. 종교는 이스라엘의 뿌리이자 전부다. 사실 그의 나라가 세워진 것도 하나님께서 그에게 말씀하신 것이 시작점이다. 그렇다면 그는 말씀을 더 잘 지키는 경쟁을 해야 했다. 그러나 그의 경쟁심은 방향을 잘못 잡았다.

28 이에 계획하고 두 금송아지를 만들고 무리에게 말하기를 너희가 다시는 예루살렘에 올라갈 것이 없도다 이스라엘아 이는 너희를 애굽 땅에서 인도하여 올린 너희의 신들이라 하고
28 After thinking it over, he made two bull calves of gold and said to his people, "You have been going long enough to Jerusalem to worship. People of Israel, here are your gods who

brought you out of Egypt!"

12:28 이에 계획하고. '계획(히. 야아츠)'은 '논의하다' '충고하다' '계획하다'의 뜻이다. 신중히 계산된 것이라는 말이다. 이때 하나님의 뜻이 아니라 정치적 계산만 한 것으로 보인다. **두 금송아지를 만들고.** 금송아지는 이전에 시내산 아래에서 아론이 만든 것과 비슷하다. '금송아지'는 그것을 하나님으로 생각하고 만든 것은 아닌 것이 분명하다. 애굽이나 가나안 문화는 그들이 믿는 신이 송아지를 타고 있다고 생각하였다. 송아지 위에 신의 형상을 만들기도 하였지만 신의 형상 없이 송아지만 만들어서 송아지의 특성인 힘을 상징하기 위해 사용하였다. 이것은 1계명을 어긴 것이 아니라 2계명을 어긴 것이다. 그런데 송아지를 타고 있는 신은 주로 바알이었다. 그래서 북이스라엘은 이후에 바알신을 믿는 사람들이 많았다. 금송아지는 당시의 문화와 하나님의 발등상이 되는 '언약궤'를 혼합하여 모방한 것이다. 정치적으로는 아주 훌륭한 계획일 수 있다. 그러나 신앙적으로는 아주 잘못된 계획이다.

29 하나는 벧엘에 두고 하나는 단에 둔지라
29 He placed one of the gold bull calves in Bethel and the other in Dan.

12:29 벧엘과 단에 금송아지를 두었다. 벧엘은 이스라엘의 영적 민족적 유산이 있는 장소다. 단은 가장 북쪽이며 높은 헐몬산 기슭에 있어 다산과 공급을 상징적으로 말하기 좋은 지역이다. 그러나 그렇다고 그곳이 성전이 있는 예루살렘을 대체할 수는 없었다.

30 이 일이 죄가 되었으니 이는 백성들이 단까지 가서 그 하나에게 경배함이더라
31 그가 또 산당들을 짓고 레위 자손 아닌 보통 백성으로 제사장을 삼고
30 And so the people sinned, going to worship in Bethel and in Dan.
31 Jeroboam also built places of worship on hilltops, and he chose priests from families who were not of the tribe of Levi.

12:31 보통 백성으로 제사장을 삼고. 여로보암은 자신에게 우호적이지 않은 레위인을 등용하지 않고 어떤 지파 사람이든지 제사장이 될 수 있게 하였다. 이것도 일반적으로는 좋아 보일 수 있다. 그러나 성경을 어긴 것이다.

32 여덟째 달 곧 그 달 열다섯째 날로 절기를 정하여 유다의 절기와 비슷하게 하고 제단에 올라가되 벧엘에서 그와 같이 행하여 그가 만든 송아지에게 제사를 드렸으며 그가 지은 산당의 제사장을 벧엘에서 세웠더라
33 그가 자기 마음대로 정한 달 곧 여덟째 달 열다섯째 날로 이스라엘 자손을 위하여 절기로 정하고 벧엘에 쌓은 제단에 올라가서 분향하였더라
32 Jeroboam also instituted a religious festival on the fifteenth day of the eighth month, like the festival in Judah. On the altar in Bethel he offered sacrifices to the gold bull calves he had made, and he placed there in Bethel the priests serving at the places of worship he had built.
33 And on the fifteenth day of the eighth month, the day that he himself had set, he went to Bethel and offered a sacrifice on the altar in celebration of the festival he had instituted for the people of Israel.

12:33 자기 마음대로 정한 달 곧 여덟째 달 열다섯째 날로 이스라엘 자손을 위하여 절기로 정하고. 아마 초막절을 대체하는 것으로 정한 것 같다. 여로보암은 철저히 성경을 어기고 자기의 마음대로 모든 것을 바꾸었다. 오직 정치적 고려만 한 것으로 보인다. 일반 백성들은 잘 모르고 그냥 따랐다. 정치가 나라와 사람을 망쳤다.

13장

1 보라 그 때에 하나님의 사람이 여호와의 말씀으로 말미암아 유다에서부터 벧엘에 이르니 마침 여로보암이 제단 곁에 서서 분향하는지라

1 At the Lord's command a prophet from Judah went to Bethel and arrived there as Jeroboam stood at the altar to offer the sacrifice.

13:1 보라 그 때에 하나님의 사람이...이르니. '보라(히. 힌네)'는 문장 전환이나 강조를 위해 사용한다. 앞에서 말한 33절에 이어진 상황 같다. 멋대로 산당과 금송아지를 만들고 절기도 정하여 벧엘에서 분향하고 있었다. 많은 사람들이 모여 있었을 것이다. 여로보암 왕이 분향을 하고 있었기 때문에 가장 극적인 순간이었다. 그때 한 선지자가 뚜벅뚜벅 걸어 나왔다. 아주 극적인 상황을 묘사하고 있다. 마치 여로보암과 북이스라엘은 지금 분향하는 것을 당상 그쳐야 한다는 시급함과 중요함을 알리는 것 같다.

2 하나님의 사람이 제단을 향하여 여호와의 말씀으로 외쳐 이르되 제단아 제단아 여호와께서 이와 같이 말씀하시기를 다윗의 집에 요시야라 이름하는 아들을 낳으리니 그가 네 위에 분향하는 산당 제사장을 네 위에서 제물로 바칠 것이요 또 사람의 뼈를 네 위에서 사르리라 하셨느니라 하고

2 Following the Lord's command, the prophet denounced the altar: "O altar, altar, this is what the Lord says: A child, whose name will be Josiah, will be born to the family of David. He will slaughter on you the priests serving at the pagan altars who offer sacrifices on you, and he will burn human bones on you."

13:2 여호와의 말씀으로 외쳐 이르되. '여호와께서 말씀하셨다'는 것이다. 사람이 말하고 있으나 그것은 사람의 권위가 아니라 하나님의 권위로 말하고 있다. **제단아...요시야라 이름하는 아들...사람의 뼈를 네 위에서 사르리라.** 이것은 아주 특이하고 구체적인 예언으로 200년 후에 실제로 성취된다. "요시야가 몸을 돌이켜 산에 있는 무덤들을 보고 보내어 그 무덤에서 해골을 가져다가 제단 위에서 불살라 그 제단을 더럽게 하니라 이 일을 하나님의 사람이 전하였더니 그 전한 여호와의 말씀대로 되었더라"(왕하 23:16) 유다의 개혁을 이루던 요시야 왕이 벧엘에서 제단에 뼈를 태워 제단을 더럽히는 사건이다. 시체를 만지면 부정해지는데 제단에서 시체를 태웠으니 매우 불결해진다. 그만큼 벧엘의 제단은 불결하다는 의미다.

3 그 날에 그가 징조를 들어 이르되 이는 여호와께서 말씀하신 징조라 제단이 갈라지며 그 위에 있는 재가 쏟아지리라 하매
3 And the prophet went on to say, "This altar will fall apart, and the ashes on it will be scattered. Then you will know that the Lord has spoken through me."

13:3 여호와께서 말씀하신 징조라 제단이 갈라지며 그 위에 있는 재가 쏟아지리라. 200년 후의 예언이라고 사람들이 가볍게 여길 것을 알고 당장의 징조로 그것을 확증한다. 제단이 갈라져 무너짐으로 그 위의 재가 쏟아지는 사건이다. 재물의 재가 잘못 취급되면 재물을 드린 것이 무효하게 된다. 그러기에 지금 당장 드린 모든 제단도 무효한 것임을 보여주는 것이다.

4 여로보암 왕이 하나님의 사람이 벧엘에 있는 제단을 향하여 외쳐 말함을 들을 때에 제단에서 손을 펴며 그를 잡으라 하더라 그를 향하여 편 손이 말라 다시 거두지 못하며
4 When King Jeroboam heard this, he pointed at him and ordered, "Seize that man!" At once the king's arm became paralysed so that he couldn't pull it back.

13:4 손을 펴며 그를 잡으라 하더라 그를 향하여 편 손이 말라 다시 거두지 못하며. 여로보암이 손가락으로 선지자를 가리키며 '체포하라'고 하였는데 놀랍게도 그 순간 그의 편 손이 마비가 와서 움직이지 못하게 되었다.

5 하나님의 사람이 여호와의 말씀으로 보인 징조대로 제단이 갈라지며 재가 제단에서 쏟아진지라
5 The altar suddenly fell apart and the ashes spilt to the ground, as the prophet had predicted in the name of the Lord.

13:5 제단이 갈라지며 재가 제단에서 쏟아진지라. 멀쩡하던 제단이 무너졌다. 무너진 제단과 자신의 팔이 구부러지지 않는 것을 본 여로보암은 그때서야 상황 판단을 하였다.

6 왕이 하나님의 사람에게 말하여 이르되 청하건대 너는 나를 위하여 네 하나님 여호와께 은혜를 구하여 내 손이 다시 성하게 기도하라 하나님의 사람이 여호와께 은혜를 구하니 왕의 손이 다시 성하여 전과 같이 되니라
6 King Jeroboam said to the prophet, "Please pray for me to the Lord your God, and ask him

to heal my arm!" The prophet prayed to the Lord, and the king's arm was healed.

13:6 나를 위하여 네 하나님 여호와께 은혜를 구하여 내 손이 다시 성하게 기도하라. 여로보암은 자신의 손이 가장 우선이었다. 자신의 손이 아니라 마음이 죄를 지은 것을 생각했어야 하지만 그는 자신의 손이 고쳐지는 것이 우선이었다. **하나님의 사람이 여호와께 은혜를 구하니 왕의 손이 다시 성하여 전과 같이 되니라.** 왕의 손이 바로 회복되었다. 이것은 하나님의 은혜가 여전히 그에게 있음을 의미한다. 아직 가능성이 있다. 그렇다면 이제라도 여로보암은 하나님 앞에 엎드려야 한다. 그런데도 불구하고 여로보암은 하나님 앞에 엎드리지 않았다.

7 왕이 하나님의 사람에게 이르되 나와 함께 집에 가서 쉬라 내가 네게 예물을 수리라

7 Then the king said to the prophet, "Come home with me and have something to eat. I will reward you for what you have done."

13:7 하나님의 사람에게 이르되 나와 함께 집에 가서 쉬라. 그는 선지자를 집으로 초대하여 함께 식사를 하자고 제안하였다. 선지자를 환대함으로 그가 행한 일에 대해 희석하고자 하였다. 선지자가 여로보암의 집에 들어가 식사를 하면 함께 동료가 된다. 그것은 여로보암의 벧엘 제단을 인정하는 결과를 낳는다. 여로보암은 자신을 바꾸는 것이 아니라 상황을 바꾸고자 하였다.

왕은 선지자가 전하는 하나님이 아니라 선지자를 보았다. 하나님께 관심을 두어야 하는데 선지자에게 관심을 두었다. 그것은 그가 하나님의 뜻을 따를 생각이 없었기 때문일 것이다. 그는 사람들 앞에서 사람들에게 영향을 미치고 있는 선지자에게 관심이 있었다. 그는 선지자가 행한 것을 하나님께서 행하신 것으로 생각하지 않고 선지자가 행한 것으로 생각하였다. 그는 믿음이 없는 사람이었다.

8 하나님의 사람이 왕께 대답하되 왕께서 왕의 집 절반을 내게 준다 할지라도 나는 왕과 함께 들어가지도 아니하고 이 곳에서는 떡도 먹지 아니하고 물도 마시지 아니하리니

8 The prophet answered, "Even if you gave me half your wealth, I would not go with you or eat or drink anything with you.

13:8 왕께서 왕의 집 절반을 내게 준다 할지라도 나는 왕과 함께 들어가지도 아니하고.

선지자는 왕의 풍성한 식사만이 아니라 어떤 것을 줄지라도 자신이 그것을 받거나 따를 수 없음을 말하였다.

9 이는 곧 여호와의 말씀이 내게 명령하여 이르시기를 떡도 먹지 말며 물도 마시지 말고 왔던 길로 되돌아가지 말라 하셨음이니이다 하고
9 The Lord has commanded me not to eat or drink a thing, and not to return home the same way I came."

13:9 이는 곧 여호와의 말씀이 내게 명령하여. 선지자는 여로보암의 선물이나 식사가 중요하지 않았다. 그는 하나님의 명령을 들었기 때문이다. 하나님께서 여로보암의 환대를 받아들이지 말고 바로 돌아가야 한다고 말씀하셨기 때문이다. **왔던 길로 되돌아가지 말라.** 이미 정해진 것으로 그것을 듣는 사람이 바뀌는 것만 필요함을 상징적으로 보여준다. 선지자는 그렇게 말을 남기고 떠났다.

10 이에 다른 길로 가고 자기가 벧엘에 오던 길로 되돌아가지도 아니하니라
11 벧엘에 한 늙은 선지자가 살더니 그의 아들들이 와서 이 날에 하나님의 사람이 벧엘에서 행한 모든 일을 그에게 말하고 또 그가 왕에게 드린 말씀도 그들이 그들의 아버지에게 말한지라
10 So he did not go back the same way he had come, but by another road.
11 At that time there was an old prophet living in Bethel. His sons came and told him what the prophet from Judah had done in Bethel that day and what he had said to King Jeroboam.

13:11 벧엘에 한 늙은 선지자가 살더니. 벧엘의 선지자는 유다에서 선지자가 와서 벧엘 산당에서 벌어진 일을 아들을 통해 전해 들었다. 순간 그는 북이스라엘이 위험에 처했다는 것을 직감하였다.

12 그들의 아버지가 그들에게 이르되 그가 어느 길로 가더냐 하니 그의 아들들이 유다에서부터 온 하나님의 사람의 간 길을 보았음이라
13 그가 그의 아들들에게 이르되 나를 위하여 나귀에 안장을 지우라 그들이 나귀에 안장을 지우니 그가 타고
14 하나님의 사람을 뒤따라가서 상수리나무 아래에 앉은 것을 보고 이르되 그대가 유다에서 온 하나님의 사람이냐 대답하되 그러하다
12 "Which way did he go when he left?" the old prophet asked them. They showed him the road

13 and he told them to saddle his donkey for him. They did so, and he rode off
14 down the road after the prophet from Judah and found him sitting under an oak. "Are you the prophet from Judah?" he asked. "I am," the man answered.

13:14 하나님의 사람을 뒤따라가서. 벧엘의 선지자는 재빨리 유다에서 온 선지자를 찾아 나섰다. 벧엘 선지자는 왜 유다 선지자를 찾아 나섰을까? 따라나선 이유가 나와 있지 않다. 아마 북이스라엘에 대한 국가주의 때문인 것으로 보인다. 유다 선지자가 벧엘 제단의 거짓과 재앙을 선포하고 갔기 때문에 어떻게든 북이스라엘을 위해 무엇인가를 해야 할 것으로 생각한 것 같다.

15 그가 그 사람에게 이르되 나와 함께 집으로 가서 떡을 먹으라
16 대답하되 나는 그대와 함께 돌아가지도 못하겠고 그대와 함께 들어가지도 못하겠으며 내가 이 곳에서 그대와 함께 떡도 먹지 아니하고 물도 마시지 아니하리니
17 이는 여호와의 말씀이 내게 이르시기를 네가 거기서 떡도 먹지 말고 물도 마시지 말며 또 네가 오던 길로 되돌아가지도 말라 하셨음이로다
15 "Come home and have a meal with me," he said.
16 But the prophet from Judah answered, "I can't go home with you or accept your hospitality. And I won't eat or drink anything with you here,
17 because the Lord has commanded me not to eat or drink a thing, and not to return home the same way I came."

13:17 벧엘 선지자가 자신의 집으로 가서 함께 식사를 하자는 요청에 이렇게 대답하였다. 하나님께서 이렇게 명령하신 것은 명령의 엄함을 말하는 것이다. 오직 선포에 집중할 것을 말씀하시는 것이다. 유다 선지자는 말씀에 따라 그가 받은 말씀을 벧엘에 가서 전하였다. 여로보암 왕의 식사를 거절하였다. 그리고 벧엘 선지자의 식사 요청까지 거절하였다.

18 그가 그 사람에게 이르되 나도 그대와 같은 선지자라 천사가 여호와의 말씀으로 내게 이르기를 그를 네 집으로 데리고 돌아가서 그에게 떡을 먹이고 물을 마시게 하라 하였느니라 하니 이는 그 사람을 속임이라
18 Then the old prophet from Bethel said to him, "I, too, am a prophet just like you, and at the Lord's command an angel told me to take you home with me and offer you my hospitality." But the old prophet was lying.

13:18 나도 그대와 같은 선지자라 천사가 여호와의 말씀으로 내게 이르기를...그 사람을

속임이라. 벧엘 선지자는 결코 해서는 안 될 거짓말을 하였다. 없는 예언까지 거짓으로 꾸몄다. 거짓은 많은 경우 그렇게 필사적이다. 일반적인 거짓말도 해서는 안 되지만 이 선지자는 하나님의 이름으로 거짓말을 하였다. 예언을 거짓말로 하였다. 아주 끔찍한 죄다.
벧엘 선지자는 왜 이렇게 큰 죄를 범하고 있을까? 그가 시도하고 있는 것을 보면 그 답을 알 수 있다. 그는 유다 선지자가 본래 들었던 하나님의 말씀을 범하게 만들고 있다. 그 효과는 무엇일까? 이 선지자가 예언한 것의 무효화일 것이다. 유다 선지자가 그렇게 엄하게 말한 것의 일부를 스스로 깨트리면 이전에 말한 벧엘 제단의 무너짐에 대한 예언도 깨트려질 수 있는 것이 되기 때문이다.
벧엘 선지자의 이러한 시도는 지역주의 또는 국가주의 때문일 것이다. 그가 속한 북이스라엘이 잘 되기를 바라는 마음은 좋다. 그렇다면 이제라도 그도 벧엘 제단의 부당함을 말해야 한다. 그러나 그에게는 진리보다는 나라가 더 우선이었던 것으로 보인다. 그래서 나라를 바꾸는 것이 아니라 유다 선지자의 말을 바꾸려 시도하였다.
국가가 우선이거나 정치가 우선인 사람을 많이 본다. 독일은 나치 정권 때 많은 교회가 국가 우선주의적인 판단을 했었다. 그래서 교회가 유대인 학살에 눈감았다. 너무나 자명한 진리를 국가주의 때문에 놓쳤다. 정치가 우선인 사람도 그러한 우를 범하는 것을 많이 본다. 자신의 정치 성향 때문에 성경을 교묘하게 멋대로 해석하는 경우가 많다. 성경이 무엇을 말하는지를 보기보다는 내가 무엇을 말하고 싶은지를 본다. 우리는 정치적 성향이나 국가주의에 영향을 받기가 쉽다. 그러한 것이 우상이 되지 않도록 조심해야 한다. 우리는 오직 말씀이 우리의 기준이 되어야 한다.

19 이에 그 사람이 그와 함께 돌아가서 그의 집에서 떡을 먹으며 물을 마시니라
19 So the prophet from Judah went home with the old prophet and had a meal with him.

13:19 그의 집에서 떡을 먹으며 물을 마시니라. 유다 선지자는 결국 벧엘에서 식사를 하였다. 하나님께서 '벧엘'에서 식사를 하지 말라고 분명히 말씀하셨는데 왜 식사를 하게 되었을까? 겉으로는 벧엘 선지자의 속임수 때문이다. 그렇다면 왜 그렇게 쉽게 벧엘 선지자의 말에 속았을까? 그가 많이 목마르고 배가 고파서였을까? 벧엘은 예루살렘에서 18km 떨어졌다. 유다 지역 국경선에서는 5km밖에 안 떨어졌다. 예루살렘에 가서 먹으면 된다.
유다 선지자는 벧엘 선지자가 하나님의 이름을 거짓되게 사용할 리가 없다고 생각하

였을 수 있다. 그런데 그렇게 속아 넘어간 것은 그 안에 있는 영웅주의 때문이 아닌가라고 생각한다.

그는 하나님의 중요한 말씀의 메신저가 되었다. 여로보암 왕 앞에서 대단한 이적을 선보였다. 그의 초청도 당차게 거절하였다. 그리고 돌아오는 길이다. 모든 일을 다 잘 하였다. 그런데 벧엘 선지자를 만났다. 처음에는 그의 초청을 거절하였다. 그러나 벧엘 선지자가 속임수로 초청하였을 때 너무 쉽게 넘어갔다. 그것은 아마 그 안에 그것을 원하는 마음이 있었기 때문일 것이다. 원하는 마음이 있으면 쉽게 속는다. 그는 무엇보다 자신의 영웅담을 벧엘 선지자가 알아봐 주고 또한 이야기할 수 있어 좋았던 것 같다.

20 그들이 상 앞에 앉아 있을 때에 여호와의 말씀이 그 사람을 데려온 선지자에게 임하니
21 그가 유다에서부터 온 하나님의 사람을 향하여 외쳐 이르되 여호와의 말씀에 네가 여호와의 말씀을 어기며 네 하나님 여호와께서 네게 내리신 명령을 지키지 아니하고
22 돌아와서 여호와가 너더러 떡도 먹지 말고 물도 마시지 말라 하신 곳에서 떡을 먹고 물을 마셨으니 네 시체가 네 조상들의 묘실에 들어가지 못하리라 하셨느니라 하니라
20 As they were sitting at the table, the word of the Lord came to the old prophet,
21 and he cried out to the prophet from Judah, "The Lord says that you disobeyed him and did not do what he commanded.
22 Instead, you returned and ate a meal in a place he had ordered you not to eat in. Because of this you will be killed, and your body will not be buried in your family grave."

13:22 식사를 하던 벧엘 선지자는 이번에는 하나님께서 그에게 주시는 진짜 메시지를 전하였다. **마시지 말라 하신 곳에서 떡을 먹고 물을 마셨으니 네 시체가 네 조상들의 묘실에 들어가지 못하리라.** 유다 선지자는 그가 들은 하나님의 말씀을 어겼다. 그래서 죽음에 이르게 될 것이다. 그것도 객지에서 죽는 부끄러운 죽음에 이르게 될 것이다. 이 말씀을 들을 때 얼마나 부끄러웠을까?

23 그리고 자기가 데리고 온 선지자가 떡을 먹고 물을 마신 후에 그를 위하여 나귀에 안장을 지우니라
24 이에 그 사람이 가더니 사자가 길에서 그를 만나 물어 죽이매 그의 시체가 길에 버린 바 되니 나귀는 그 곁에 서 있고 사자도 그 시체 곁에 서 있더라

23 After they had finished eating, the old prophet saddled the donkey for the prophet from Judah,
24 who rode off. On the way, a lion met him and killed him. His body lay on the road, and the donkey and the lion stood beside it.

13:24 사자가 길에서 그를 만나 물어 죽이매 그의 시체가 길에 버린 바 되니 나귀는 그 곁에 서 있고 사자도 그 시체 곁에 서 있더라. 유다 선지자가 사자를 만나 뜯겨 죽었다. 그런데 이상한 일은 사자가 그 사람의 시신을 먹지 않았다. 게다가 그 사람이 타고 가던 나귀조차도 옆에 있는데 먹지 않았다. 그것은 우연히 죽임을 당한 것이 아니라는 것을 증거한다. 사자, 유다 선지자의 시체, 나귀가 나란히 있는 모습은 '하나님의 말씀을 어긴 죄'를 전시하는 그림 같다. 이 그림을 보고 또 보아야 한다.

25 지나가는 사람들이 길에 버린 시체와 그 시체 곁에 선 사자를 보고 그 늙은 선지자가 사는 성읍에 가서 말한지라
26 그 사람을 길에서 데리고 돌아간 선지자가 듣고 말하되 이는 여호와의 말씀을 어긴 하나님의 사람이로다 여호와께서 그에게 하신 말씀과 같이 여호와께서 그를 사자에게 넘기시매 사자가 그를 찢어 죽였도다 하고
25 Some men passed by and saw the body on the road, with the lion standing near by. They went on into Bethel and reported what they had seen.
26 When the old prophet heard about it, he said, "That is the prophet who disobeyed the Lord's command! And so the Lord sent the lion to attack and kill him, just as the Lord said he would."

13:26 이는 여호와의 말씀을 어긴 하나님의 사람이로다. 유다의 선지자가 죽임을 당한 것은 하나님의 말씀을 어긴 것 때문이라는 사실을 분명히 알고 있었다. 그 사건은 벧엘 선지자 자신에게도 매우 큰 충격이었을 것이다. 유다의 선지자만이 하나님의 말씀을 어긴 것이 아니라 자신도 어기고 있었기 때문이다.

27 이에 그의 아들들에게 말하여 이르되 나를 위하여 나귀에 안장을 지우라 그들이 안장을 지우매
28 그가 가서 본즉 그의 시체가 길에 버린 바 되었고 나귀와 사자는 그 시체 곁에 서 있는데 사자가 시체를 먹지도 아니하였고 나귀를 찢지도 아니하였더라
29 늙은 선지자가 하나님의 사람의 시체를 들어 나귀에 실어 가지고 돌아와 자기 성읍으로 들어가서 슬피 울며 장사하되
27 Then he said to his sons, "Saddle my donkey for me." They did so,
28 and he rode off and found the prophet's body lying on the road, with the donkey and the

lion still standing by it. The lion had not eaten the body or attacked the donkey.
29 The old prophet picked up the body, put it on the donkey, and brought it back to Bethel to mourn over it and bury it.

13:29 하나님의 사람의 시체를 들어 나귀에 실어 가지고 돌아와. 시신 옆에 사자가 있으니 벧엘 선지자가 시신을 가지러 가는 것이 매우 위험하고 무서울 수 있다. 그러나 선지자는 사자가 무섭다는 현실보다 더 크고 분명한 현실을 보고 있었다. 그것은 하나님의 말씀을 어길 때의 결과다. 유다의 선지자와 자기 자신이 말씀을 어겨 하나님 앞에 큰 죄인임을 알았다. 그래서 지금은 사자가 무섭지 않았다. 하나님 앞에 죄인이라는 사실이 더 크고 중요한 현실로 다가왔기 때문이다.

30 곧 그의 시체를 자기의 묘실에 두고 오호라 내 형제여 하며 그를 위하여 슬피우니라
30 He buried it in his own family grave, and he and his sons mourned over it, saying, "Oh my brother, my brother!"

13:30 오호라 내 형제여 하며 그를 위하여 슬피우니라. 벧엘 선지자는 이전에는 북이스라엘과 유다의 차이가 커 보였다. 그러나 지금은 말씀을 어긴 것이라는 것이 무엇보다 더 커 보였다. 그래서 그는 유다의 선지자를 나라가 다른 사람으로 여기거나 무관심하지 않았다. 그는 유다의 선지자를 '내 형제'라고 외치며 깊이 슬퍼하였다. 벧엘 선지자는 유다 선지자의 죽음에서 자기의 모습을 그대로 투영하여 보았을 것이다. 자기 자신 또한 유다의 선지자보다 더 하면 더 했지 작은 죄인이 아니라는 것을 알았기 때문이다.

31 그 사람을 장사한 후에 그가 그 아들들에게 말하여 이르되 내가 죽거든 하나님의 사람을 장사한 묘실에 나를 장사하되 내 뼈를 그의 뼈 곁에 두라
31 After the burial, the prophet said to his sons, "When I die, bury me in this grave and lay my body next to his.

13:31 내가 죽거든 하나님의 사람을 장사한 묘실에 나를 장사하되. 자기 자신을 유다 선지자와 동일시하는 것이다. 유다 선지자가 하나님의 말씀을 어겨 죽었는데 자신 또한 그런 죄인인 것을 말하는 것이다. 그것은 또한 유다 선지자가 선포한 북이스라엘 제단의 거짓됨에 대해서도 인정하는 것이다. 이전에는 그것을 희석시키려고 거짓 예언까

지 하였다. 그러나 이제는 애국주의보다 하나님 나라 안에서의 죄에 대해 더 깊이 인식하고 있다. 그것이 그가 생각하고 있는 현실 인식이다. 그는 유다 선지자의 죽음을 통해 깊이 깨달았다.

이 사건과 그의 깨달음은 북이스라엘에 믿음의 선지자의 명맥을 유지하는 중요한 사건이 될 것이다. 북이스라엘이 여러모로 타락하였지만 엘리야, 엘리사 같은 훌륭한 선지자가 나온다. 선지자들이 깨어 있어 북이스라엘의 죄를 경고하였다.

32 그가 여호와의 말씀으로 벧엘에 있는 제단을 향하고 또 사마리아 성읍들에 있는 모든 산당을 향하여 외쳐 말한 것이 반드시 이룰 것임이니라
33 여로보암이 이 일 후에도 그의 악한 길에서 떠나 돌이키지 아니하고 다시 일반 백성을 산당의 제사장으로 삼되 누구든지 자원하면 그 사람을 산당의 제사장으로 삼았으므로

32 The words that he spoke at the Lord's command against the altar in Bethel and against all the places of worship in the towns of Samaria will surely come true."
33 King Jeroboam of Israel still did not turn from his evil ways, but continued to choose priests from ordinary families to serve at the altars he had built. He ordained as priest anyone who wanted to be one.

13:33 여로보암이 이 일 후에도 그의 악한 길에서 떠나 돌이키지 아니하고. 이것은 이 일이 여로보암 왕이 바뀌기를 바라며 일어난 사건임을 암시한다. 그러나 여로보암 왕은 이런 엄청난 사건을 겪었으나 바뀌지 않았다. 그에게는 정치와 권력이 더 중요하였기 때문일 것이다. 이런 사건을 겪었을 때 여로보암 왕도 놀랐을 것이다. 생각을 많이 하였을 것이다. 그러나 그 앞에는 이내 많은 현실의 일들이 생겼을 것이고 이 일을 곧 잊어버린 것 같다. 하나님의 경고를 경고로 무섭게 들어야 하는데 지나가는 사건으로 치부한 것이다. **일반 백성을 산당의 제사장으로 삼되 누구든지 자원하면 그 사람을 산당의 제사장으로 삼았으므로.** 여로보암 왕은 여전히 성경을 어기면서 살았다.

34 이 일이 여로보암 집에 죄가 되어 그 집이 땅 위에서 끊어져 멸망하게 되니라

34 This sin on his part brought about the ruin and total destruction of his dynasty.

13:34 이 일이 여로보암 집에 죄가 되어...멸망하게 되니라. 여로보암은 국가를 통치하면서 수많은 문제들에 바빴을 것이다. 그에게는 믿음보다 훨씬 더 중요한 많은 일들이 있었다. 오늘날 많은 사람들이 그렇게 산다. 그들이 믿음을 생각하고 말하기에는

세상은 너무 바쁘다. 세상에는 해야 할 일이 산더미처럼 쌓여 있다. 그것이 현실이다. 믿음은 비현실적으로 보인다. 그러나 여로보암 왕이 망한 이유를 보라. '죄' 때문이다. 그가 외교수완이 없어 망한 것이 아니다. 하나님 앞에서의 죄 때문에 망한다. 믿음은 믿음이 없는 사람들이 볼 때는 매우 비현실적이다. 그러나 실상은 가장 큰 현실이다. 세상 사람들은 문제가 생겨야만 종교에 기웃거린다. 그러나 그러한 기웃거림으로는 믿음을 알 수 없다. 믿음은 존재 전체의 문제이기 때문이다. 그래서 문제가 생겼을 때 문제를 해결하기 위한 것만이 아니라 자신의 전 존재의 문제로 시간을 두고 깊이 생각해야 한다. 믿음이 어떤 것보다 더 시급하고 중요한 현실이다. 그것을 알아야 한다. 지금 당장 해결해야 하는 가장 급한 현실이다

14장

1 그 때에 여로보암의 아들 아비야가 병든지라
2 여로보암이 자기 아내에게 이르되 청하건대 일어나 변장하여 사람들이 그대가 여로보암의 아내임을 알지 못하게 하고 실로로 가라 거기 선지자 아히야가 있나니 그는 이전에 내가 이 백성의 왕이 될 것을 내게 말한 사람이니라
1 At that time King Jeroboam's son Abijah fell ill.
2 Jeroboam said to his wife, "Disguise yourself so that no one will recognize you, and go to Shiloh, where the prophet Ahijah lives, the one who said I would be king of Israel.

14:2 변장하여...실로로 가라 거기 선지자 아히야가 있나니. 여로보암은 자신이 왕이 될 것이라고 예언했던 선지자에게 아내를 보내 자신의 병든 아들이 어떻게 될지를 묻게 하였다. 여로보암은 아히야가 예언한 대로 왕이 되었지만 그가 말한대로 살고 있지 않았기 때문에 자신이 가지 않았다. 아내도 변장하여 가게 하였다. 아내를 선지자에게 보내는 여로보암을 보면 믿음이 있는 것처럼 보일 수도 있다. 그러나 결코 그렇지 않다. 그는 무당을 믿는 수준으로 믿음을 가지고 있었다. 자신의 인생을 맡기는 믿음이 아니라 자신의 필요만을 채우고자 하는 미신적인 믿음이었다.

3 그대의 손에 떡 열 개와 과자와 꿀 한 병을 가지고 그에게로 가라 그가 그대에게 이 아이가 어떻게 될지를 알게 하리라
4 여로보암의 아내가 그대로 하여 일어나 실로로 가서 아히야의 집에 이르니 아히야는 나이가 많아 눈이 어두워 보지 못하더라
3 Take him ten loaves of bread, some cakes, and a jar of honey. Ask him what is going to happen to our son, and he will tell you."
4 So she went to Ahijah's home in Shiloh. Old age had made Ahijah blind.

14:4 아히야는 나이가 많아 눈이 어두워 보지 못하더라. 아히야는 노쇠함으로 눈이 보이지 않는 상태였다. 그러나 사실 문제는 아히야가 아니라 여로보암이었다. 믿음은 보이지 않는 하나님을 믿는 것이다. 여로보암은 지극히 현실적인 일에 쫓겨 살았다. 새로운 나라의 새로운 시작은 많은 현실적인 일이 있었다. 그러나 그는 믿음이 가장 중요한 현실인 것을 놓치고 있었다. 믿음은 눈에 보이는 것이 아니었기 때문이다. 믿음이 없어 눈에 보이지 않는 것을 보지 못하였다. 지금 가장 중요한 문제를 보지 못하는 것은 아히야가 아니라 여로보암이었다.

5 여호와께서 아히야에게 이르시되 여로보암의 아내가 자기 아들이 병 들었으므로 네게 물으러 오나니 너는 이러이러하게 대답하라 그가 들어올 때에 다른 사람인 체함이니라
6 그가 문으로 들어올 때에 아히야가 그 발소리를 듣고 말하되 여로보암의 아내여 들어오라 네가 어찌하여 다른 사람인 체하느냐 내가 명령을 받아 흉한 일을 네게 전하리니
7 가서 여로보암에게 말하라 이스라엘의 하나님 여호와의 말씀이 내가 너를 백성 중에서 들어 내 백성 이스라엘의 주권자가 되게 하고
8 나라를 다윗의 집에서 찢어내어 네게 주었거늘 너는 내 종 다윗이 내 명령을 지켜 전심으로 나를 따르며 나 보기에 정직한 일만 행하였음과 같지 아니하고
9 네 이전 사람들보다도 더 악을 행하고 가서 너를 위하여 다른 신을 만들며 우상을 부어 만들어 나를 노엽게 하고 나를 네 등 뒤에 버렸도다
10 그러므로 내가 여로보암의 집에 재앙을 내려 여로보암에게 속한 사내는 이스라엘 가운데 매인 자나 놓인 자나 다 끊어 버리되 거름 더미를 쓸어 버림 같이 여로보암의 집을 말갛게 쓸어 버릴지라
11 여로보암에게 속한 자가 성읍에서 죽은즉 개가 먹고 들에서 죽은즉 공중의 새가 먹으리니 이는 여호와께서 말씀하셨음이니라 하셨나니
12 너는 일어나 네 집으로 가라 네 발이 성읍에 들어갈 때에 그 아이가 죽을지라
13 온 이스라엘이 그를 위하여 슬퍼하며 장사하려니와 여로보암에게 속한 자는 오직 이 아이만 묘실에 들어가리니 이는 여로보암의 집 가운데에서 그가 이스라엘의 하나님 여호와를 향하여 선한 뜻을 품었음이니라
5 The Lord had told him that Jeroboam's wife was coming to ask him about her son, who was ill. And the Lord told Ahijah what to say. When Jeroboam's wife arrived, she pretended to be someone else.
6 But when Ahijah heard her coming in the door, he said, "Come in. I know you are Jeroboam's wife. Why are you pretending to be someone else? I have bad news for you.
7 Go and tell Jeroboam that this is what the Lord, the God of Israel, says to him: 'I chose you from among the people and made you the ruler of my people Israel.
8 I took the kingdom away from David's descendants and gave it to you. But you have not been like my servant David, who was completely loyal to me, obeyed my commands, and did only what I approve of.
9 You have committed far greater sins than those who ruled before you. You have rejected me and have aroused my anger by making idols and metal images to worship.
10 Because of this I will bring disaster on your dynasty and will kill all your male descendants, young and old alike. I will get rid of your family; they will be swept away like dung.
11 Any members of your family who die in the city will be eaten by dogs, and any who die in the open country will be eaten by vultures. I, the Lord, have spoken.' "
12 And Ahijah went on to say to Jeroboam's wife, "Now go back home. As soon as you enter the town your son will die.
13 All the people of Israel will mourn for him and bury him. He will be the only member of

Jeroboam's family who will be properly buried, because he is the only one with whom the Lord, the God of Israel, is pleased.

14:12-13 그 아이가 죽을지라...오직 이 아이만 묘실에 들어가리니...그가 이스라엘의 하나님 여호와를 향하여 선한 뜻을 품었음이니라. 여로보암이 보고 있는 현실은 아들 아비야가 불쌍하게 중병에 걸린 것이다. 그러나 실제의 현실은 중병에 걸린 아비야가 여로보암 집의 아들 중에 가장 복된 사람이라는 사실이다. 다른 아들들은 비참하게 죽을 것이다. 사람은 참으로 나약하여 진짜 현실을 잘 분별하지 못한다. 사람이 오늘 보고 있는 것은 진짜 현실의 지극히 작은 부분에 불과하다.

14 여호와께서 이스라엘 위에 한 왕을 일으키신즉 그가 그 날에 여로보암의 집을 끊어 버리리라 언제냐 하니 곧 이제라
14 The Lord is going to place a king over Israel who will put an end to Jeroboam's dynasty.

14:14 그 날에 여로보암의 집을 끊어 버리리라. 여로보암은 자신 앞에 놓인 수많은 현실 속에서 최선을 다하였다. 그러한 수고는 또한 자신의 미래 세대가 편안하기를 바라는 마음으로 그렇게 하였을 것이다. 그러나 그의 아들은 2년 만에 죽임을 당한다. 그의 온 집안 사람이 죽임을 당한다.
믿음은 미래를 보는 것이다. 하나님께서 말씀하시는 미래에 대한 그림을 신뢰하고 하나님께서 말씀하시는 미래를 만들어 가야 한다. 그런데 믿음이 없는 사람들의 미래에는 하나님이 없다. 자신들이 원하는 미래를 만들려고 한다. 그것이 현실적이라고 생각한다. 그러나 사람이 만들어 가는 미래가 어떤 힘이 있을까?
얼마 살지도 못하고 죽을 사람이다. 죽으면 아무 것도 할 수 없는 사람이다. 그런 사람이 대체 무슨 미래를 만들어 갈 수 있겠는가? 미래를 진짜 현실적으로 생각하고 만들어 가고자 한다면 하나님께서 말씀하시는 미래를 보아야 한다. 하나님께서 말씀하시는 미래에 믿음으로 동참해야 한다. 나의 꿈이 아니라 하나님께서 말씀하시는 미래가 나의 꿈이 되어야 한다.

15 여호와께서 이스라엘을 쳐서 물에서 흔들리는 갈대 같이 되게 하시고 이스라엘을 그의 조상들에게 주신 이 좋은 땅에서 뽑아 그들을 강 너머로 흩으시리니 그들이 아세라 상을 만들어 여호와를 진노하게 하였음이니라
15 The Lord will punish Israel, and she will shake like a reed shaking in a stream. He will

uproot the people of Israel from this good land which he gave to their ancestors, and he will scatter them beyond the River Euphrates, because they have aroused his anger by making idols of the goddess Asherah.

14:15 이스라엘을 그의 조상들에게 주신 이 좋은 땅에서 뽑아 그들을 강 건너로 흩으시리니. 여로보암의 죄는 북이스라엘에 계속 영향을 미치게 된다. 그들은 계속 벧엘과 단에서 제사를 드릴 것이다. 그렇게 뿌리가 잘못된 믿음으로 인하여 북이스라엘은 계속 잘못된 길을 가다가 결국 200년 후인 주전 722년에 앗수르에 의해 멸망하게 될 것이다.

여로보암은 미래에 지속 가능한 나라를 만들기 위해 백성들이 예루살렘에 가지 않고 북이스라엘 지역에서 믿음 생활을 이어가도록 벧엘과 단에 제단을 만들었다. 그러나 그것은 하나님의 말씀을 어긴 것이다. 그것은 하나님께서 만들어 가시는 미래에 순종하는 것이 아니었다. 여로보암이 생각한 미래였고 그것은 결국 멸망의 길이었다.

16 여호와께서 여로보암의 죄로 말미암아 이스라엘을 버리시리니 이는 그도 범죄하고 이스라엘로 범죄하게 하였음이니라 하니라

16 The Lord will abandon Israel because Jeroboam sinned and led the people of Israel into sin."

14:16 여로보암의 죄로 말미암아 이스라엘을 버리시리니. 사람들은 세상에서 살아가기 위해서는 돈이 중요하다고 말한다. 그것이 현실이라고 말한다. 여로보암은 나라를 유지하기 위해 현실적인 많은 것을 해결하였다. 그러나 여로보암과 북이스라엘에 가장 큰 현실은 그러한 것이 아니었다. '죄'였다. 여로보암의 죄 때문에 여로보암의 인생은 망쳤다. 북이스라엘이 멸망하게 되었다. 여로보암에게 가장 중요한 것은 죄의 문제였고 북이스라엘도 죄의 문제였다. 죄가 아니었다면 여로보암도 북이스라엘도 잘 되었을 것이다. 오직 죄로 인하여 무너졌다.

여로보암이 왕이 되고 북이스엘을 세워갈 때 백성이 예루살렘에 가지 않도록 만드는 것이 더 현실적이고 중요한 문제였던 것 같았다. 그러나 북이스라엘이 무너진 것은 벧엘에 제단이 없어서가 아니라 그 제단 때문에 무너졌다. 가장 큰 현실은 늘 죄의 문제다. 오늘날 우리들이 살아갈 때도 마찬가지다. 사람들은 현실 때문에 죄를 쉽게 생각하고 범한다. 현실 때문에 어쩔 수 없다고 말한다. 어쩔 수 없이 거짓말을 하고, 미워하고, 예배를 참석하지 않는다. 그러나 가장 큰 현실은 죄의 문제라는 것을 기억해야 한다. 나의 인생과 집안과 나라를 위해 가장 중요한 현실은 우리의 믿음과 죄의 문제다.

17 여로보암의 아내가 일어나 디르사로 돌아가서 집 문지방에 이를 때에 그 아이가 죽은지라
18 온 이스라엘이 그를 장사하고 그를 위하여 슬퍼하니 여호와께서 그의 종 선지자 아히야를 통하여 하신 말씀과 같이 되었더라
19 여로보암의 그 남은 행적 곧 그가 어떻게 싸웠는지와 어떻게 다스렸는지는 이스라엘 왕 역대지략에 기록되니라
20 여로보암이 왕이 된 지 이십이 년이라 그가 그의 조상들과 함께 자매 그의 아들 나답이 대신하여 왕이 되니라

17 Jeroboam's wife went back to Tirzah. Just as she entered her home, the child died.
18 The people of Israel mourned for him and buried him, as the Lord had said through his servant, the prophet Ahijah.
19 Everything else that King Jeroboam did, the wars he fought and how he ruled, are all recorded in The History of the Kings of Israel.
20 Jeroboam ruled as king for **22** years. He died and was buried, and his son Nadab succeeded him as king.

14:20 여로보암이 왕이 된 지 이십이 년이라. 여로보암은 22년 동안 통치하고 죽음을 맞이하게 되었다. 그의 22년은 사람이 보기에는 화려하고 위대하게 보일 수 있다. 여로보암 자신은 왕이 되고 바쁘게 살다가 죽은 것일 수 있다. 그러나 그것이 사실의 전부가 아니다.

그는 죽음 이후 맞이할 영원한 시간에서 엄청난 고통을 당하게 될 것이다. 그는 이 땅을 살면서 자신이 죄를 범하였고 백성들이 죄를 범하게 만들었다. 자신은 현실에서 살아남기 위해 정치적인 방식을 사용하였다고 말할 수 있으나 그것은 하나님 없는 현실 찾기에 불과하다. 창조주 하나님을 인정하지 않은 현실은 결국 자기 자신을 망하게 하는 길일 뿐이다.

14:21-31은 유다의 르호보암 왕 이야기다. 솔로몬 이후 나뉜 유다와 북이스라엘에 대한 이야기에서 앞 부분은 북이스라엘의 여로보암에 대한 이야기였다. 그리고 이제 북이스라엘의 여로보암 치세 때 남쪽 유다 왕들의 변천사에 대해 말한다. 먼저 유다의 르호보암 왕에 대한 이야기다. 앞으로 이야기의 패턴이 이 방식으로 나온다.

21 솔로몬의 아들 르호보암은 유다 왕이 되었으니 르호보암이 왕위에 오를 때에 나이가 사십일 세라 여호와께서 자기 이름을 두시려고 이스라엘 모든 지파 가운데에서 택하신 성읍 예루살렘에서 십칠 년 동안 다스리니라 그의 어머니의

이름은 나아마요 암몬 사람이더라

22 유다가 여호와 보시기에 악을 행하되 그의 조상들이 행한 모든 일보다 뛰어나게 하여 그 범한 죄로 여호와를 노엽게 하였으니

21 Solomon's son Rehoboam was 41 years old when he became king of Judah, and he ruled for seventeen years in Jerusalem, the city which the Lord had chosen from all the territory of Israel as the place where he was to be worshipped. Rehoboam's mother was Naamah from Ammon.

22 The people of Judah sinned against the Lord and did more to arouse his anger against them than all their ancestors had done.

14:22 유다가 여호와 보시기에 악을 행하되. 솔로몬의 때 이스라엘은 매우 강하였다. 제국이라 말할 수 있을 정도로 크고 강한 나라였다. 그러나 솔로몬의 불신앙은 나라의 나뉨을 예고하였고 솔로몬의 아들 르호보암은 나뉜 나라 유다의 왕이 되었다. 르호보암은 솔로몬의 군사를 물려받았다. 솔로몬의 거의 모든 것을 물려받았다. 그러나 그 역시 믿음의 사람이 아니었다. 결국 유다가 악한 길을 가는 것을 막지 못하였다. 유다의 죄는 하나님의 노여움을 낳았다.

23 이는 그들도 산 위에와 모든 푸른 나무 아래에 산당과 우상과 아세라 상을 세웠음이라

23 They built places of worship for false gods, and put up stone pillars and symbols of Asherah to worship on the hills and under shady trees.

14:23 우상과 아세라 상. '우상(히. 맛체바)'은 '돌'로 번역하는 것이 좋다. 아마 바알을 상징하는 것으로 보인다. '아세라 상'은 나무로 만들었다. 여신을 상징한다. 가나안의 바알과 여신을 섬기는 것을 말한다.

유다 백성들은 솔로몬과 그들의 우상 숭배가 나라를 나뉘게 만들었다는 사실을 잘 인식하지 못하였다. 북이스라엘에 있는 레위인들과 제사장들은 믿음과 성전을 찾아 유다로 내려왔지만 여전히 많은 일반 사람들은 믿음에 대해 무심하였고 습관적인 우상숭배를 지속하였다.

24 그 땅에 또 남색하는 자가 있었고 여호와께서 이스라엘 자손 앞에서 쫓아내신 국민의 모든 가증한 일을 무리가 본받아 행하였더라

25 르호보암 왕 제오년에 애굽의 왕 시삭이 올라와서 예루살렘을 치고

24 Worst of all, there were men and women who served as prostitutes at those pagan places of worship. The people of Judah practiced all the shameful things done by the people

whom the Lord had driven out of the land as the Israelites advanced into the country.
25 In the fifth year of Rehoboam's reign King Shishak of Egypt attacked Jerusalem.

14:25 제오년에 애굽의 왕 시삭이 올라와서 예루살렘을 치고. '시삭'은 애굽의 22왕조를 연 바로일 것이다. 솔로몬이 아내로 맞이한 바로의 공주는 21왕조다. 새로 시작한 애굽의 바로는 가나안 지역에서의 정치적 패권과 상업적 이득을 얻고자 유다를 대대적으로 공격하였다.

26 여호와의 성전의 보물과 왕궁의 보물을 모두 빼앗고 또 솔로몬이 만든 금 방패를 다 빼앗은지라
26 He took away all the treasures in the Temple and in the palace, including the gold shields Solomon had made.

14:26 여호와의 성전의 보물과 왕궁의 보물을 모두 빼앗고. 예루살렘에 있는 대부분의 금을 바친 후에야 애굽의 공격에서 벗어날 수 있었다. 솔로몬 때는 애굽의 왕이 솔로몬에게 공주를 줄 정도였다. 그러나 유다는 나라가 약해져서 성전의 금까지 다 빼앗겨야 할 처지가 되었다.
종교적 쇠락은 정치적 쇠락과 상관 없어 보였다. 그러나 종교적 쇠락은 정치적 쇠락으로 이어졌다. 신앙인이 믿음이 쇠락하게 되면 외적인 부분도 쇠락하는 것이 일반적이다. 오히려 그래야 한다. 그래야 다시금 회개라도 할 수 있기 때문이다.

27 르호보암 왕이 그 대신 놋으로 방패를 만들어 왕궁 문을 지키는 시위대 대장의 손에 맡기매
28 왕이 여호와의 성전에 들어갈 때마다 시위하는 자가 그 방패를 들고 갔다가 시위소로 도로 가져갔더라
27 To replace them, King Rehoboam made bronze shields and entrusted them to the officers responsible for guarding the palace gates.
28 Every time the king went to the Temple, the guards carried the shields, and then returned them to the guard-room.

14:27 르호보암 왕이 그 대신 놋으로 방패를 만들어. 금방패로 멋있게 의식을 행하던 것이 이제 놋 방패로 의식을 진행하게 되었다. 르호보암 왕은 그렇게 놋 방패의 호위를 받으며 성전에 드나들면서 많은 것을 생각하게 되었을 것이다.
우리는 쇠락을 절망하지 말고 그 속에서 더 깊이 하나님을 바라보아야 한다. 낮아진

자리를 회피할 것이 아니라 그 자리에서 자신의 불신앙을 아파하는 마음으로 더 깊이 하나님을 바라보아야 한다.

29 르호보암의 남은 사적과 그가 행한 모든 일은 유다 왕 역대지략에 기록되지 아니하였느냐
30 르호보암과 여로보암 사이에 항상 전쟁이 있으니라
31 르호보암이 그의 조상들과 함께 자니 그의 조상들과 함께 다윗 성에 장사되니라 그의 어머니의 이름은 나아마요 암몬 사람이더라 그의 아들 아비얌이 대신하여 왕이 되니라
29 Everything else that King Rehoboam did is recorded in The History of the Kings of Judah.
30 During all this time Rehoboam and Jeroboam were constantly at war with each other.
31 Rehoboam died and was buried in the royal tombs in David's City, and his son Abijah succeeded him as king

14:31 그의 어머니의 이름은 나아마요 암몬 사람이더라. 르호보암의 어머니가 암몬 사람이라는 것을 21절과 31절에서 두 번이나 말한다. 이것은 솔로몬이 정치적 번영을 위해 이방 여인과 결혼한 것이 실제로는 전혀 효과를 발휘하지 못하고 오히려 나라가 기울어지는 역할을 하였다는 것을 암시하고 있는 것 같다.
솔로몬이 나라의 안정을 위하여 정략적으로 결혼한 애굽의 공주가 애굽의 공격을 막지 못하였고, 암몬의 공주는 오히려 우상 숭배만 가져왔다. 신앙의 쇠락을 가져와 결국은 정치적 쇠락으로 이어졌다.

15장

15:1-8은 유다의 두 번째 왕 아비얌에 대한 이야기다.

> **1** 느밧의 아들 여로보암 왕 열여덟째 해에 아비얌이 유다 왕이 되고
> **2** 예루살렘에서 삼 년 동안 다스리니라 그의 어머니의 이름은 마아가요 아비살롬의 딸이더라
> **1** In the eighteenth year of the reign of King Jeroboam of Israel, Abijah became king of Judah,
> **2** and he ruled for three years in Jerusalem. His mother was Maacah, the daughter of Absalom.

15:2 어머니의 이름은 마아가요 아비살롬의 딸이더라. '딸(히. 바트)'은 '여자 아이'를 말한다. 따라서 딸, 손녀, 조카 등 다양하게 해석 가능하다. 여기에서는 '손녀'라고 해석하는 것이 맞다. '아비살롬'은 '압살롬'을 의미할 것이다. '마아가'는 압살롬의 딸인 다말의 딸로 보인다. **삼 년 동안 다스리니라.** 그의 통치 기간은 매우 짧았다. 그러나 이 시기에 그는 큰 일을 하였다. "그 때에 이스라엘 자손이 항복하고 유다 자손이 이겼으니 이는 그들이 그들의 조상들의 하나님 여호와를 의지하였음이라 아비야가 여로보암을 쫓아가서 그의 성읍들을 빼앗았으니 곧 벧엘과 그 동네들과 여사나와 그 동네들과 에브론과 그 동네들이라"(대하 13:18-19) 북이스라엘의 여로보암과의 전쟁에서 승리하여 국경선을 북으로 확장할 수 있었다. 3년의 짧은 통치였지만 외적으로는 전쟁에서 승리하는 확실한 업적을 남겼다. 그러나 믿음에서는 그렇지 못하였다.

> **3** 아비얌이 그의 아버지가 이미 행한 모든 죄를 행하고 그의 마음이 그의 조상 다윗의 마음과 같지 아니하여 그의 하나님 여호와 앞에 온전하지 못하였으나
> **3** He committed the same sins as his father and was not completely loyal to the Lord his God, as his great-grandfather David had been.

15:3 그의 아버지가 이미 행한 모든 죄를 행하고. 이방 신을 없애지 않고 놓아둔 것을 의미하는 것으로 보인다. 그가 삼 년 만에 죽을지 알았다면 믿음에 있어서도 확실하게 하였을까? 삶이 많이 남았다고 생각했기 때문에 믿음에 힘을 쏟는 것을 게을리하였을까? 그가 믿음과 상관 없이 살지는 않았을 것이다. 그러나 믿음에 힘을 쏟지 않은 것은 분명해 보인다. **그의 마음이 조상 다윗의 마음과 같지 아니하여.** 아비얌의 믿음을

다윗의 믿음과 비교하고 있다. 어쩌면 아비얌은 스스로의 믿음을 여로보암과 비교하였을 수 있다. 아니면 아버지 르호보암과 비교하였을 수도 있다. 그러나 그는 다윗과 비교하여야 했다. 믿음이 성숙한 것은 매우 중요하다. 그러하기에 어설픈 사람과 비교할 것이 아니라 더욱더 성숙한 사람과 비교해야 한다.

4 그의 하나님 여호와께서 다윗을 위하여 예루살렘에서 그에게 등불을 주시되 그의 아들을 세워 뒤를 잇게 하사 예루살렘을 견고하게 하셨으니
4 But for David's sake, the Lord his God gave Abijah a son to rule after him in Jerusalem and to keep Jerusalem secure.

15:4 그에게 등불을 주시되 그의 아들을 세워 뒤를 잇게 하사. '등불'은 '아들'을 의미한다. 아비얌의 통치 기간이 짧았지만 그는 30 후반쯤 왕위에 오른 것으로 보이며 그의 아들 또한 그를 이어 왕위에 오르기에 충분한 나이가 되었다. **그의 하나님 여호와께서 다윗을 위하여.** 아비얌이 자녀가 많았고 특히 왕위를 이을 아들을 두고 죽게 된 것은 하나님께서 다윗을 생각했기 때문이라고 말씀한다. 다윗에게 하신 약속이다. 다윗은 그의 신앙이 증손자인 아비얌 때에도 영향을 미칠 것이라고는 생각하지 못했을 것이다. 그러나 하나님께서 그의 증손자도 다윗의 믿음 때문에 더 복되게 하셨다.

5 이는 다윗이 헷 사람 우리아의 일 외에는 평생에 여호와 보시기에 정직하게 행하고 자기에게 명령하신 모든 일을 어기지 아니하였음이라
5 The Lord did this because David had done what pleased him and had never disobeyed any of his commands, except in the case of Uriah the Hittite.

15:5 다윗이 헷 사람 우리아의 일 외에는 평생에 여호와 보시기에 정직하게 행하고. 다윗의 아킬레스건인 우리아의 일을 말씀한다. 그만큼 그것은 하나님의 마음을 아프게 한 사건이다. 그러나 그것 말고는 하나님 앞에서 정직하게 행하였음을 말씀한다. 다윗의 수많은 시편이 그의 믿음을 잘 드러내고 있다. 아비얌은 그에 대해 말하는 말씀에서도 그에 대한 말보다는 다윗에 대해 말해야 할 정도로 부족함이 있었다. 그의 신앙의 삶이 적었기 때문일 것이다. 우리는 우리의 삶에 대해 말하고자 할 때 무엇을 말할 수 있을까? 우리의 삶에 대해 말하고자 할 때 말할 것이 많아야 한다. 그러기 위해서는 믿음의 삶이 있어야 한다. 순간순간 믿음으로 살아가는 치열한 삶이 있어야 한다. 우리의 전기를 쓸 때 노트가 부족하게 될 정도가 되어야 한다.

6 르호보암과 여로보암 사이에 사는 날 동안 전쟁이 있었더니
7 아비얌과 여로보암 사이에도 전쟁이 있으니라 아비얌의 남은 사적과 그 행한 모든 일은 유다 왕 역대지략에 기록되지 아니하였느냐
8 아비얌이 그의 조상들과 함께 자니 다윗 성에 장사되고 그 아들 아사가 대신하여 왕이 되니라
6 The war which had begun between Rehoboam and Jeroboam continued throughout Abijah's lifetime.
7 And everything else that Abijah did is recorded in The History of the Kings of Judah.
8 Abijah died and was buried in David's City, and his son Asa succeeded him as king.

15:8 아비얌이 그의 조상들과 함께 자니. 아비얌이 무엇 때문에 일찍 죽임을 당하였는지는 모른다. 일찍 죽음으로 인해 그의 통치는 매우 짧았다. 우리의 죽음도 언제일지 모른다. 어떤 이유인지는 모르지만 누구는 오래 살고 누구는 단명한다. 그것을 누구도 알지 못한다. 중요한 것은 우리에게 생명이 있을 때 믿음의 일을 해야 한다는 것이다. 믿음의 삶이 있고 믿음의 진보가 있어야 한다. 시간이 많지 않다. 우리 모두는 우리에게 주어진 삶을 감사히 알고 열심히 믿음을 위한 삶을 살아야 한다. 그것이 영원한 삶을 준비하는 길이다.

15:9-24은 유다의 아사 왕에 대한 이야기다.

9 이스라엘의 여로보암 왕 제이십년에 아사가 유다 왕이 되어
10 예루살렘에서 사십일 년 동안 다스리니라 그의 어머니의 이름은 마아가라 아비살롬의 딸이더라
9 In the twentieth year of the reign of King Jeroboam of Israel, Asa became king of Judah,
10 and he ruled for 41 years in Jerusalem. His grandmother was Maacah, the daughter of Absalom.

15:10 그의 어머니의 이름은 마아가라 아비살롬의 딸이라. 이것은 그의 아버지 아비얌에 대한 소개와 같다. 그러나 히브리어는 '어머니(히. 엠)'가 '어머니'만 말하는 것이 아니라 '아이를 가진 여성'을 의미한다. 그래서 어머니나 할머니 등 여성 조상 어느 누구도 가능하다. 여기에서는 '할머니'로 해석하는 것이 제일 자연스럽다.

11 아사가 그의 조상 다윗 같이 여호와 보시기에 정직하게 행하여
11 Asa did what pleased the Lord, as his ancestor David had done.

15:11 여호와 보시기에 정직하게 행하여. 이렇게 평가받는 왕이 북이스라엘 19 왕 중에 한 명도 없고 유다의 19 왕 중에는 4명이 있다. 아사는 선한 왕으로 평가받은 첫 왕이다. 그가 그렇게 선한 왕으로 평가받는 가장 중요한 이유가 나온다.

12 남색하는 자를 그 땅에서 쫓아내고 그의 조상들이 지은 모든 우상을 없애고
12 He expelled from the country all the male and female prostitutes serving at the pagan places of worship, and he removed all the idols his predecessors had made.

15:12 조상들이 지은 모든 우상을 없애고. 아사 왕은 유다에 있던 우상들을 제거하였다. 사람이 본래 과거에 있던 것을 없애기가 쉽지 않다. 그러나 그는 그 이전에 있던 우상들을 과감히 제거하였다.

13 또 그의 어머니 마아가가 혐오스러운 아세라 상을 만들었으므로 태후의 위를 폐하고 그 우상을 찍어 기드론 시냇가에서 불살랐으나
13 He removed his grandmother Maacah from her position as queen mother, because she had made an obscene idol of the fertility goddess Asherah. Asa cut down the idol and burnt it in the valley of the Kidron.

15:13 어머니 마아가가 혐오스러운 아세라 상을 만들었으므로 태후의 위를 폐하고. 아사의 아버지 아비얌이 삼 년 만에 죽었기 때문에 할머니의 영향력이 매우 컸을 것이다. 그러나 할머니 마아가가 아세라 상을 만들고 섬기고 있었기 때문에 과감히 그의 위를 폐하였다. 이것은 인간적으로 매우 어려운 일이었을 것이다. 그러나 그는 눈물을 머금고 할머니의 위를 폐하였다. 어려운 일이었기에 그의 강한 의지를 보여준다. 다른 백성들도 그것을 보고 우상을 섬기는 일에 대해 강한 경고를 받게 되었을 것이다.

14 다만 산당은 없애지 아니하니라 그러나 아사의 마음이 일평생 여호와 앞에 온전하였으며
15 그가 그의 아버지가 성별한 것과 자기가 성별한 것을 여호와의 성전에 받들어 드렸으니 곧 은과 금과 그릇들이더라
14 Even though Asa did not destroy all the pagan places of worship, he remained faithful to the Lord all his life.
15 He placed in the Temple all the objects his father had dedicated to God, as well as the gold and silver objects that he himself dedicated.

15:15 여호와의 성전에 받들어 드렸으니 곧 은과 금과 그릇들이더라. 아사는 성전에 많은 관심을 기울이고 돌봤다. 그것은 그의 마음이 하나님께 있다는 것을 의미한다.

> **16** 아사와 이스라엘의 왕 바아사 사이에 일생 동안 전쟁이 있으니라
> **17** 이스라엘의 왕 바아사가 유다를 치러 올라와서 라마를 건축하여 사람을 유다 왕 아사와 왕래하지 못하게 하려 한지라
> **16** King Asa of Judah and King Baasha of Israel were constantly at war with each other as long as they were in power.
> **17** Baasha invaded Judah and started to fortify Ramah in order to cut off all traffic in and out of Judah.

15:17 이스라엘의 왕 바아사가 유다를 치러 올라와서 라마를 건축하여. 라마는 예루살렘에서 북쪽으로 7km 떨어진 곳에 위치한 도시다. 북이스라엘이 라마를 공격하여 점령하고 그곳을 자신들의 요새로 더 강화하는 공사를 하였다.

> **18** 아사가 여호와의 성전 곳간과 왕궁 곳간에 남은 은금을 모두 가져다가 그 신하의 손에 넘겨 다메섹에 거주하고 있는 아람의 왕 헤시온의 손자 다브림몬의 아들 벤하닷에게 보내며 이르되
> **19** 나와 당신 사이에 약조가 있고 내 아버지와 당신의 아버지 사이에도 있었느니라 내가 당신에게 은금 예물을 보냈으니 와서 이스라엘의 왕 바아사와 세운 약조를 깨뜨려서 그가 나를 떠나게 하라 하매
> **18** So King Asa took all the silver and gold that was left in the Temple and the palace, and sent it by some of his officials to Damascus, to King Benhadad of Syria, the son of Tabrimmon and grandson of Hezion, with this message:
> **19** "Let us be allies, as our fathers were. This silver and gold is a present for you. Now break your alliance with King Baasha of Israel, so that he will have to pull his troops out of my territory."

15:19 내가 당신에게 은금 예물을 보냈으니 와서 이스라엘의 왕 바아사와 세운 약조를 깨뜨려서 그가 나를 떠나게 하라. 위험을 느낀 아사는 아람에 손을 내밀었다. 아람 왕에게 예물을 보내 북이스라엘을 공격하여 달라고 요청하였다. 그러면 북이스라엘이 북쪽의 아람을 방어하기 위해 남쪽의 라마를 포기할 수밖에 없을 것이기 때문이다. **내 아버지와 당신의 아버지 사이에도 있었느니라.** 아사 왕의 아버지인 아비얌의 경우를 말할 수 있고 아니면 솔로몬 때의 이야기일 수도 있다. 그런데 솔로몬 때는 건축을 위한 것이었다. 그것이 북이스라엘을 공격하는 것은 아니다. 그러나 지금 그는 아람이

북이스라엘을 공격하도록 예물을 주는 것이기 때문에 이것은 문제가 된다. 이 사건 이전에 있었던 일을 보자. "여호와께서 구스 사람들을 아사와 유다 사람들 앞에서 치시니 구스 사람들이 도망하는지라"(대하 14:12) 아사 왕은 구스 사람이 공격하였을 때 믿음으로 승리하였었다. 그들의 군대가 백만이었다. 그러나 믿음으로 승리하였다. 그런데 이번에는 아람을 의지하여 같은 하나님의 백성인 북이스라엘을 친 것이기 때문에 좋지 못하다.

20 벤하닷이 아사 왕의 말을 듣고 그의 군대 지휘관들을 보내 이스라엘 성읍들을 치되 이욘과 단과 아벨벧마아가와 긴네렛 온 땅과 납달리 온 땅을 쳤더니
21 바아사가 듣고 라마를 건축하는 일을 중단하고 디르사에 거주하니라
22 이에 아사 왕이 온 유다에 명령을 내려 한 사람도 모면하지 못하게 하여 바아사가 라마를 건축하던 돌과 재목을 가져오게 하고 그것으로 베냐민의 게바와 미스바를 건축하였더라
23 아사의 남은 사적과 모든 권세와 그가 행한 모든 일과 성읍을 건축한 일이 유다 왕 역대지략에 기록되지 아니하였느냐 그러나 그는 늘그막에 발에 병이 들었더라
20 King Benhadad agreed to Asa's proposal and sent his commanding officers and their armies to attack the cities of Israel. They captured Ijon, Dan, Abel Beth Maacah, the area near Lake Galilee, and the whole territory of Naphtali.
21 When King Baasha heard what had happened, he stopped fortifying Ramah and went to Tirzah.
22 Then King Asa sent out an order throughout all Judah requiring everyone, without exception, to help carry away from Ramah the stones and timber that Baasha had been using to fortify it. With this material Asa fortified Mizpah and Geba, a city in the territory of Benjamin.
23 Everything else that King Asa did, his brave deeds and the towns he fortified, are all recorded in The History of the Kings of Judah. But in his old age he was crippled by a foot disease.

15:23 그는 늘그막에 발에 병이 들었더라. 발에 병이 들었을 때 하나님께 의지하지 않고 의사만 의지한 것 때문에 책망을 듣게 된다. 병이 들었을 때 의사를 찾는 것이 맞다. 그러나 그것 때문에 하나님을 찾는 것 또한 필요하다. 하나님께서 모든 것을 주관하시기 때문에 그것을 통해 하나님의 뜻이 무엇인지를 찾는 것은 매우 필요하다.
오늘날에도 마찬가지다. 사람들이 병이 들면 의사만 의지하는 경우가 많다. 그러나 우리는 병에 걸렸을 때 반드시 하나님을 찾아야 한다. 병원에서 치료하면서도 병원에서의 치료보다 하나님 앞에서 기도하는 것이 더 중요하다는 의식을 가지고 있어야 한다.

24 아사가 그의 조상들과 함께 자매 그의 조상들과 함께 그의 조상 다윗의 성읍에 장사되고 그의 아들 여호사밧이 대신하여 왕이 되니라
24 Asa died and was buried in the royal tombs in David's City, and his son Jehoshaphat succeeded him as king.

15:25-32은 북이스라엘의 나답 왕에 대한 이야기다. 유다의 아사 왕이 통치하는 기간에 북이스라엘의 왕이 바뀌었기 때문에 유다의 아사 왕에 대한 이야기 후 자연스럽게 북이스라엘의 왕에 대한 이야기로 넘어간다. 앞으로 계속 이렇게 북이스라엘 왕과 유다 왕의 이야기가 시소처럼 전개된다. 가장 먼저 북이스라엘의 여로보암에 대한 이야기 후에 그와 동시대의 유다 왕들에 대해 이야기하였다. 그리고 유다의 아사 왕의 이야기가 마친 후 그와 동시대의 북이스라엘 왕들에 대한 이야기를 한다.

25 유다의 아사 왕 둘째 해에 여로보암의 아들 나답이 이스라엘 왕이 되어 이 년 동안 이스라엘을 다스리니라
25 In the second year of the reign of King Asa of Judah, King Jeroboam's son Nadab became king of Israel, and he ruled for two years.

15:25 유다의 아사 왕 둘째 해에 여로보암의 아들 나답. 북이스라엘의 2대 왕 나답에 대한 이야기다. 아사 왕의 재위 기간이 길고 상대적으로 북이스라엘의 왕들은 짧기 때문에 이제부터 이어지는 북이스라엘의 왕들 이야기는 조금 길게 이어진다.

26 그가 여호와 보시기에 악을 행하되 그의 아버지의 길로 행하며 그가 이스라엘에게 범하게 한 그 죄 중에 행한지라
26 Like his father before him, he sinned against the Lord and led Israel into sin.

15:26 그가 여호와 보시기에 악을 행하되. 나답은 악을 행하였다. 특별히 어떤 악일까? 그것에 대해서는 나와 있지 않다. 아마 여로보암의 종교 정책의 지속과 우상 숭배를 말할 것이다. 그런데 그의 악함에 대해 한 가지를 구체적으로 살펴볼 수 있는 사건이 나온다. **악을 행하되 그의 아버지의 길로 행하며.** 성경은 선한 왕은 '다윗의 길'로 행한 것이라 말하고, 악한 왕은 '여로보암의 길'로 행하였다 말한다. 여로보암은 사실 세상적으로 보면 그리 큰 잘못을 한 사람은 아니다. 그의 가장 큰 문제는 무엇일까? 하나님에 대해 무관심하였다는 것이다. 세상에 대한 관심 때문에 하나님께 관심을

둘 시간이 없었다.

하나님께 무관심하여 살아가는 세상살이는 세상에서 전혀 문제가 되지 않는다. 그러나 실제로는 가장 큰 문제다. 창조주를 무시하는 것이다. 통치자요 심판자를 무시하는 삶이기 때문이다. 하나님에 대한 무관심과 세상에의 관심은 곧 악의 척도가 된다.

27 이에 잇사갈 족속 아히야의 아들 바아사가 그를 모반하여 블레셋 사람에게 속한 깁브돈에서 그를 죽였으니 이는 나답과 온 이스라엘이 깁브돈을 에워싸고 있었음이더라

27 Baasha son of Ahijah, of the tribe of Issachar, plotted against Nadab and killed him as Nadab and his army were besieging the city of Gibbethon in Philistia.

15:27 바아사가 그를 모반하여 블레셋 사람에게 속한 깁브돈에서 그를 죽였으니. '깁브돈'은 블레셋과 유다와 북이스라엘의 국경선에 위치하여 있다. 이곳은 국제적인 군사적 요충지다. 그가 깁브돈을 공격하였다는 것은 그의 군사력이 컸다는 것을 의미한다.

나답은 철저히 아버지를 닮아 있었다. 아버지 여로보암이 국가의 부강을 위해 모든 정책을 세웠던 것처럼 나답도 국가의 부강함을 위해 모든 힘을 쏟고 있다는 것을 볼 수 있다. 왕위에 오른 지 얼마 되지 않아 친히 병사들과 함께 전쟁터에 가서 깁브돈을 차지하기 위해 싸웠다는 것은 그가 이것에 많은 신경을 썼다는 것을 알 수 있다. 왕으로서 그가 국가의 부강함을 위해 힘을 쓰는 것은 당연하다. 그러나 반대로 그는 신앙을 위해 힘을 쏟지는 않았다. 그것이 문제였다.

나답과 동시대의 유다의 왕은 아사 왕이다. 그는 국가를 부강하게 하기 위해 과감한 종교개혁을 통해 선한 왕으로 이름을 남겼다. 그런데 나답은 그 시간에 국가를 부강하게 하기 위해 전쟁을 할 준비를 하고 있었고 전쟁을 하였다. 나답은 겉보기에는 강하였다. 잘 살고 있었다. 다른 사람들이 보기에는 불행하게 전쟁터에서 부하의 배신으로 죽임을 당하기는 하였지만 나름대로 국가를 위해 힘을 다하다 죽은 왕으로 보일 수 있다. 그러나 실제로는 그는 악한 왕이었다. 창조주 하나님의 뜻을 따르지 않았다. 그는 자신과 북이스라엘 백성들을 멸망의 길로 인도한 왕이다. 그가 무관심하였던 신앙은 사실 그의 생명이었고 북이스라엘의 생명이었다.

28 유다의 아사 왕 셋째 해에 바아사가 나답을 죽이고 대신하여 왕이 되고
29 왕이 될 때에 여로보암의 온 집을 쳐서 생명 있는 자를 한 사람도 남기지 아

니하고 다 멸하였는데 여호와께서 그의 종 실로 사람 아히야를 통하여 하신 말씀과 같이 되었으니

28 This happened during the third year of the reign of King Asa of Judah. And so Baasha succeeded Nadab as king of Israel.
29 At once he began killing all the members of Jeroboam's family. In accordance with what the Lord had said through his servant, the prophet Ahijah from Shiloh, all Jeroboam's family were killed; not one survived.

15:29 왕이 될 때에 여로보암의 온 집을 쳐서 생명 있는 자를 한 사람도 남기지 아니하고. 선지자를 통해 하신 말씀대로 결국 여로보암의 집안은 모두 몰살당하였다. **아히야를 통하여 하신 말씀과 같이 되었으니.** 선지자의 예언은 운명적 예언이 아니다. 그것은 때로는 일종의 경고다. 그래서 예언하는 것이다. 무조건 일어나는 것이라면 예언하지 않아도 될 것이다. 예언하는 것은 그 경고를 통해 혹시나 돌이킬 수 있기 때문이다. 그러나 여로보암의 경우는 선지자를 통한 하나님의 말씀에도 불구하고 바꾸지 않았다. 그래서 결국 그 말씀이 그대로 이루어졌다.

30 이는 여로보암이 범죄하고 또 이스라엘에게 범하게 한 죄로 말미암음이며 또 그가 이스라엘의 하나님 여호와를 노엽게 한 일 때문이었더라

30 This happened because Jeroboam aroused the anger of the Lord, the God of Israel, by the sins that he committed and that he caused Israel to commit.

15:30 그가 이스라엘의 하나님 여호와를 노엽게 한 일 때문이었더라. 여로보암은 하나님께서 노여워하시는 일을 끝내 바꾸지 않았다. 그는 끝내 나라를 세우는 일에만 바빴다. 전쟁하느라 바빴다.
여로보암은 왜 아히야 선지자의 말을 듣지 않았을까? 아마 시간이라는 마법 때문일 것이다. 당장 그는 그런 징조를 보지 못했다. 그는 그 예언을 들었지만 죽을 때까지 잘 살다가 죽었다. 단지 자신의 아들 한 명이 일찍 죽었을 뿐이다. 그것은 그에게 큰 문제가 아니다. 그의 아들 나답도 마찬가지일 것이다. 그는 여로보암에게 전해진 예언을 아마 알았을 것이다. 그러나 그는 그런 징조를 보지 못하였다. 그는 그 예언을 무시하였다. 무시한 대가는 그대로 그에게 이루어졌다. 처절하게 이루어졌다.
오늘날에도 사람들은 예언을 무시한다. 말씀을 듣지 않아도 잘 살고 있기 때문이다. 말씀을 몰라도 공부하는데 지장이 없고 회사 가는데 지장이 없다. 그래서 말씀을 몰라도 자신의 삶에 지장이 없는 것으로 생각한다. 공부를 못하는 것을 부끄럽게 생각하고, 회사에서 돈을 조금 버는 것을 부끄럽게 생각하여도 말씀을 모르는 것에 대해

서는 부끄럽게 생각하지 않는다. 그러나 결국 말씀대로 이루어진다. 말씀은 복주머니와 같아서 말씀을 알고 순종하는 것만큼만 복되고 말씀과 상관 없는 것은 모든 것이 쓸모 없는 것이 된다.
믿음 없는 사람은 조금 이후의 시간에 대해서는 관심이 없다. 특히 영원한 시간에서 이루어지는 하나님의 나라에 대해서는 더욱더 관심이 없다. 그래서 여로보암과 나답이 자신의 집안의 몰락에 대해 생각도 안 하고 있었던 것이다. 그러나 그들의 인생에 가장 중요한 것은 예언이었다. 나답의 생애가 그렇고 그의 영원한 삶에서는 더욱더 그러하다.

31 나답의 남은 사적과 행한 모든 일은 이스라엘 왕 역대지략에 기록되지 아니하였느냐
32 아사와 이스라엘의 바아사 왕 사이에 일생 동안 전쟁이 있으니라
31 Everything else that Nadab did is recorded in The History of the Kings of Israel.
32 King Asa of Judah and King Baasha of Israel were constantly at war with each other as long as they were in power.

15:33-16:7은 북이스라엘의 바아사 왕에 대한 이야기다.

33 유다의 아사 왕 셋째 해에 아히야의 아들 바아사가 디르사에서 모든 이스라엘의 왕이 되어 이십사 년 동안 다스리니라
33 In the third year of the reign of King Asa of Judah, Baasha son of Ahijah became king of all Israel, and he ruled in Tirzah for **24** years.

15:33 바아사. 북이스라엘의 3번째 왕이다. 이십사 년 동안 통치하였으니 짧은 기간이 아니다. 그러나 성경은 그의 삶에 대해 아주 짧게 말한다.

34 바아사가 여호와 보시기에 악을 행하되 여로보암의 길로 행하며 그가 이스라엘에게 범하게 한 그 죄 중에 행하였더라
34 Like King Jeroboam before him, he sinned against the Lord and led Israel into sin.

15:34 여호와 보시기에 악을 행하되. 바아사는 여호와 보시기에 악한 왕으로 기록되

었다. 바아사는 열심히 전쟁하였다. 그러나 그것이 하나님께서 그에게 북이스라엘을 맡기신 이유가 아니었다. 그는 하나님께서 그에게 맡기신 일을 전혀 하지 않았고 결국 '악한 왕'으로 기록되었다. **여로보암의 길로 행하며.** 바아사는 여로보암의 죄를 심판하는 거룩한 도구가 되어 여로보암의 집안을 무너뜨리는 역할을 하였었다. 그가 여로보암의 죄 때문에 그의 아들 나답을 심판하고 왕이 되었으면 여로보암의 길을 가면 안 되었다. 그러나 그는 여로보암의 길을 갔다.

16장

1 여호와의 말씀이 하나니의 아들 예후에게 임하여 바아사를 꾸짖어 이르시되
1 The Lord spoke to the prophet Jehu son of Hanani and gave him this message for Baasha:

16:1 여호와의 말씀이...바아사를 꾸짖어. 하나님께서 선지자 예후를 통해 바아사에게 경고하셨다. 이전에 여로보암에게 경고하신 것과 같다. 경고는 또 한 번의 기회를 주시는 것이다. 경고를 들었을 때 그때라도 변하면 바아사는 멸망하지 않을 것이다.
바아사는 그에게 주어진 또 한 번의 기회를 놓쳤다. 그는 하나님의 말씀을 듣지 않고 계속 불신앙의 길을 갔다. 그는 오직 아사 왕과 전쟁하느라 바빴다. 사실 그는 아사 왕과 전투를 할 것이 아니라 아사 왕의 신앙을 배웠어야 했다. 그러나 전쟁하느라 바빠 신앙에 대해 생각도 하지 못하였다. 그는 인생을 낭비하고 있었다.

2 내가 너를 티끌에서 들어 내 백성 이스라엘 위에 주권자가 되게 하였거늘 네가 여로보암의 길로 행하며 내 백성 이스라엘에게 범죄하게 하여 그들의 죄로 나를 노엽게 하였은즉
3 내가 너 바아사와 네 집을 쓸어버려 네 집이 느밧의 아들 여로보암의 집 같이 되게 하리니
2 "You were a nobody, but I made you the leader of my people Israel. And now you have sinned like Jeroboam and have led my people into sin. Their sins have aroused my anger,
3 and so I will do away with you and your family, just as I did with Jeroboam.

16:3 네 집이 느밧의 아들 여로보암의 집 같이 되게 하리니. 바아사는 여로보암과 같은 죄를 범하여 여로보암과 같은 방식으로 멸망하게 될 것이다.
바아사는 24년 동안 통치하면서 결국 이룬 것이 거의 없이 시간을 낭비하였다. 하나님께서 여로보암의 집 대신 그를 왕으로 세우신 것은 그를 통해 북이스라엘이 바뀌기를 원하셨기 때문이다. 그러나 그는 북이스라엘을 전혀 바꾸지 못했다. 바꾸지 않았다.
그는 나답을 죽이고 왕이 되었다. 그가 북이스라엘을 바꾸었다면 그는 개혁자가 되었을 것이다. 개혁자가 되기 위해 모반을 한 것이 되었을 것이다. 그러나 그는 북이스라엘을 바꾸지 않았기에 결국 배신자요, 살인자로 끝난다. 단지 자신의 개인적 욕망으로 여로보암 집안을 멸족시킨 살인자일 뿐이다.

4 바아사에게 속한 자가 성읍에서 죽은즉 개가 먹고 그에게 속한 자가 들에서 죽은즉 공중의 새가 먹으리라 하셨더라
5 바아사의 남은 사적과 행한 모든 일과 권세는 이스라엘 왕 역대지략에 기록되지 아니하였느냐
6 바아사가 그의 조상들과 함께 자매 디르사에 장사되고 그의 아들 엘라가 대신하여 왕이 되니라
7 여호와의 말씀이 하나니의 아들 선지자 예후에게도 임하사 바아사와 그의 집을 꾸짖으심은 그가 여로보암의 집과 같이 여호와 보시기에 모든 악을 행하며 그의 손의 행위로 여호와를 노엽게 하였음이며 또 그의 집을 쳤음이더라
4 Any members of your family who die in the city will be eaten by dogs, and any who die in the open country will be eaten by vultures."
5 Everything else that Baasha did and all his brave deeds are recorded in The History of the Kings of Israel.
6 Baasha died and was buried in Tirzah, and his son Elah succeeded him as king.
7 That message from the Lord against Baasha and his family was given by the prophet Jehu because of the sins that Baasha committed against the Lord. He aroused the Lord's anger not only because of the evil he did, just as King Jeroboam had done before him, but also because he killed all Jeroboam's family.

16:8-14은 북이스라엘의 엘라 왕에 대한 이야기다.

8 유다의 아사 왕 제이십육년에 바아사의 아들 엘라가 디르사에서 이스라엘의 왕이 되어 이 년 동안 그 왕위에 있으니라
9 엘라가 디르사에 있어 왕궁 맡은 자 아르사의 집에서 마시고 취할 때에 그 신하 곧 병거 절반을 통솔한 지휘관 시므리가 왕을 모반하여
10 시므리가 들어가서 그를 쳐죽이고 그를 대신하여 왕이 되니 곧 유다의 아사 왕 제이십칠년이라
11 시므리가 왕이 되어 왕위에 오를 때에 바아사의 온 집안 사람들을 죽이되 남자는 그의 친족이든지 그의 친구든지 한 사람도 남기지 아니하고
8 In the 26th year of the reign of King Asa of Judah, Elah son of Baasha became king of Israel, and he ruled in Tirzah for two years.
9 Zimri, one of his officers who was in charge of half the king's chariots, plotted against him. One day in Tirzah, Elah was getting drunk in the home of Arza, who was in charge of the palace.
10 Zimri entered the house, assassinated Elah, and succeeded him as king. This happened in the 27th year of the reign of King Asa of Judah.
11 As soon as Zimri became king he killed off all the members of Baasha's family. Every male relative and friend was put to death.

16:11 그의 친족이든지 그의 친구든지 한 사람도 남기지 아니하고. 바아사가 왕이 되며 여로보암의 집안 사람들을 다 죽였었다. 그런데 시므리는 바아사의 집안과 더불어 친족과 친구까지 다 죽였다.

북이스라엘의 3대 왕 바아사와 그의 아들 엘라는 1대 왕 여로보암과 그의 아들 나답과 많은 부분 매우 비슷하다. 여로보암이 왕이 되어 22년을 통치하였고 그의 아들 나답이 2년을 통치하였다. 바아사는 24년을 통치하였고 그의 아들 엘라는 2년을 통치하였다. 기간이 비슷하다. 죽는 것 또한 매우 비슷하다.

여로보암과 나답이 북이스라엘을 믿음으로 세울 기회를 놓쳤다. 바아사와 엘라가 동일한 기회를 받았다. 그러나 그들도 기회를 놓쳤다. 기회를 낭비하였다. 그래서 그들은 여로보암과 나답이 죽은 것과 똑같이 죽임을 당하게 된다. 아니 그보다 더 강화된 죽음을 당하게 된다. 바아사와 엘라는 여로보암과 나답과 비슷하지만 더 나쁘다. 왜냐하면 그들은 여로보암과 나답이라는 역사를 가지고 있기 때문이다. 여로보암과 나답의 경우를 보고 배웠어야 한다. 그러나 배우지 못하고 그대로 불신앙의 길을 갔기에 그들의 죽음은 더 비참하였다.

> **12** 바아사의 온 집을 멸하였는데 선지자 예후를 통하여 바아사를 꾸짖어 하신 여호와의 말씀 같이 되었으니
> **13** 이는 바아사의 모든 죄와 그의 아들 엘라의 죄 때문이라 그들이 범죄하고 또 이스라엘에게 범죄하게 하여 그들의 헛된 것들로 이스라엘의 하나님 여호와를 노하시게 하였더라
> **12** And so, in accordance with what the Lord had said against Baasha through the prophet Jehu, Zimri killed all the family of Baasha.
> **13** Because of their idolatry and because they led Israel into sin, Baasha and his son Elah had aroused the anger of the Lord, the God of Israel.

16:13 이는 바아사의 모든 죄와 그의 아들 엘라의 죄 때문이라. 바아사는 24년을 통치하면서 많은 것을 했을 것이다. 그가 중요하게 생각하는 것이다. 엘라도 왕이 되고 2년 동안 왕이 되면 하고 싶었던 일을 하였을 것이다. 그러나 그들이 그렇게 하고 싶었던 화려했던 일들을 성경은 기록도 하지 않았다. 단지 '죄'라고만 말한다. 그들은 단지 놀라운 기회를 놓치고 그 기회의 시간에 악을 행한 참으로 어리석은 사람일 뿐이다. 오늘날 사람들이 아주 바쁘게 살아가는 모습들이 많이 그러할 것이다. 단지 죄뿐이다. 그 안에 믿음이 없으면 죄일 뿐이다.

14 엘라의 남은 사적과 행한 모든 일은 이스라엘 왕 역대지략에 기록되지 아니하였느냐
14 Everything else that Elah did is recorded in The History of the Kings of Israel.

16:15-20은 북이스라엘의 시므리 왕에 대한 이야기다.

15 유다의 아사 왕 제이십칠년에 시므리가 디르사에서 칠 일 동안 왕이 되니라 그 때에 백성들이 블레셋 사람에게 속한 깁브돈을 향하여 진을 치고 있더니
15 In the **27**th year of the reign of King Asa of Judah, Zimri ruled in Tirzah over Israel for seven days. The Israelite troops were besieging the city of Gibbethon in Philistia,

16:15 칠 일 동안 왕이 되니라. 그는 가장 짧은 기간 통치한 왕이다. 가장 실패한 왕이라 할 수 있다. 그러나 그가 실패한 왕이 된 것은 7일이라는 짧은 통치기간 때문이 아니다. **그 때에 백성들이 블레셋 사람에게 속한 깁브돈을 향하여 진을 치고 있더니.** 시므리가 엘라를 죽이고 왕이 될 때 북이스라엘의 주력부대는 블레셋에서 전쟁을 하고 있었다. 시므리는 국가가 전쟁을 하고 있을 때 모반을 하였다. 북이스라엘의 한 시민으로서 나쁜 행동이라고 할 수 있다.

16 진중 백성들이 시므리가 모반하여 왕을 죽였다는 말을 들은지라 그 날에 이스라엘의 무리가 진에서 군대 지휘관 오므리를 이스라엘의 왕으로 삼으매
16 and when they heard that Zimri had plotted against the king and assassinated him, then and there they all proclaimed their commander Omri king of Israel.

16:16 진중 백성들이...오므리를 이스라엘의 왕으로 삼으매. 전쟁터에 있던 병사들이 시므리의 모반을 좋게 보지 않고 오므리 장군을 왕으로 삼아 시므리를 공격하였다.

17 오므리가 이에 이스라엘의 무리를 거느리고 깁브돈에서부터 올라와서 디르사를 에워 쌌더라
18 시므리가 성읍이 함락됨을 보고 왕궁 요새에 들어가서 왕궁에 불을 지르고 그 가운데에서 죽었으니
17 Omri and his troops left Gibbethon and went and besieged Tirzah.
18 When Zimri saw that the city had fallen, he went into the palace's inner fortress, set the

palace on fire, and died in the flames.

16:18 시므리가 성읍이 함락됨을 보고...왕궁에 불을 지르고 그 가운데에서 죽었으니. 시므리는 왕궁에 불을 지르고 죽었다. 그는 마지막 모습까지 리더다운 모습이 아니었다. 궁중에 불을 지르는 것은 백성들에게 또 하나의 고통을 안기는 것이기 때문이다. 그는 진정 북이스라엘이나 백성을 위하는 리더가 아니었다.

19 이는 그가 여호와 보시기에 악을 행하여 범죄하였기 때문이니라 그가 여로보암의 길로 행하며 그가 이스라엘에게 죄를 범하게 한 그 죄 중에 행하였더라
19 This happened because of his sins against the Lord. Like his predecessor Jeroboam he displeased the Lord by his own sins and by leading Israel into sin.

16:19 그가 여호와 보시기에 악을 행하여. 시므리의 통치는 칠일천하로 끝났다. 그런데 그의 통치가 칠 일인 것이 안타까운 것이 아니라 그 칠 일동안조차 '악하였다'는 사실이 안타까운 일이다. 그는 칠 일동안조차도 실패하여 영원한 삶을 더욱 망가지게 한 철저히 실패한 왕이다.

20 시므리의 남은 행위와 그가 반역한 일은 이스라엘 왕 역대지략에 기록되지 아니하였느냐
20 Everything else that Zimri did, including the account of his conspiracy, is recorded in The History of the Kings of Israel.

16:21-28은 북이스라엘의 오므리 왕에 대한 이야기다.

21 그 때에 이스라엘 백성이 둘로 나뉘어 그 절반은 기낫의 아들 디브니를 따라 그를 왕으로 삼으려 하고 그 절반은 오므리를 따랐더니
22 오므리를 따른 백성이 기낫의 아들 디브니를 따른 백성을 이긴지라 디브니가 죽으매 오므리가 왕이 되니라
23 유다의 아사 왕 제삼십일년에 오므리가 이스라엘의 왕이 되어 십이 년 동안 왕위에 있으며 디르사에서 육 년 동안 다스리니라
21 The people of Israel were divided: some of them wanted to make Tibni son of Ginath king, and the others were in favour of Omri.

22 In the end, those in favour of Omri won; Tibni died and Omri became king.
23 So in the 31st year of the reign of King Asa of Judah, Omri became king of Israel, and he ruled for twelve years. The first six years he ruled in Tirzah,

16:23 오므리가 이스라엘의 왕이 되어 십이 년 동안 왕위에 있으며. 그는 12년 동안 북이스라엘을 통치하였다. 재위 기간이 그리 길지 않으나 그는 이 기간에 어느 왕보다 더 많은 일을 하였다. 그는 외적으로는 가장 성공한 왕이라 할 수 있다.

24 그가 은 두 달란트로 세멜에게서 사마리아 산을 사고 그 산 위에 성읍을 건축하고 그 건축한 성읍 이름을 그 산 주인이었던 세멜의 이름을 따라 사마리아라 일컬었더라
24 and then he bought the hill of Samaria for 6,000 pieces of silver from a man named Shemer. Omri fortified the hill, built a town there, and named it Samaria, after Shemer, the former owner of the hill.

16:24 세멜의 이름을 따라 사마리아라 일컬었더라. 오므리는 수도를 새로 건설하고 나라를 든든히 하였다. 사마리아 성을 세멜을 기념하여 그의 이름을 따서 '사마리아'라 한 것을 보면 아마 세멜의 계약조건이었을 것 같다. 그만큼 사마리아는 국가의 수도로 삼기에 천연 요새였다. 이후 사마리아는 북이스라엘의 수도로 계속 사용된다.

25 오므리가 여호와 보시기에 악을 행하되 그 전의 모든 사람보다 더욱 악하게 행하여
25 Omri sinned against the Lord more than any of his predecessors.

16:25 그 전의 모든 사람보다 더욱 악하게 행하여. 오므리는 매우 성공한 왕이었으나 하나님께서 보시기에는 매우 악한 왕이었다. 이전의 왕들보다 더 많은 죄를 행하는 악한 왕이었다. 그렇다면 오므리는 성공한 왕이 아니라 철저히 실패한 왕이다. 심판은 사람이 하는 것이 아니라 오직 하나님만 하시기 때문이다.

26 느밧의 아들 여로보암의 모든 길로 행하며 그가 이스라엘에게 죄를 범하게 한 그 죄 중에 행하여 그들의 헛된 것들로 이스라엘의 하나님 여호와를 노하시게 하였더라
27 오므리가 행한 그 남은 사적과 그가 부린 권세는 이스라엘 왕 역대지략에 기록되지 아니하였느냐

28 오므리가 그의 조상들과 함께 자매 사마리아에 장사되고 그의 아들 아합이 대신하여 왕이 되니라

26 Like Jeroboam before him, he aroused the anger of the Lord, the God of Israel, by his sins and by leading the people into sin and idolatry.
27 Everything else that Omri did and all his accomplishments are recorded in The History of the Kings of Israel.
28 Omri died and was buried in Samaria, and his son Ahab succeeded him as king.

16:28 아합이 대신하여 왕이 되니라. 오므리가 죽고 그의 아들 아합이 왕이 된다. 아합은 북이스라엘에서 가장 악한 왕이라고 할 수 있다. 오므리가 그때까지 북이스라엘에서 가장 악한 왕이었는데 그의 아들 아합은 또 악의 신기록을 깰 것이다. 그러니 오므리는 철저히 실패한 왕이라 할 수 있다.

16:29-22:40은 북이스라엘의 아합 왕과 그의 시대의 엘리야와 엘리사의 사역에 대한 이야기다.

29 유다의 아사 왕 제삼십팔년에 오므리의 아들 아합이 이스라엘의 왕이 되니라 오므리의 아들 아합이 사마리아에서 이십이 년 동안 이스라엘을 다스리니라

29 In the **38**th year of the reign of King Asa of Judah, Ahab son of Omri became king of Israel, and he ruled in Samaria for 22 years.

16:29 아합이 사마리아에서 이십이 년 동안 이스라엘을 다스리니라. 아합이 이스라엘의 7번째 왕이 되었다. 아합의 세부적인 이야기는 이후에 열왕기상이 마치기까지 아주 길게 이야기할 것이다. 앞 부분에서는 다른 왕에 대한 평가처럼 총체적으로 간략히 평가한다.

30 오므리의 아들 아합이 그의 이전의 모든 사람보다 여호와 보시기에 악을 더욱 행하여

30 He sinned against the Lord more than any of his predecessors.

16:30 이전의 모든 사람보다 여호와 보시기에 악을 더욱 행하여. 아합의 아버지 오므리가 이전 사람들보다 더 많은 악을 행하였었다. 그런데 아합이 다시 악을 행하는 신기록을 갱신하였다. 아합은 세상적으로는 많은 업적을 이루었다. 그러나 성경은 그가 '더욱 악을 행하였다'고 말한다. 그의 성공은 악의 성공이었고 더 많은 죄를 쌓은 것

에 불과하였다. 아합이 무슨 죄를 더욱더 범한 것일까?

> **31** 느밧의 아들 여로보암의 죄를 따라 행하는 것을 오히려 가볍게 여기며 시돈 사람의 왕 엣바알의 딸 이세벨을 아내로 삼고 가서 바알을 섬겨 예배하고
> **31** It was not enough for him to sin like King Jeroboam; he went further and married Jezebel, the daughter of King Ethbaal of Sidon, and worshipped Baal.

16:31 여로보암의 죄를 따라 행하는 것을 오히려 가볍게 여기며. 여로보암은 만들지 말아야 하는 제단과 황금 송아지를 만들었다. 혼합주의다. 그런데 아합은 그런 죄에서 머물지 않았다. **바알을 섬겨 예배하고.** 그는 아내 이세벨의 요구에 의해 사마리아에 바알 신전을 만들고 섬겼다. 우상 숭배에 빠졌다.

> **32** 사마리아에 건축한 바알의 신전 안에 바알을 위하여 제단을 쌓으며
> **33** 또 아세라 상을 만들었으니 그는 그 이전의 이스라엘의 모든 왕보다 심히 이스라엘 하나님 여호와를 노하시게 하였더라
> **32** He built a temple to Baal in Samaria, made an altar for him, and put it in the temple.
> **33** He also put up an image of the goddess Asherah. He did more to arouse the anger of the Lord, the God of Israel, than all the kings of Israel before him.

16:33 이스라엘의 모든 왕보다 심히 이스라엘 하나님 여호와를 노하시게 하였더라. 아합은 하나님께서 심히 노하시도록 만들었다. 그렇게 하나님이 노하시는 삶을 살았는데 어찌 그의 외적인 성공이 복이 될 수 있을까? 오늘날에도 하나님께서 노하시는 삶을 사는 사람들이 있다. 하나님을 예배하지 않고 세상을 좋아하며 세상에 빠져 있는 사람들이 그러하다. 창조주 하나님을 기억하지 않고 사는 것은 참으로 악한 삶이다. 사람들이 하나님께서 심히 노하시는 삶을 사는 경우가 많다. 그런데도 그것을 모른다. 하나님께서 노하실 때 빨리 알아차려야 한다.

> **34** 그 시대에 벧엘 사람 히엘이 여리고를 건축하였는데 그가 그 터를 쌓을 때에 맏아들 아비람을 잃었고 그 성문을 세울 때에 막내 아들 스굽을 잃었으니 여호와께서 눈의 아들 여호수아를 통하여 하신 말씀과 같이 되었더라
> **34** During his reign Hiel from Bethel rebuilt Jericho. As the Lord had foretold through Joshua son of Nun, Hiel lost his eldest son Abiram when he laid the foundation of Jericho, and his youngest son Segub when he built the gates.

16:34 그 시대. 아합이 왕으로 있던 시대를 말한다. **벧엘 사람 히엘이 여리고를 건축하였는데.** 한 왕의 강대함은 그 시대에 건축하는 것을 보면 가늠이 되는 경우가 많다. 아합 시대에 여리고 성을 건축하였다는 것은 아합의 지시나 도움이 있었기 때문에 가능하였을 것이다. **그가 그 터를 쌓을 때에 맏아들 아비람을 잃었고 그 성문을 세울 때에 막내 아들 스굽을 잃었으니.** "여호수아가 그 때에 맹세하게 하여 이르되 누구든지 일어나서 이 여리고 성을 건축하는 자는 여호와 앞에서 저주를 받을 것이라 그 기초를 쌓을 때에 그의 맏아들을 잃을 것이요 그 문을 세울 때에 그의 막내아들을 잃으리라 하였더라"(수 6:26) 이 말씀대로 이루어진 것이다. 그런데 아들을 잃은 것이 의미하는 것은 두 가지 가능성이 있다.

첫째, 사고로 잃었을 가능성이다. 여호수아가 재앙을 받을 것이라 말하였는데 히엘이 그것을 무시하고 여리고 성을 건축하였다가 말씀대로 재앙을 받은 것을 의미할 수 있다. 이 경우라면 그 시대가 하나님의 말씀을 무시하는 시대였다는 것을 방증한다. 두 번째는 이러한 재앙을 알고 히엘이 인신공양을 하였을 수 있다. 만약 인신공양을 하였다면 아합의 시대는 더욱더 악한 시대라고 할 수 있다. 사람을 제물로 제사드리는 것은 성경에서 결코 용납하지 않는 행위다. 그러나 당시 가나안에서는 그런 것이 많이 있었다. 그래서 가나안 문화와 성경의 재앙을 아는 히엘이 혼합주의적 생각으로 그렇게 하였을 수 있다.

여호수아를 통하여 하신 말씀과 같이 되었더라. 어떠한 경우라 할지라도 결국은 하나님의 말씀대로 이루어졌다. 이것은 이 시대를 향한 경고이기도 하다. 아합 시대는 하나님의 말씀을 무시하였다. 그러나 500년 전의 말씀이 아합 시대에 이루어진 것처럼 모든 말씀은 늘 그대로 이루어진다. 말씀은 과거나 오늘이나 미래가 차이가 없다. 언제 말씀하셨든 반드시 이루어지는 것에 있어서는 똑같다. 그래서 말씀이 오늘 이루어지지 않는다 하여도 오늘 이루어지는 것처럼 여겨야 한다. 재앙이든 복이든 그렇다. 오늘 당장 재앙이나 복이 임하지 않는다고 말씀에 대해 소홀히 여기면 안 된다.

아합의 경우 그 시대에 말씀을 어긴 것에 대한 재앙이 당장 임하지 않았다 하여 복된 것이 아니다. 말씀을 어기면 재앙이라는 사실이 당장 이루어지든 미래에 이루어지든 똑같다. 아합의 죄가 아합의 때에 재앙으로 이어지지 않았으나 가장 중요한 심판의 때에 재앙으로 이어질 것이기 때문에 그는 참으로 불행한 사람이다.

17장

1 길르앗에 우거하는 자 중에 디셉 사람 엘리야가 아합에게 말하되 내가 섬기는 이스라엘의 하나님 여호와께서 살아 계심을 두고 맹세하노니 내 말이 없으면 수 년 동안 비도 이슬도 있지 아니하리라 하니라

1 A prophet named Elijah, from Tishbe in Gilead, said to King Ahab, "In the name of the Lord, the living God of Israel, whom I serve, I tell you that there will be no dew or rain for the next two or three years until I say so."

17:1 길르앗에 우거하는 자 중에 디셉 사람 엘리야. '길르앗'은 북이스라엘의 변방이다. 그곳에 엘리야라는 선지자가 있었는데 그는 기도하는 사람이었다. 엘리야는 아합 왕에게 '북이스라엘에 가뭄이 있을 것이다'고 선포하였다. 그런데 신약을 보자. "엘리야는 우리와 성정이 같은 사람이로되 그가 비가 오지 않기를 간절히 기도한즉 삼 년 육 개월 동안 땅에 비가 오지 아니하고"(약 5:17) '그가 비가 오지 않기를 간절히 기도한즉'이라고 말한다. 야고보는 엘리야가 먼저 '비가 오지 않기를 기도했다'고 말한다. **수 년 동안 비도 이슬도 있지 아니하리라.** 북이스라엘은 우기 때는 비가, 건기 때는 이슬이 있어야 농작물이 자란다. 수 년 동안 비와 이슬이 없으면 식물들이 다 말라 죽을 것이다. 엘리야의 기도를 하나님께서 응답하셔서 북이스라엘 지역에 아주 극심한 가뭄이 오게 된 것이다.

엘리야는 왜 가뭄이 있도록 기도하였을까? 엘리야는 북이스라엘이 바알의 보호로 풍요롭다고 생각하는 것을 공격하기 위해 가뭄을 요청하는 기도를 한 것으로 보인다. 북이스라엘이 그동안 풍요로웠던 것은 하나님의 은혜였지 바알을 잘 숭배하였기 때문이 아니라는 것을 실제로 말하기 위해 가뭄을 요청한 것이다. 엘리야는 세상이 하나님을 무시하고 바알을 숭배하고 있을 때 풍요는 바알이 주는 것이 아님을 드러내고자 하였다. 풍요는 하나님께서 주시는 것임을 말하기 위해 즉 하나님을 드러내기 위해 가뭄을 요청하는 기도를 한 것이다.

사람들은 하나님의 은혜가 아니면 하루도 살 수 없다. 지금 잘 살고 있는 것은 열심히 살아서 세상에서 살아남은 것이 아니다. 그러나 사람들은 이상하게 잘 살면 하나님을 잊어버리는 경우가 많다. 오늘날 우리 주변은 비가 오기를 기도하는 것이 아니라 비가 오지 않기를 기도해야 하는 것이 참 많다. 오죽하였으면 엘리야가 자신의 나라 북이스라엘에 가뭄이 있도록 기도하였을까?

2 여호와의 말씀이 엘리야에게 임하여 이르시되
3 너는 여기서 떠나 동쪽으로 가서 요단 앞 그릿 시냇가에 숨고
4 그 시냇물을 마시라 내가 까마귀들에게 명령하여 거기서 너를 먹이게 하리라
5 그가 여호와의 말씀과 같이 하여 곧 가서 요단 앞 그릿 시냇가에 머물매
6 까마귀들이 아침에도 떡과 고기를, 저녁에도 떡과 고기를 가져왔고 그가 시냇물을 마셨으나

2 Then the Lord said to Elijah,
3 "Leave this place and go east and hide yourself near the brook of Cherith, east of the Jordan.
4 The brook will supply you with water to drink, and I have commanded ravens to bring you food there."
5 Elijah obeyed the Lord's command, and went and stayed by the brook of Cherith.
6 He drank water from the brook, and ravens brought him bread and meat every morning and every evening.

17:6 까마귀들이 아침에도 떡과 고기를...가져왔고. 가뭄이 들었을 때 하나님께서 엘리야를 그릿 시냇가로 숨게 하시고 물과 고기를 제공하셨다. 이 당시 일반인들은 고기를 아주 특별한 날만 먹었다. 오직 왕만 매일 먹었다. 하나님께는 오전과 오후에 두 번 번제를 드렸다. 엘리야는 가뭄 기간동안 고기를 아침과 저녁으로 먹었다. 이것은 하나님의 식탁에 초청되어 먹는 것을 상징적으로 보여준다. 세상은 하나님을 무시함으로 가뭄 가운데 있었지만 엘리야는 하나님을 신뢰함으로 하나님의 만찬에 초대되어 먹는 모습이다.

7 땅에 비가 내리지 아니하므로 얼마 후에 그 시내가 마르니라
8 여호와의 말씀이 엘리야에게 임하여 이르시되
9 너는 일어나 시돈에 속한 사르밧으로 가서 거기 머물라 내가 그 곳 과부에게 명령하여 네게 음식을 주게 하였느니라

7 After a while the brook dried up because of the lack of rain.
8 Then the Lord said to Elijah,
9 "Now go to the town of Zarephath, near Sidon, and stay there. I have commanded a widow who lives there to feed you."

17:9 시돈에 속한 사르밧으로 가서 거기 머물라 내가 그 곳 과부에게...네게 음식을 주게 하였느니라. 그릿 시냇가가 말라 물을 먹을 수 없어 더 이상 숨어 있을 수 없게 되었다. 사람들은 그릿 시냇가가 마르지 않았으면 더 좋겠다고 생각할 수 있다. 하나님께서 보내신 그릿 시냇가가 왜 말랐는지 의아할 수 있다. 그러나 하나님은 다음 단계의 일을 준비하셨다. 그릿 시냇가가 마른 것은 자연 현상이기도 하지만 또한 하나님의

다음 단계의 시작이기도 하다.

왜 하필이면 바알 숭배의 중심지인 시돈에 속한 지역으로 가게 하실까? 게다가 왜 하필이면 과부에게 가라고 하시는 것일까? 모든 것이 이해되지 않을 수 있다. 그런데 이것에 대해 예수님은 나중에 이렇게 말씀하신다. "내가 참으로 너희에게 이르노니 엘리야 시대에 하늘이 삼 년 육 개월간 닫히어 온 땅에 큰 흉년이 들었을 때에 이스라엘에 많은 과부가 있었으되 엘리야가 그 중 한 사람에게도 보내심을 받지 않고 오직 시돈 땅에 있는 사렙다의 한 과부에게 뿐이었으며"(눅 4:25-26) 이스라엘의 과부가 아니라 시돈의 과부에게 보내진 것은 시돈 과부의 믿음 때문이었다.

10 그가 일어나 사르밧으로 가서 성문에 이를 때에 한 과부가 그 곳에서 나뭇가지를 줍는지라 이에 불러 이르되 청하건대 그릇에 물을 조금 가져다가 내가 마시게 하라
11 그가 가지러 갈 때에 엘리야가 그를 불러 이르되 청하건대 네 손의 떡 한 조각을 내게로 가져오라
12 그가 이르되 당신의 하나님 여호와께서 살아 계심을 두고 맹세하노니 나는 떡이 없고 다만 통에 가루 한 움큼과 병에 기름 조금 뿐이라 내가 나뭇가지 둘을 주워다가 나와 내 아들을 위하여 음식을 만들어 먹고 그 후에는 죽으리라
10 So Elijah went to Zarephath, and as he came to the gate of the town, he saw a widow gathering firewood. "Please bring me a drink of water," he said to her.
11 And as she was going to get it, he called out, "And please bring me some bread, too."
12 She answered, "By the living Lord your God I swear that I haven't got any bread. All I have is a handful of flour in a bowl and a drop of olive oil in a jar. I came here to gather some firewood to take back home and prepare what little I have for my son and me. That will be our last meal, and then we will starve to death."

17:12 음식을 만들어 먹고 그 후에는 죽으리라. 과부는 마지막 남은 음식을 먹고 이제는 죽음을 기다릴 수밖에 없는 처지임을 말한다.

13 엘리야가 그에게 이르되 두려워하지 말고 가서 네 말대로 하려니와 먼저 그것으로 나를 위하여 작은 떡 한 개를 만들어 내게로 가져오고 그 후에 너와 네 아들을 위하여 만들라
14 이스라엘의 하나님 여호와의 말씀이 나 여호와가 비를 지면에 내리는 날까지 그 통의 가루가 떨어지지 아니하고 그 병의 기름이 없어지지 아니하리라 하셨느니라
13 "Don't worry," Elijah said to her. "Go ahead and prepare your meal. But first make a small

loaf from what you have and bring it to me, and then prepare the rest for you and your son. 14 For this is what the Lord, the God of Israel, says: 'The bowl will not run out of flour or the jar run out of oil before the day that I, the Lord, send rain.' "

17:14 여호와의 말씀이…통의 가루가 떨어지지 아니하고 그 병의 기름이 없어지지 아니하리라. 엘리야는 과부의 믿음을 시험하는 놀라운 말을 하였다. 그가 말하는 것은 너무 황당하고 놀라운 말이었다. 이때 과부는 고민하였을 것이다. 마지막 식량을 처음 보는 사람에게 양보하는 것은 결코 쉬운 일이 아니다.

15 그가 가서 엘리야의 말대로 하였더니 그와 엘리야와 그의 식구가 여러 날 먹었으나
15 The widow went and did as Elijah had told her, and all of them had enough food for many days.

17:15 그가 가서 엘리야의 말대로 하였더니. 과부는 자신의 마지막 양식을 아낌없이 엘리야에게 주었다. 어떻게 이렇게 할 수 있을까? 이 과부는 하나님을 믿는 믿음이 있었던 것 같다. 그래서 하나님의 이름으로 말하는 엘리야의 말에 마지막 식량을 드릴 수 있었을 것이다. 그의 믿음을 하나님께서 아시고 그에게 엘리야를 보내신 것 같다. 엘리야가 이 과부에게 간 것은 하나님께서 여인의 기도를 들으시고 엘리야를 보내신 것으로 보인다. 엘리야는 이 과부와의 만남을 통해 하나님의 선지자로서 사역을 할 용기와 힘을 얻게 된다.

16 여호와께서 엘리야를 통하여 하신 말씀 같이 통의 가루가 떨어지지 아니하고 병의 기름이 없어지지 아니하니라
16 As the Lord had promised through Elijah, the bowl did not run out of flour nor did the jar run out of oil.

17:16 말씀 같이 통의 가루가 떨어지지 아니하고. 이 기적에서 사람들은 보통 엘리야를 주목한다. 그러나 여인을 주목하여 보라. 가장 어려운 시기에 시돈의 가난한 과부는 누구도 눈여겨보지 않았을 것이다. 그러나 하나님께서 그의 믿음을 보셨고 그에게 양식을 주시며 엘리야를 위로하는 귀한 일에 사용하셨다.
시대가 악하다고 주저앉아 있지 말아야 한다. 세상이 하나님을 잊어도 신앙인은 오히려 하나님을 가슴에 가득히 품어야 한다. 우리가 하나님을 특별한 분으로 고백할 때

하나님께서 그 사람을 특별한 사람으로 세우실 것이다. 결코 세상에 묻히지 말고 늘 하나님의 사람으로 우뚝 설 수 있어야 한다.

17 이 일 후에 그 집 주인 되는 여인의 아들이 병들어 증세가 심히 위중하다가 숨이 끊어진지라
17 Some time later the widow's son fell ill; he got worse and worse, and finally he died.

17:17 여인의 아들이 병들어 증세가 심히 위중하다가 숨이 끊어진지라. 과부의 아들이 숨을 거두었다. 이것은 또 무슨 일일까? 과부는 하나님의 은혜로 가뭄 속에서도 빵가루와 기름을 계속 먹고 있었다. 마치 광야의 만나처럼 하나님께서 공급하셔서 먹고 있었다. 그런데 아들이 죽었다. 이것이 대체 무슨 일일까?

18 여인이 엘리야에게 이르되 하나님의 사람이여 당신이 나와 더불어 무슨 상관이 있기로 내 죄를 생각나게 하고 또 내 아들을 죽게 하려고 내게 오셨나이까
18 She said to Elijah, "Man of God, why did you do this to me? Did you come here to remind God of my sins and so cause my son's death?"

17:18 내 죄를 생각나게 하고. 엘리야라는 선지자가 자신의 집에 있음으로 하나님 앞에서 자신의 죄가 더 드러났다는 말일 것이다. 사람들은 죄가 숨겨져 있으면 좋다고 생각한다. 그러나 사실 죄는 드러나는 것이 좋다. 주변에서 사랑하는 사람이 죽고 나면 죄책감으로 몹시 힘들어하는 것을 많이 본다. 자신의 전화로 집에 오다 교통 사고로 죽은 아들 때문에 "내가 전화하지 말았어야 했는데"라고 자책하는 사람을 보았다. 누군가를 죽음의 원인으로 몰고 몰아붙인다. 자신의 죄를 찾고 죄책감으로 몹시 힘들어한다. 그러나 그것 때문이 아니다. **내 아들을 죽게 하려고 내게 오셨나이까.** 사실 여인은 엘리야가 오지 않았으면 굶어 죽었을 것이다. 그런데 아들이 죽자 엘리야를 원망하는 마음으로 말한다. 여인의 이러한 마음을 이해할 수 있어야 한다. 아들이 죽었으니 수많은 생각을 하게 되었을 것이다. 그런 큰 일을 당하면 별의별 마음을 갖게 되고 말을 하게 된다.
사실 죽음 앞에서 죄를 찾고 죄책감으로 비난하고 아파하는 것은 교만한 것이다. 그것이 없었으면 죽지 않았을 것이라는 말은 교만하다. 그것은 마치 사람이 생사를 움직일 수 있다고 생각하는 것과 같다. 생사는 오직 하나님께 달려 있다. 그러니 죽음이라는 엄청난 사실을 맞닥뜨릴 때 하나님 앞에 서야 한다. 모든 것을 주관하시는 하나

님 앞에 엎드려야 한다. 겸손해야 한다. 과부는 믿음이 있었던 것 같으나 충분히 성숙한 믿음은 아니었다. 그래서 아들의 죽음을 맞이하였을 때 하나님이 아니라 죄 앞에 섰다. 그래서 자신을 원망하고 엘리야를 원망하였다. 그러한 모습은 서로를 더욱더 비참하게 할 뿐이다.

19 엘리야가 그에게 그의 아들을 달라 하여 그를 그 여인의 품에서 받아 안고 자기가 거처하는 다락에 올라가서 자기 침상에 누이고
19 "Give the boy to me," Elijah said. He took the boy from her arms, carried him upstairs to the room where he was staying, and laid him on the bed.

17:19 아들을 달라 하여...자기가 거처하는 다락에 올라가서 자기 침상에 누이고. 엘리야는 죽음을 맞이하여 절규하는 여인에게서 아들을 떼어 내어 자신의 방에 들고 갔다.

20 여호와께 부르짖어 이르되 내 하나님 여호와여 주께서 또 내가 우거하는 집 과부에게 재앙을 내리사 그 아들이 죽게 하셨나이까 하고
20 Then he prayed aloud, "O Lord my God, why have you done such a terrible thing to this widow? She has been kind enough to take care of me, and now you kill her son!"

17:20 여호와께 부르짖어 이르되. 엘리야는 하나님 앞에 섰다. 엘리야에게도 여인의 아들의 죽음은 당혹스러운 일이었을 것이다. 그래서 더욱더 하나님 앞에 엎드려 기도하였다.

21 그 아이 위에 몸을 세 번 펴서 엎드리고 여호와께 부르짖어 이르되 내 하나님 여호와여 원하건대 이 아이의 혼으로 그의 몸에 돌아오게 하옵소서 하니
21 Then Elijah stretched himself out on the boy three times and prayed, "O Lord my God, restore this child to life!"

17:21 아이의 혼으로 그의 몸에 돌아오게 하옵소서. 엘리야의 기도는 매우 담대해졌다. 어떻게 이런 기도를 할 수 있을까? 우리도 이렇게 기도해야 하는 것일까? 나는 죽은 사람을 앞에 두고 이렇게 기도한 적이 없다. 엘리야는 아이가 소생되는 것이 하나님의 뜻이라는 생각을 갖게 된 것으로 보인다. 그래서 그 마음에 따라 하나님께 간절히 기도하였다. 기도는 하나님의 뜻을 찾는 것이 가장 큰 부분이다. 그러기에 내 생각으로 죽은 사람이 무조건 살아나기를 바라는 것이 믿음의 기도인 것이 아니라 하나님

의 뜻을 찾는 것이 먼저이어야 한다.

22 여호와께서 엘리야의 소리를 들으시므로 그 아이의 혼이 몸으로 돌아오고 살아난지라
22 The Lord answered Elijah's prayer; the child started breathing again and revived.

17:22 여호와께서 엘리야의 소리를 들으시므로...살아난지라. 아이가 살아났다. 그런데 여기에서 주의할 것이 있다. 오늘날 목회자들이 죽은 사람을 두고 살리겠다고 기도하는 사람들이 있다. 그것이 하나님의 뜻이라 생각되면 그렇게 기도할 수 있다. 그러나 상식도 기도만큼이나 중요한 일반계시이다. 상식적으로도 하나님의 뜻을 잘 분간해야 한다. 그리고 진정 기도하면서 그런 마음이 들었어도 정도껏 해야 한다. 사람이 살아나도록 기도했는데 살아나지 않으면 그것이 하나님의 뜻이 아니라는 것도 받아들여야 한다. 시신을 집에 두고 며칠씩 계속 기도하는 것은 하나님의 뜻이나 역사를 찾는 것이 아니라 자기의 뜻을 고집부리는 것이다. 불신앙이다.

23 엘리야가 그 아이를 안고 다락에서 방으로 내려가서 그의 어머니에게 주며 이르되 보라 네 아들이 살아났느니라
24 여인이 엘리야에게 이르되 내가 이제야 당신은 하나님의 사람이시요 당신의 입에 있는 여호와의 말씀이 진실한 줄 아노라 하니라
23 Elijah took the boy back downstairs to his mother and said to her, "Look, your son is alive!"
24 She answered, "Now I know that you are a man of God and that the Lord really speaks through you!"

17:24 이제야 당신은 하나님의 사람이시요 당신의 입에 있는 여호와의 말씀이 진실한 줄 아노라. 이 여인은 이전에는 엘리야를 의심하고 하나님의 말씀을 의심하고 있었을까? 아닐 것이다. 이 말은 이제 더욱더 확신을 가지고 알게 되었다는 것을 의미한다. 사람들의 믿음은 늘 100%가 아니다. 자라가는 것이다. 그래서 우리의 삶에 다양한 일이 일어나는 것이 필요하다.

18장

1 많은 날이 지나고 제삼년에 여호와의 말씀이 엘리야에게 임하여 이르시되 너는 가서 아합에게 보이라 내가 비를 지면에 내리리라
1 After some time, in the third year of the drought, the Lord said to Elijah, "Go and present yourself to King Ahab, and I will send rain."

18:1 여호와의 말씀이...아합에게 보이라 내가 비를 지면에 내리리라. 땅에 비를 내리기 위해 하나님께서 엘리야를 아합에게 보내셨다. 땅에 비를 그치게 하시고 내리게 하시는 분도 하나님이다. 하나님께서 가뭄을 끝내시기 위해 엘리야를 아합에게 보내셨다.

2 엘리야가 아합에게 보이려고 가니 그 때에 사마리아에 기근이 심하였더라
3 아합이 왕궁 맡은 자 오바댜를 불렀으니 이 오바댜는 여호와를 지극히 경외하는 자라
4 이세벨이 여호와의 선지자들을 멸할 때에 오바댜가 선지자 백 명을 가지고 오십 명씩 굴에 숨기고 떡과 물을 먹였더라
2 So Elijah started out. The famine in Samaria was at its worst,
3 so Ahab called in Obadiah, who was in charge of the palace. (Obadiah was a devout worshipper of the Lord,
4 and when Jezebel was killing the Lord's prophets, Obadiah took a hundred of them, hid them in caves in two groups of 50, and provided them with food and water.)

18:4 오바댜가 선지자 백 명을 가지고 오십 명씩 굴에 숨기고 떡과 물을 먹였더라. 오바댜는 아합의 왕궁 대신이었다. 그는 아합 왕이 수많은 문제를 만드는 것을 보았다. 그런데 그러한 문제 속에서 자기 자신의 잇속만 챙기지 않았다. 그는 선지자 백 명이나 돌보고 있었다. 그것이 매우 위험한 일이었을 것이다. 그러나 그것이 옳은 것이기에 자신이 할 수 있는 힘 안에서 최선을 다하고 있었다.
문제를 만났을 때 그 속에서 내가 할 수 있는 것까지 포기하면 안 된다. 세상이 문제라고 말하면서 자신은 그것을 해결하기 위해 어떤 노력도 기울이지 않는 사람이 많다. 세상이 문제라고 생각한다면 최소한 옳은 것을 위해 자신이 무엇인가를 하고 있어야 한다. 옳은 것을 위해 아무것도 하지 않으면서 세상을 탓하는 것은 어리석은 모습이다. 세상이 아무리 문제가 많아도 그 속에서 내가 할 수 있는 옳은 일이 있다. 그 일을 오바댜처럼 힘을 다해 하고 있어야 한다.

5 아합이 오바댜에게 이르되 이 땅의 모든 물 근원과 모든 내로 가자 혹시 꼴을 얻으리라 그리하면 말과 노새를 살리리니 짐승을 다 잃지 않게 되리라 하고
5 Ahab said to Obadiah, "Let us go and look at every spring and every riverbed in the land to see if we can find enough grass to keep the horses and mules alive. Maybe we won't have to kill any of our animals."

18:5 아합이 오바댜에게 이르되 이 땅의 모든 물 근원과 모든 내로 가자 혹시 꼴을 얻으리라. 아합은 가뭄을 조금이라도 극복하기 위해 직접 물과 초지를 찾아 나섰다. 가뭄이라는 문제가 생겼을 때 그는 그 문제의 근원이 자신의 우상숭배인 것을 몰랐다.
세상에서 살면서 많은 문제를 만난다. 그때 그들은 문제의 근원을 모르고 문제를 해결하기 위해 전전긍긍한다. 문제의 피상적인 면만 해결하려고 한다. 그러나 문제의 근원이 해결되지 않으면 문제 해결이 아니다. 위만 덮어 놓으면 나중에 더 큰 문제가 될 것이다. 세상 사람들의 모습이 많이 그러하다. 지금 아주 열심히 노력하여 겉모습만 간신히 문제가 없는 것 같다. 그러나 하나님을 모르는 모든 인생은 가장 심각한 영원한 문제가 그들을 기다리고 있다.

6 두 사람이 두루 다닐 땅을 나누어 아합은 홀로 이 길로 가고 오바댜는 홀로 저 길로 가니라
7 오바댜가 길에 있을 때에 엘리야가 그를 만난지라 그가 알아보고 엎드려 말하되 내 주 엘리야여 당신이시니이까
8 그가 그에게 대답하되 그러하다 가서 네 주에게 말하기를 엘리야가 여기 있다 하라
6 They agreed on which part of the land each one would explore, and set off in different directions.
7 As Obadiah was on his way, he suddenly met Elijah. He recognized him, bowed low before him, and asked, "Is it really you, sir?"
8 "Yes, I'm Elijah," he answered. "Go and tell your master the king that I am here."

18:8 가서 네 주에게 말하기를 엘리야가 여기 있다 하라. 엘리야는 오바댜에게 아합에게 자신이 나타났고 어디에 있는지를 알리라고 말하였다.

9 이르되 내가 무슨 죄를 범하였기에 당신이 당신의 종을 아합의 손에 넘겨 죽이게 하려 하시나이까
10 당신의 하나님 여호와께서 살아 계심을 두고 맹세하노니 내 주께서 사람을 보내어 당신을 찾지 아니한 족속이나 나라가 없었는데 그들이 말하기를 엘리야

가 없다 하면 그 나라와 그 족속으로 당신을 보지 못하였다는 맹세를 하게 하였거늘
11 이제 당신의 말씀이 가서 네 주에게 말하기를 엘리야가 여기 있다 하라 하시나
12 내가 당신을 떠나간 후에 여호와의 영이 내가 알지 못하는 곳으로 당신을 이끌어 가시리니 내가 가서 아합에게 말하였다가 그가 당신을 찾지 못하면 내가 죽임을 당하리이다 당신의 종은 어려서부터 여호와를 경외하는 자라
9 Obadiah answered, "What have I done that you want to put me in danger of being killed by King Ahab?
10 By the living Lord, your God, I swear that the king has made a search for you in every country in the world. Whenever the ruler of a country reported that you were not in his country, Ahab would require that ruler to swear that you could not be found.
11 And now you want me to go and tell him that you are here?
12 What if the spirit of the Lord carries you off to some unknown place as soon as I leave? Then, when I tell Ahab that you are here, and he can't find you, he will put me to death. Remember that I have been a devout worshipper of the Lord ever since I was a boy.

18:12 내가 당신을 떠나간 후에 여호와의 영이 내가 알지 못하는 곳으로 당신을 이끌어 가시리니. 엘리야의 말을 들은 오바댜는 순간 겁이 났다. 그동안 엘리야를 찾아 아합과 온 나라가 난리난 것을 잘 알기 때문이다. 오바댜가 엘리야가 어디에 있는지를 아합에게 알렸는데 그 사이에 엘리야가 다른 곳으로 가면 책임이 오바댜에게 올 것이 분명하기 때문이다.

13 이세벨이 여호와의 선지자들을 죽일 때에 내가 여호와의 선지자 중에 백 명을 오십 명씩 굴에 숨기고 떡과 물로 먹인 일이 내 주에게 들리지 아니하였나이까
13 Haven't you heard that when Jezebel was killing the prophets of the Lord I hid a hundred of them in caves, in two groups of 50, and supplied them with food and water?

18:13 내가 여호와의 선지자 중에 백 명을...숨기고 떡과 물로 먹인 일이 내 주에게 들리지 아니하였나이까. 오바댜는 자신이 목숨의 위험을 무릅쓰고 선지자 백 명이나 돌보았지만 지금 엘리야의 말대로 하는 것은 무리라고 말하였다. 이전에는 목숨이 위험하였지만 이번에는 무조건 죽음에 이르게 될 것이라고 생각하였다. 오바댜는 선지자 백 명을 숨기고 돌봐 줄 용기는 가지고 있었지만 아합에게 엘리야를 붙잡지 않고 위치만 알리려 가는 위험을 무릅쓸 용기는 가지고 있지 않았다. 아합이 엘리야를 만나지 못하면 오바댜를 죽일 것이 분명하였기 때문이다.

14 이제 당신의 말씀이 가서 네 주에게 말하기를 엘리야가 여기 있다 하라 하시니 그리하면 그가 나를 죽이리이다
15 엘리야가 이르되 내가 섬기는 만군의 여호와께서 살아 계심을 두고 맹세하노니 내가 오늘 아합에게 보이리라
14 So how can you order me to go and tell the king that you are here? He will kill me!"
15 Elijah answered, "By the living Lord, whom I serve, I promise that I will present myself to the king today."

18:15 내가 오늘 아합에게 보이리라. 엘리야는 오바댜에게 자신이 숨지 아니하고 아합이 올 때까지 기다리겠다고 약속하였다. 엘리야는 아합이 자신을 죽이려 하지만 그를 만날 용기를 가지고 있었다. 준비가 돼 있었다. 엘리야는 이것이 아합과 자신의 싸움이 아니라는 것을 알았기 때문이다. 오직 하나님께서 모든 것을 하실 것을 알았다.

16 오바댜가 가서 아합을 만나 그에게 말하매 아합이 엘리야를 만나러 가다가
17 엘리야를 볼 때에 아합이 그에게 이르되 이스라엘을 괴롭게 하는 자여 너냐
16 So Obadiah went to King Ahab and told him, and Ahab set off to meet Elijah.
17 When Ahab saw him, he said, "So there you are—the worst troublemaker in Israel!"

18:17 이스라엘을 괴롭게 하는 자여. 아합이 볼 때 엘리야 때문에 가뭄이 왔다. 그러니 이스라엘을 괴롭게 하는 사람이다. 그러나 엘리야가 볼 때 아합은 북이스라엘 백성들을 영원한 멸망으로 이끌고 있다. 그렇다면 누가 진정 북이스라엘 백성을 괴롭히는 사람일까? 신앙이 때로는 당장은 괴롭게 하는 것처럼 보일 수 있다. 진리가 쉬운 길이 아니다. 그러나 신앙은 우리를 괴롭게 하는 것이 아니라 우리의 죄를 괴롭게 하는 것이다. 우리의 죄를 괴롭게 하고 진정으로 하나님을 찾아가게 하는 것이다.

18 그가 대답하되 내가 이스라엘을 괴롭게 한 것이 아니라 당신과 당신의 아버지의 집이 괴롭게 하였으니 이는 여호와의 명령을 버렸고 당신이 바알들을 따랐음이라
18 "I'm not the troublemaker," Elijah answered. "You are—you and your father. You are disobeying the Lord's commands and worshipping the idols of Baal.

18:18 당신이 바알들을 따랐음이라. 엘리야는 진정한 괴로움은 '가뭄이 아니라 어떤 것을 따르느냐'인 것을 말한다. 아합이 바알을 따름으로 북이스라엘은 영원한 괴로움에 처하게 될 것이기 때문이다.

19 그런즉 사람을 보내 온 이스라엘과 이세벨의 상에서 먹는 바알의 선지자 사백오십 명과 아세라의 선지자 사백 명을 갈멜 산으로 모아 내게로 나아오게 하소서

19 Now order all the people of Israel to meet me at Mount Carmel. Bring along the 450 prophets of Baal and the 400 prophets of the goddess Asherah who are supported by Queen Jezebel."

18:19 엘리야는 아합에게 대결을 제안하였다. 바알과 그의 배우자 여신 아세라를 섬기는 선지자 팔백오십 명을 갈멜 산으로 오라고 하였다. 엘리야는 850:1의 싸움을 제안하였다. 일반적인 싸움이라면 싸움이 안 된다. 그러나 엘리야는 자신이 싸우는 것이 아니라 하나님께서 행하시는 것을 믿었다. 하나님은 유일한 분이다. 우상이 아무리 많아도 그것은 싸움의 대상이 되지 못한다. 그래서 850:1이라는 숫자는 아무 의미가 없었다.

북이스라엘 백성들이 거짓 속에서 살고 있었다. 그것을 밝히기 위해 가뭄이 있다. 풍요의 신이며 폭우와 번개의 신이기도 한 바알은 가뭄 속에서 아무것도 하지 못하였다. 그런데도 사람들이 그것을 모르고 여전히 바알 숭배 속에 살고 있었다. 그래서 엘리야는 갈멜산 전투를 제안하였다.

사람들에게 갈멜산 전투가 필요하다. 사람들은 자신들이 살고 있는 우상 속에서 무엇이 잘못인지도 모르고 살아간다. 잘못된 길을 가면서도 잘못인 것을 모르는 것이다. 우상을 숭배하면서도 그것이 우상인지를 모른다. 얼마나 큰 죄인지를 모른다. 그냥 정신 없이 살아갈 뿐이다. 그래서 갈멜산 전투가 필요하다. 무엇이 우상이고 거짓인지를 알아야 한다. 갈멜산 전투가 없으면 평생 우상과 거짓 속에서 살면서도 모르고 지나갈 것이다. 바빠서 갈멜산 전투 없이 살다가 결국 노년에 이르고 결국 죽음에 이르는 사람을 수없이 본다.

20 아합이 이에 이스라엘의 모든 자손에게로 사람을 보내 선지자들을 갈멜 산으로 모으니라
21 엘리야가 모든 백성에게 가까이 나아가 이르되 너희가 어느 때까지 둘 사이에서 머뭇머뭇 하려느냐 여호와가 만일 하나님이면 그를 따르고 바알이 만일 하나님이면 그를 따를지니라 하니 백성이 말 한마디도 대답하지 아니하는지라

20 So Ahab summoned all the Israelites and the prophets of Baal to meet at Mount Carmel.
21 Elijah went up to the people and said, "How much longer will it take you to make up your minds? If the Lord is God, worship him; but if Baal is God, worship him!" But the people didn't say a word.

18:21 너희가 어느 때까지 둘 사이에서 머뭇머뭇 하려느냐. '머뭇거리다(히. 파사)'는 유월절의 '유월'에 사용된 단어다. 이것은 '껑충 뛰다'라는 의미다. 이것은 북이스라엘 백성들이 때로는 여호와께 또 다른 때는 바알에게 가서 믿음의 행위를 하는 것을 두고 하는 말이다. **여호와가 만일 하나님이면 그를 따르고 바알이 만일 하나님이면 그를 따를지니라.** '하나님(히. 엘로힘)'은 지고의 신을 뜻하는 일반 명사다. 여호와가 진짜 신인지 아니면 바알이 진짜 신인지를 가리고 그 신을 따르라는 말이다. 둘 다 신이라고 말하는 것은 당시의 가나안 문화에서는 다신론을 믿고 있었기 때문에 가능하지만 유일신을 믿는 여호와 하나님에 대한 믿음에서는 불가능하다. 여호와 하나님을 믿는 신앙을 조금이라도 생각하고 있다면 어느 것 하나를 정해야 한다. 정하지 않고 둘 다를 믿는다면 그것은 믿는 것이 아니다. **백성이 말 한마디도 대답하지 아니하는지라.** 충격적인 반응이다. 하나님의 백성이라는 북이스라엘에서 이런 반응이 나왔다는 것은 그만큼 바알을 믿는 사람들이 많이 생겼다는 것을 의미한다. 물론 그들이 여호와 하나님을 아주 버리지는 않았을 것이다. 그들은 이미 다신교적인 생각을 많이 가지고 있었던 것 같다. 그래서 바알을 버리지 못하였다. 아합과 이세벨의 영향으로 북이스라엘은 그렇게 비참하게 믿음이 무너져 있었다.

22 엘리야가 백성에게 이르되 여호와의 선지자는 나만 홀로 남았으나 바알의 선지자는 사백오십 명이로다
23 그런즉 송아지 둘을 우리에게 가져오게 하고 그들은 송아지 한 마리를 택하여 각을 떠서 나무 위에 놓고 불은 붙이지 말며 나도 송아지 한 마리를 잡아 나무 위에 놓고 불은 붙이지 않고
24 너희는 너희 신의 이름을 부르라 나는 여호와의 이름을 부르리니 이에 불로 응답하는 신 그가 하나님이니라 백성이 다 대답하되 그 말이 옳도다 하니라
22 Then Elijah said, "I am the only prophet of the Lord still left, but there are 450 prophets of Baal.
23 Bring two bulls; let the prophets of Baal take one, kill it, cut it in pieces, and put it on the wood—but don't light the fire. I will do the same with the other bull.
24 Then let the prophets of Baal pray to their god, and I will pray to the Lord, and the one who answers by sending fire—he is God." The people shouted their approval.

18:24 불로 응답하는 신 그가 하나님이니라. 엘리야는 참 하나님을 가리는 방식을 구체적으로 제안하였다. 쌓은 제단에 불을 붙이는 신이 참 하나님이라는 것을 밝히자고 제안하였다. 아합과 백성들은 흥미로운 제안을 받아들였다.

25 엘리야가 바알의 선지자들에게 이르되 너희는 많으니 먼저 송아지 한 마리를 택하여 잡고 너희 신의 이름을 부르라 그러나 불을 붙이지 말라
25 Then Elijah said to the prophets of Baal, "Since there are so many of you, you take a bull and prepare it first. Pray to your god, but don't set fire to the wood."

18:25 바알의 선지자들에게...너희 신의 이름을 부르라. 엘리야는 바알 선지자들에게 먼저 기회를 줬다. 그들이 아침부터 정오까지 계속 바알의 이름을 불렀다. 그러나 제단에 불이 붙지 않았다.

26 그들이 받은 송아지를 가져다가 잡고 아침부터 낮까지 바알의 이름을 불러 이르되 바알이여 우리에게 응답하소서 하나 아무 소리도 없고 아무 응답하는 자도 없으므로 그들이 그 쌓은 제단 주위에서 뛰놀더라
27 정오에 이르러는 엘리야가 그들을 조롱하여 이르되 큰 소리로 부르라 그는 신인즉 묵상하고 있는지 혹은 그가 잠깐 나갔는지 혹은 그가 길을 행하는지 혹은 그가 잠이 들어서 깨워야 할 것인지 하매
28 이에 그들이 큰 소리로 부르고 그들의 규례를 따라 피가 흐르기까지 칼과 창으로 그들의 몸을 상하게 하더라
29 이같이 하여 정오가 지났고 그들이 미친 듯이 떠들어 저녁 소제 드릴 때까지 이르렀으나 아무 소리도 없고 응답하는 자나 돌아보는 자가 아무도 없더라
26 They took the bull that was brought to them, prepared it, and prayed to Baal until noon. They shouted, "Answer us, Baal!" and kept dancing round the altar they had built. But no answer came.
27 At noon Elijah started making fun of them: "Pray louder! He is a god! Maybe he is daydreaming or relieving himself, or perhaps he's gone on a journey! Or maybe he's sleeping, and you've got to wake him up!"
28 So the prophets prayed louder and cut themselves with knives and daggers, according to their ritual, until blood flowed.
29 They kept on ranting and raving until the middle of the afternoon; but no answer came, not a sound was heard.

18:29 저녁 소제 드릴 때까지 이르렀으나 아무 소리도 없고. 아침부터 오후 3시까지 계속 바알을 부르는 의식을 행하였으나 아무 소식이 없었다. 그들은 어느 정도 확신을 가지고 있었던 것 같다. 아마 그들은 평상시 그런 일들을 행하기도 하였을 것이다. 악한 영은 어느 정도 놀라운 힘을 가지고 있다. 그래서 확신을 가졌던 것 같다.
세상의 우상들은 어느 정도 효과적이다. 특히 사람들의 마음을 흡족하게 하는 일에 있어 효과적이다. 특이하고 그들이 좋아하는 것을 행하기 때문이다. 세상 우상의 뒷면에는 항상 사탄이 있다. 사탄은 다양한 형태로 사람들 뒤에서 숭배를 받는다. 사탄의

목적은 오직 하나다. 사람이 죄로 영원히 무너지는 것이다. 이 땅에서 효과가 있는 것은 마약처럼 일시적이다. 유혹하기 위한 것일 뿐이다.
바알이 이전에는 효과가 있었는데 실제로는 아니라는 것을 볼 수 있게 되었다. 가장 중요한 순간에 바알은 제단에 불을 붙이는 아주 간단한 일조차 하지 못하였다. 바알 선지자들이 아침부터 오후 3시까지 그렇게 노력을 하였는데도 아무 일도 일어나지 않았다. 그것은 바알 선지자들의 정성이 부족해서가 아니다. 하나님께서 세우신 전투에서 사탄은 결코 아무것도 할 수 없었다. 바알이 제단에 불 붙이는 것쯤은 평상시에는 아주 쉽게 할 수 있다. 그러나 하나님이 그곳에 계시니 바알이라는 탈을 쓴 사탄은 아무것도 할 수 없었다.

30 엘리야가 모든 백성을 향하여 이르되 내게로 가까이 오라 백성이 다 그에게 가까이 가매 그가 무너진 여호와의 제단을 수축하되
30 Then Elijah said to the people, "Come closer to me," and they all gathered round him. He set about repairing the altar of the Lord which had been torn down.

18:30 무너진 여호와의 제단을 수축하되. 아마 그곳에 여호와의 산당이 있었을 것이다. 이세벨이 하나님께 제사하던 제단을 무너뜨렸을 것이다. 무너진 제단을 다시 고쳤다. 임시방편의 수축이었을 것이다. 옆에서는 바알의 선지자들이 그들의 화려한 제단 앞에서 불을 붙이기 위해 여전히 노력하고 있었다.
31 야곱의 아들들의 지파의 수효를 따라 엘리야가 돌 열두 개를 취하니 이 야곱은 옛적에 여호와의 말씀이 임하여 이르시기를 네 이름을 이스라엘이라 하리라 하신 자더라

32 그가 여호와의 이름을 의지하여 그 돌로 제단을 쌓고 제단을 돌아가며 곡식 종자 두 스아를 둘 만한 도랑을 만들고
33 또 나무를 벌이고 송아지의 각을 떠서 나무 위에 놓고 이르되 통 넷에 물을 채워다가 번제물과 나무 위에 부으라 하고
31 He took twelve stones, one for each of the twelve tribes named after the sons of Jacob, the man to whom the Lord had given the name Israel.
32 With these stones he rebuilt the altar for the worship of the Lord. He dug a trench round it, large enough to hold almost 14 litres of water.
33 Then he placed the wood on the altar, cut the bull in pieces, and laid it on the wood. He said, "Fill four jars with water and pour it on the offering and the wood." They did so,

18:33 번제물과 나무 위에 부으라. 세 번이나 흠뻑 물을 부었다. 어떤 속임수의 가능성

도 제거하기 위한 것일 거다.

34 또 이르되 다시 그리하라 하여 다시 그리하니 또 이르되 세 번째로 그리하라 하여 세 번째로 그리하니
35 물이 제단으로 두루 흐르고 도랑에도 물이 가득 찼더라
36 저녁 소제 드릴 때에 이르러 선지자 엘리야가 나아가서 말하되 아브라함과 이삭과 이스라엘의 하나님 여호와여 주께서 이스라엘 중에서 하나님이신 것과 내가 주의 종인 것과 내가 주의 말씀대로 이 모든 일을 행하는 것을 오늘 알게 하옵소서

34 and he said, "Do it again"—and they did. "Do it once more," he said—and they did.
35 The water ran down round the altar and filled the trench.
36 At the hour of the afternoon sacrifice the prophet Elijah approached the altar and prayed, "O Lord, the God of Abraham, Isaac, and Jacob, prove now that you are the God of Israel and that I am your servant and have done all this at your command.

18:36 저녁 소제 드릴 때. 바알 선지자들이 아침부터 오후 3시까지 모든 방법을 다 동원해도 불을 붙이지 못하고 결국 실패로 끝난 시점이다. 그들은 크게 낙심하였다. 그 때 엘리야가 기도하였다. **주께서 이스라엘 중에서 하나님이신 것...오늘 알게 하옵소서.** 엘리야는 바알 선지자들처럼 그렇게 많은 의식이나 시간이 필요하지 않았다. 단지 사람들이 알아들을 수 있도록 간단히 기도하였다. 몇 분이나 지났을까?

37 여호와여 내게 응답하옵소서 내게 응답하옵소서 이 백성에게 주 여호와는 하나님이신 것과 주는 그들의 마음을 되돌이키심을 알게 하옵소서 하매
38 이에 여호와의 불이 내려서 번제물과 나무와 돌과 흙을 태우고 또 도랑의 물을 핥은지라

37 Answer me, Lord, answer me, so that this people will know that you, the Lord, are God, and that you are bringing them back to yourself."
38 The Lord sent fire down, and it burnt up the sacrifice, the wood, and the stones, scorched the earth and dried up the water in the trench.

18:38 여호와의 불이 내려서. 하나님께서 불을 내려서 번제물과 그 주변의 모든 것을 다 태웠다. 아주 쉽게 불이 내렸고, 아주 강렬하게 모든 것을 태웠다. 바알의 선지자들이 하루 종일 그렇게 하고자 하였지만 하지 못한 일이 여호와의 제단에서는 아주 쉽게 일어났다. 누가 진정 천지를 창조하신 하나님이신지 드러나는 순간이다.
여호와의 제단이 무너져 있었다고 하나님이 무너진 것이 아니다. 사람들이 하나님을 예배하지 않는다고 여호와께서 하나님이 아닌 것이 아니다. 사람들이 하나님을 예배하지 않을 때 하나님께서 영광받지 못하시는 것이 아니라 사람들이 영광받지 못하는 것이다. 하나님은 언제나 충만하게 영광스러우시다. 무너진 제단은 하나님이 아니라 사람들에게 치명적이다. 그들이 하나님을 무시하고 예배를 무시하던 사이 그들의 영혼과 인생이 무너져 있었다.

39 모든 백성이 보고 엎드려 말하되 여호와 그는 하나님이시로다 여호와 그는 하나님이시로다 하니
40 엘리야가 그들에게 이르되 바알의 선지자를 잡되 그들 중 하나도 도망하지 못하게 하라 하매 곧 잡은지라 엘리야가 그들을 기손 시내로 내려다가 거기서 죽이니라
39 When the people saw this, they threw themselves on the ground and exclaimed, "The Lord is God; the Lord alone is God!"
40 Elijah ordered, "Seize the prophets of Baal; don't let any of them get away!" The people seized them all, and Elijah led them down to the River Kishon and killed them.

18:40 바알의 선지자를...기손 시내로 내려다가 거기서 죽이니라. 바알 선지자를 모두 죽였다. 이것을 보고 '잔인하다' 생각할 수도 있다. 그러나 결코 그렇지 않다. 이전에 이세벨에 의해 수많은 북이스라엘의 선지자들이 죽임을 당하였었다. 또한 바알 선지자의 죽음은 영원한 죽음에 대한 상징일 뿐이다. 진짜 처절한 것은 영원한 죽음이다. 사실 육체적 죽음이 아니라 무너진 제단이 가장 잔인하며 처절하다. 창조주를 모르는 것이며 그들의 모든 삶이 부정되는 것이기 때문이다. 영원한 죽음에 이르는 것이기 때문이다. 말로 표현할 수 없는 처절한 비참함에서 빨리 일어나야 한다. 하나님의 왕되심을 회복해야 한다. 오늘 하나님께서 우리의 왕이 아니라면 그 사람은 가장 비참함 속에 있는 것이다.

41 엘리야가 아합에게 이르되 올라가서 먹고 마시소서 큰 비 소리가 있나이다
41 Then Elijah said to King Ahab, "Now, go and eat. I hear the roar of rain approaching."

18:41 올라가서 먹고 마시소서 큰 비 소리가 있나이다. 올라가서 먹고 마시는 것은 화목제 이후 함께 식사하는 것을 말하는 것 같다. 아합과 북이스라엘이 하나님과의 관계가 회복된 것을 상징적으로 보여주는 것이다. 북이스라엘과 하나님의 관계가 회복됨으로 그렇게 가물었던 땅에 비도 내릴 것이다. 큰 비가 내릴 것이니 그것을 기다리

라고 말한다.

42 아합이 먹고 마시러 올라가니라 엘리야가 갈멜 산 꼭대기로 올라가서 땅에 꿇어 엎드려 그의 얼굴을 무릎 사이에 넣고
42 While Ahab went to eat, Elijah climbed to the top of Mount Carmel, where he bowed down to the ground, with his head between his knees.

18:42 땅에 꿇어 엎드려 그의 얼굴을 무릎 사이에 넣고. 엘리야 자신은 식사를 같이 하지 아니하고 남은 사역을 위해 더 높은 봉우리로 올라갔다. 엘리야는 이제 비가 내리길 기도하였을 것이다. 이전에는 비가 내리지 않기를 위해 기도하였었다. 하나님과의 관계가 끊어졌었기 때문이다. 이제 비가 내리길 기도하였다. 관계가 회복되었기 때문이다.

43 그의 사환에게 이르되 올라가 바다쪽을 바라보라 그가 올라가 바라보고 말하되 아무것도 없나이다 이르되 일곱 번까지 다시 가라
43 He said to his servant, "Go and look towards the sea." The servant went and returned, saying, "I didn't see anything." Seven times in all Elijah told him to go and look.

18:43 올라가 바다쪽을 바라보라. 사건이 벌어지고 있던 곳에서 바다까지는 15km 떨어져 있다. 이스라엘에서 비는 바다 쪽에서 구름과 함께 오는 경우가 많다. 그래서 지중해 바다가 멀리 있는 바다 쪽에서 비구름이 있는지 보라는 말이다. **일곱 번까지 다시 가라.** 사환이 8번이나 산 정상과 엘리야 사이를 오간 것으로 보인다. 엘리야가 이렇게 조바심을 내고 급하게 사환을 다시 보내는 것은 관계회복을 상징하는 비를 간절히 바라는 마음일 것이다. 하나님께서 약속하셨으니 당연히 비가 올 것이지만 비가 조금이라도 늦게 오면 땅의 생명체가 갈증으로 타 들어 가고 있으니 10분이라도 더 빨리 내리기를 소망하는 마음이 담겨 있을 것이다. 관계회복의 상징인 비가 빠르게 오기를 바라는 엘리야의 마음이 담겨 있다. 일곱 번이라는 숫자는 또 한 편 관계회복의 어려움을 담고 있는 것 같다. 하나님께서 비를 내리시는 것은 아주 쉽다. 하늘의 불을 내려 제단을 태우신 것이 쉬운 것처럼 비를 내리시는 것도 쉽다. 창조주 하나님이시기 때문이다. 그러나 불은 여호와의 하나님 되심의 상징이지만 비는 관계회복의 상징이다. 관계회복은 상대가 있다. 북이스라엘이 실제적으로 하나님과 관계를 회복하는 것은 어려운 일이다. 그것을 담고 있는 것 같다. 이 회복을 위해서는 믿음으로

나가는 힘든 과정이 필요하다.
믿음은 때론 쉽다. 내가 무엇인가를 하는 것이 아니라 의지하는 것이기 때문이다. 더 큰 힘이 아니라 더 작아지는 것을 필요로 하기 때문이다. 그러나 그래서 어렵다. 사람의 죄는 매우 교만하기 때문이다. 자신이 왕이 되려고 하기 때문이다. 그래서 믿음은 어떤 측면에서는 가장 어렵다. 믿음의 여정을 위해 인생이라는 긴 시간이 필요한 이유다.

44 일곱 번째 이르러서는 그가 말하되 바다에서 사람의 손 만한 작은 구름이 일어나나이다 이르되 올라가 아합에게 말하기를 비에 막히지 아니하도록 마차를 갖추고 내려가소서 하라 하니라
44 The seventh time he returned and said, "I saw a little cloud no bigger than a man's hand, coming up from the sea." Elijah ordered his servant, "Go to King Ahab and tell him to get into his chariot and go back home before the rain stops him."

18:44 아합에게 말하기를 비에 막히지 아니하도록 마차를 갖추고 내려가소서. 아합의 두 번째 궁이 있는 이스르엘까지 27km를 가야 한다. 갈멜산에서 그곳까지는 만약 큰 비가 내리면 마차가 움직일 수 없게 될 것이다. 그래서 큰 비로 마차 길이 물길이 되기 전에 서둘러서 가야 한다. 가뭄 동안 이것을 상상이나 할 수 있었을까? 관계회복을 상징하는 비를 하나님께서 엄청나게 많이 주실 것이다. 하나님 편에서의 관계회복을 아주 많이 바라시는 마음을 담고 있는 것 같다.

45 조금 후에 구름과 바람이 일어나서 하늘이 캄캄해지며 큰 비가 내리는지라 아합이 마차를 타고 이스르엘로 가니
45 In a little while the sky was covered with dark clouds, the wind began to blow, and heavy rain began to fall. Ahab got into his chariot and started back to Jezreel.

18:45 조금 후에 구름과 바람이 일어나서 하늘이 캄캄해지며 큰 비가 내리는지라. 엄청난 비가 내렸다. 비를 바라보는 사람들의 마음, 아합의 마음, 엘리야의 마음이 어떠했을까? 그들은 비가 아니라 엄청난 하나님의 마음을 보아야 한다.

46 여호와의 능력이 엘리야에게 임하매 그가 허리를 동이고 이스르엘로 들어가는 곳까지 아합 앞에서 달려갔더라
46 The power of the Lord came on Elijah; he fastened his clothes tight round his waist and

ran ahead of Ahab all the way to Jezreel.

18:46 그가 허리를 동이고 이스르엘로 들어가는 곳까지 아합 앞에서 달려갔더라. 조금 이상한 그림이 그려지고 있다. 마차를 타고 가는 아합 왕 앞을 엘리야가 달려가는 모습이다. 27km를 달린 것이다. 그렇게 달려가는 능력이나 이유 등 모든 것이 특이하다. 이것은 아마 당대의 문화를 반영하여 그 마차를 이끄시는 하나님을 상징적으로 보여주는 것 같다.

북이스라엘의 왕 아합의 마차를 앞서가며 이끎으로 관계회복이 이루어졌음을 상징적으로 보여주는 것이다. 그런데 이후를 보면 아합은 관계회복이 온전하지 못하다. 그러나 북이스라엘 백성들은 이전과는 분명히 다르게 어느 정도 관계회복이 이루어졌을 것이다.

19장

1 아합이 엘리야가 행한 모든 일과 그가 어떻게 모든 선지자를 칼로 죽였는지를 이세벨에게 말하니
2 이세벨이 사신을 엘리야에게 보내어 이르되 내가 내일 이맘때에는 반드시 네 생명을 저 사람들 중 한 사람의 생명과 같게 하리라 그렇게 하지 아니하면 신들이 내게 벌 위에 벌을 내림이 마땅하니라 한지라
1 King Ahab told his wife Jezebel everything that Elijah had done and how he had put all the prophets of Baal to death.
2 She sent a message to Elijah: "May the gods strike me dead if by this time tomorrow I don't do the same thing to you that you did to the prophets."

19:2 네 생명을 저 사람들 중 한 사람의 생명과 같게 하리라. 어쩐 일인지 갈멜산 전투에 이세벨이 없었던 것 같다. 갈멜산에서 어떤 일이 벌어졌는지 북이스라엘의 왕비 이세벨이 나중에 들었다. 이세벨은 사람을 보내 엘리야를 죽이겠다는 다짐을 전하였다. 이세벨은 갈멜산에서 하나님께서 하신 일과 가뭄을 끝내셨다는 사실을 받아들이지 않았다. 그녀는 믿음이 없었기 때문이다. 믿음이 없는 사람은 어떤 일이 일어나도 믿지 않는다. 단지 엘리야가 바알의 선지자들을 죽인 것에 대해서만 분노하였다. 믿음이 없는 사람이 믿음이 없이 행하는 것 때문에 믿음의 사람이 낙심하지 말아야 한다.

3 그가 이 형편을 보고 일어나 자기의 생명을 위해 도망하여 유다에 속한 브엘세바에 이르러 자기의 사환을 그 곳에 머물게 하고
3 Elijah was afraid, and fled for his life; he took his servant and went to Beersheba in Judah. Leaving the servant there,

19:3 자기의 생명을 위해 도망하여. 엘리야는 재빨리 도망을 갔다. 브엘세바에 도착했는데 브엘세바는 북이스라엘이 아니라 유다의 남쪽 경계선이다. 그러나 그는 유다에도 이세벨의 힘이 미칠 것을 생각하여 더 멀리 도망가고자 하였다. 아마 애굽으로 도망가려고 했던 것 같다.

4 자기 자신은 광야로 들어가 하룻길쯤 가서 한 로뎀 나무 아래에 앉아서 자기가 죽기를 원하여 이르되 여호와여 넉넉하오니 지금 내 생명을 거두시옵소서 나는 내 조상들보다 낫지 못하니이다 하고
4 Elijah walked a whole day into the wilderness. He stopped and sat down in the shade of a

tree and wished he would die. "It's too much, Lord," he prayed. "Take away my life; I might as well be dead!"

19:4 광야로 들어가 하룻길쯤 가서 한 로뎀 나무 아래에 앉아서. 광야에서 40km를 걸어갔다. 그러자 그의 육체적 힘이 아주 쇠잔한 것 같다. 광야는 눈으로 보는 것과는 아주 달라서 사람을 많이 힘들게 한다. 비틀거리다가 한 나무 밑에 쓰러지듯이 주저앉았다. **자기가 죽기를 원하여.** 육체적으로 힘이 다 빠진 엘리야는 마음의 힘까지 빠지게 되었다. 그래서 나약한 마음으로 '죽음'을 간구하였다. 때로 육체적인 상태가 정신의 상태에 영향을 준다. 그러기에 무엇인가를 결정할 때는 육체적으로 나약할 때 하면 안 된다. 나약한 결정을 하기 때문이다. 방금 전까지 살고 싶어서 도망을 가는 중이었다. 그러나 이제 육체적 힘이 다 빠지자 너무 힘들어 죽음을 간구하였다. 사람이 '죽음을 간구한다'는 것은 아주 많이 힘들다는 것을 의미한다. 그러나 그래도 죽음을 구하는 것은 잘못된 것이다. 죽음은 하나님께서 정하신다. 하나님의 때에 행하신다. 그러니 살아 있는 사람은 늘 생명을 구해야 한다. 그것이 하나님의 뜻이다. 어떤 경우이든 살아 있어 하나님의 뜻을 더 이루어 가고자 해야 한다.

5 로뎀 나무 아래에 누워 자더니 천사가 그를 어루만지며 그에게 이르되 일어나서 먹으라 하는지라

5 He lay down under the tree and fell asleep. Suddenly an angel touched him and said, "Wake up and eat."

19:5 천사가 그를 어루만지며 그에게 이르되 일어나서 먹으라. 하나님께서 천사를 보내셔서 쓰러져 자고 있는 엘리야에게 먹을 것을 주셨다. 엘리야에게 지금 필요한 것은 육신의 기력 회복이라는 것을 아셨기 때문이다. 하나님은 우리의 필요를 우리보다 더 잘 아신다. 엘리야는 먹을 것을 구하지 않고 죽음을 구하였다. 그러나 하나님께서 그에게 먹을 것을 주셨다.

6 본즉 머리맡에 숯불에 구운 떡과 한 병 물이 있더라 이에 먹고 마시고 다시 누웠더니

7 여호와의 천사가 또 다시 와서 어루만지며 이르되 일어나 먹으라 네가 갈 길을 다 가지 못할까 하노라 하는지라

6 He looked round, and saw a loaf of bread and a jar of water near his head. He ate and drank, and lay down again.

7 The Lord's angel returned and woke him up a second time, saying, "Get up and eat, or the journey will be too much for you."

19:7 천사가 또 다시 와서 어루만지며 이르되 일어나 먹으라. 기진맥진하여 쓰러져 자던 엘리야가 음식을 먹고 또 바로 쓰러져서 잠을 잤다. 이번에는 이전 잠과 조금 다를 것이다. 음식을 먹었기에 자면서 기력이 회복되었을 것이다. 또 한 번 깨우셔서 음식을 주셨다. 두 번의 음식 사이의 잠자는 시간은 앞으로 갈 길을 위해 회복 기간을 주신 것이다.

8 이에 일어나 먹고 마시고 그 음식물의 힘을 의지하여 사십 주 사십 야를 가서 하나님의 산 호렙에 이르니라

8 Elijah got up, ate and drank, and the food gave him enough strength to walk **40** days to Sinai, the holy mountain.

19:8 음식물의 힘을 의지하여 사십 주 사십 야를 가서 하나님의 산 호렙에 이르니라. 음식을 두 번째 먹었을 때 일어나 광야 길을 갈 힘을 얻었다. 그런데 육신의 기력만 회복한 것이 아니라 마음의 기력도 회복하였다. 이전에는 도망가는 길이었다. 그런데 이번에는 목적지가 '호렙산'이다. 하나님께서 말씀하셨을지 아니면 모세를 생각하며 호렙산에 이르렀을지는 모른다. 여하튼 그는 이제 도망자가 아니라 다시 사역자가 되었다. 마음의 완전한 회복을 위해 모세가 말씀을 받았던 호렙산으로 향하였다.
마음이 낙심하여 있을 때는 갈멜산에서 브엘세바까지 160km를 간 이후 광야로 40km를 더 갔을 때 기력을 잃고 쓰러졌었다. 그런데 이번에는 훨씬 더 긴 시간인 40일 동안 훨씬 더 힘든 광야의 길을 갔으나 쓰러지지 않았다. 거리도 더 길어서 400km를 갔으나 쓰러지지 않았다. 그의 마음이 힘을 얻었기 때문일 것이다. 우리가 길을 가기 위해서는 육신의 힘도 중요하고 마음의 힘은 더욱더 중요하다. 마음의 힘을 위해 육신의 음식을 먹는 것도 필요하지만, 육신의 힘을 위해 마음을 회복하는 것은 더욱더 중요하다.

9 엘리야가 그 곳 굴에 들어가 거기서 머물더니 여호와의 말씀이 그에게 임하여 이르시되 엘리야야 네가 어찌하여 여기 있느냐

9 There he went into a cave to spend the night. Suddenly the Lord spoke to him, "Elijah, what are you doing here?"

19:9 엘리야야 네가 어찌하여 여기 있느냐. 엘리야가 처음에는 도망을 친 것이지만 중간에 하나님의 인도하심을 따라 호렙산에 왔을 것이다. 이곳에서 엘리야는 무엇을 대답해야 할까? 하나님의 이 질문은 엘리야가 자기 자신을 되돌아보도록 질문하신 것이다. 우리도 이 질문을 자주 들어야 한다. 자신의 영적인 위치를 잘 알아야 한다. 자신이 가야 하는 믿음의 길을 잘 이해해야 한다.

10 그가 대답하되 내가 만군의 하나님 여호와께 열심이 유별하오니 이는 이스라엘 자손이 주의 언약을 버리고 주의 제단을 헐며 칼로 주의 선지자들을 죽였음이오며 오직 나만 남았거늘 그들이 내 생명을 찾아 빼앗으려 하나이다
10 He answered, "Lord God Almighty, I have always served you—you alone. But the people of Israel have broken their covenant with you, torn down your altars, and killed all your prophets. I am the only one left—and they are trying to kill me!"

19:10 오직 나만 남았거늘 그들이 내 생명을 찾아 빼앗으려 하나이다. 엘리야의 말은 맞다. 그러나 반만 맞는 말이다. 그래서 엘리야가 제대로 깨닫도록 하기 위해 하나님께서 그에게 말씀하신다. 우리는 반만 맞는 사실 때문에 자기 합리화와 거짓에 속을 때가 많다. 엘리야의 낙심은 반만 맞는 진리 때문이다. 반만 맞으면서 행동은 나머지 틀린 것을 기반으로 행동한다. 그래서 잘못된 길로 갈 때가 많다.

11 여호와께서 이르시되 너는 나가서 여호와 앞에서 산에 서라 하시더니 여호와께서 지나가시는데 여호와 앞에 크고 강한 바람이 산을 가르고 바위를 부수나 바람 가운데에 여호와께서 계시지 아니하며 바람 후에 지진이 있으나 지진 가운데에도 여호와께서 계시지 아니하며
11 "Go out and stand before me on top of the mountain," the Lord said to him. Then the Lord passed by and sent a furious wind that split the hills and shattered the rocks—but the Lord was not in the wind. The wind stopped blowing, and then there was an earthquake—but the Lord was not in the earthquake.

19:11 나가서 여호와 앞에서 산에 서라. 하나님의 임재와 음성을 들을 수 있도록 엘리야는 굴 밖으로 나와 산에 섰다. **여호와께서 지나가시는데.** 이것은 '보라 여호와께서 지나가신다'라고 번역하는 것이 더 좋을 것 같다. '여호와께서 지나가시니 잘 보라'는 말이다. 이어서 아주 강한 바람이 불어 산을 흔들었다. 지진이 땅을 흔들었다. 아주 강한 불이 일어났다. **여호와께서 계시지 아니하며.** 보통 이러한 바람이나 지진과 불을 통해 하나님의 임재가 나타날 때가 많았다. 그래서 엘리야는 그러한 것이 있을 때 매

우 주의해서 하나님께서 임재하시는지 보았을 것이다. 그러나 하나님의 임재를 느낄 수 있는 것이 전혀 없었다.

12 또 지진 후에 불이 있으나 불 가운데에도 여호와께서 계시지 아니하더니 불 후에 세미한 소리가 있는지라

12 After the earthquake, there was a fire—but the Lord was not in the fire. And after the fire, there was the soft whisper of a voice.

19:12 세미한 소리가 있는지라. 아주 강렬한 자연 현상 속에서 엘리야는 두려워하며 하나님의 임재를 보려 하였다. 그러나 그 속에서 보이지 않던 하나님의 임재가 고요함 가운데 조용하고 부드러운 목소리로 들렸다.

이것을 통해 하나님께서 무엇을 말씀하고자 하시는지는 명확하지 않다. 앞에서의 3가지 강렬한 자연 현상도 하나님께서 하신 것이다. 그런데 그것이 보이지 않았다. 중요한 것은 하나님의 음성이다. 크고 놀라운 일이 있지만 그러한 것에 놀랄 것이 아니라 조용히 하나님의 음성을 들어야 한다. 엘리야는 갈멜산 전투와 이세벨의 분노에서 하나님의 음성을 듣는 것이 중요하였다. 그러나 그때 엘리야가 하나님의 음성을 듣지 못해 낙심과 절망으로 가득하였다.

13 엘리야가 듣고 겉옷으로 얼굴을 가리고 나가 굴 어귀에 서매 소리가 그에게 임하여 이르시되 엘리야야 네가 어찌하여 여기 있느냐

13 When Elijah heard it, he covered his face with his cloak and went out and stood at the entrance of the cave. A voice said to him, "Elijah, what are you doing here?"

19:13 네가 어찌하여 여기 있느냐. 엘리야는 도망을 가다 호렙산에 왔다. 그러니 이것은 엘리야의 도망에 대한 질문이다.

14 그가 대답하되 내가 만군의 하나님 여호와께 열심이 유별하오니 이는 이스라엘 자손이 주의 언약을 버리고 주의 제단을 헐며 칼로 주의 선지자들을 죽였음이오며 오직 나만 남았거늘 그들이 내 생명을 찾아 빼앗으려 하나이다

14 He answered, "Lord God Almighty, I have always served you—you alone. But the people of Israel have broken their covenant with you, torn down your altars, and killed all your prophets. I am the only one left—and they are trying to kill me."

19:14 나만 남았거늘 그들이 내 생명을 빼앗으려 하나이다. 엘리야는 홀로 남아 목숨의 위협 속에서 이곳까지 왔다고 말하였다. 그러나 그의 계산은 틀렸다. 그는 혼자 남은 것이 아니다. 무엇보다 그는 모든 것을 통치하시는 하나님을 계산 속에 넣지 않았다. 하나님께서 보호하신다는 것을 놓쳤다. 세상의 크고 강한 일에서 하나님을 보지 못하였다. 사실 그것도 하나님께서 행하시는 것이다. 단지 보이지 않을 뿐이다. 엘리야는 그것을 믿었어야 한다. 그는 세상의 크고 강한 것에 압도되었다. 두려움 때문에 하나님을 보는 것을 놓쳤다. 두려워 도망하였다.

15 여호와께서 그에게 이르시되 너는 네 길을 돌이켜 광야를 통하여 다메섹에 가서 이르거든 하사엘에게 기름을 부어 아람의 왕이 되게 하고
15 The Lord said, "Return to the wilderness near Damascus, then enter the city and anoint Hazael as king of Syria;

19:15 너는 네 길을 돌이켜 광야를 통하여 다메섹에 가서. 엘리야는 이제 돌이켜 가야 한다. 도망갈 것이 아니라 다시 북이스라엘로 돌아가야 한다. 그는 도망할 필요가 없었다. **하사엘에게 기름을 부어 아람의 왕이 되게 하고.** 하나님은 북이스라엘을 넘어 모든 나라를 다스리시는 분임을 알 수 있다.

16 너는 또 님시의 아들 예후에게 기름을 부어 이스라엘의 왕이 되게 하고 또 아벨므홀라 사밧의 아들 엘리사에게 기름을 부어 너를 대신하여 선지자가 되게 하라
16 anoint Jehu son of Nimshi as king of Israel, and anoint Elisha son of Shaphat from Abel Meholah to succeed you as prophet.

19:16 예후에게 기름을 부어 이스라엘의 왕이 되게 하고. 북이스라엘의 왕비 이세벨이 절대권력을 가지고 엘리야를 죽이려 하고 있지만 결국 예후가 북이스라엘의 왕이 될 것이다. 하나님께서 그 모든 일의 주권자이시다. **엘리사에게 기름을 부어 너를 대신하여 선지자가 되게 하라.** 하나님께서 아람의 다음 왕과 북이스라엘의 다음 왕을 세우실 뿐만 아니라 엘리야를 이을 다음 선지자도 세우신다. 선지자는 하나님의 음성을 전하는 사람이다. 그래서 아람 왕이나 북이스라엘의 왕보다 더 중요하다. 사람들이 하나님의 음성을 들을 수 있도록 엘리사를 세우실 것이다.

17 하사엘의 칼을 피하는 자를 예후가 죽일 것이요 예후의 칼을 피하는 자를 엘리사가 죽이리라
18 그러나 내가 이스라엘 가운데에 칠천 명을 남기리니 다 바알에게 무릎을 꿇지 아니하고 다 바알에게 입맞추지 아니한 자니라
17 Anyone who escapes being put to death by Hazael will be killed by Jehu, and anyone who escapes Jehu will be killed by Elisha.
18 Yet I will leave seven thousand people alive in Israel—all those who are loyal to me and have not bowed to Baal or kissed his idol."

19:18 내가 이스라엘 가운데에 칠천 명을 남기리니. '칠천 명'은 완전 수 '칠'에 많음의 수 '천'을 곱하여 만들어 낸 숫자다. 이것은 문자적으로 칠천 명이라는 의미보다는 '아주 많은 수'를 의미할 것이다. 엘리야는 자기 혼자 남았다고 생각하였지만 실제로는 여전히 아주 많은 수의 신앙인이 남아 있었다.
오늘날 신앙생활을 할 때 또한 그렇다. 때로는 매우 외롭다. 모두 불신의 세계로 빠진 것처럼 보일 때가 있다. 그러나 실제로는 하나님의 사람이 구석구석에 있다. 그러니 두려워하지 말고 실망하지 말아야 한다. 중요한 것은 내가 하나님의 음성을 따라 사는 것이다.

19 엘리야가 거기서 떠나 사밧의 아들 엘리사를 만나니 그가 열두 겨릿소를 앞세우고 밭을 가는데 자기는 열두째 겨릿소와 함께 있더라 엘리야가 그리로 건너가서 겉옷을 그의 위에 던졌더니
19 Elijah left and found Elisha ploughing with a team of oxen; there were eleven teams ahead of him, and he was ploughing with the last one. Elijah took off his cloak and put it on Elisha.

19:19 열두 겨릿소를 앞세우고 밭을 가는데. '겨리'는 '두 마리의 소가 끄는 쟁기'이기 때문에 24마리의 소와 함께 일을 하고 있었다는 의미다. 그렇다면 매우 부자라는 것을 알 수 있다. 그러나 그는 부자에 만족하는 사람이 아니라 하나님의 음성을 듣고 따라 사는 것을 중요하게 여기는 사람이었다. **겉옷을 그의 위에 던졌더니.** 엘리야 선지자의 권위와 힘을 엘리사에게 이양하는 것을 의미한다. 그에게 겉옷을 던진 사람이 누구인지 그리고 그것이 무엇을 의미하는지를 잘 알고 있는 엘리사는 바로 순종하였다.

20 그가 소를 버리고 엘리야에게로 달려가서 이르되 청하건대 나를 내 부모와 입맞추게 하소서 그리한 후에 내가 당신을 따르리이다 엘리야가 그에게 이르되

돌아가라 내가 네게 어떻게 행하였느냐 하니라
21 엘리사가 그를 떠나 돌아가서 한 겨릿소를 가져다가 잡고 소의 기구를 불살라 그 고기를 삶아 백성에게 주어 먹게 하고 일어나 엘리야를 따르며 수종 들었더라

20 Elisha then left his oxen, ran after Elijah, and said, "Let me kiss my father and mother goodbye, and then I will go with you." Elijah answered, "All right, go back. I'm not stopping you!"
21 Then Elisha went to his team of oxen, killed them, and cooked the meat, using the yoke as fuel for the fire. He gave the meat to the people, and they ate it. Then he went and followed Elijah as his helper.

19:21 한 겨릿소를 가져다가 잡고 소의 기구를 불살라 그 고기를 삶아 백성에게 주어 먹게 하고 일어나 엘리야를 따르며. 두 마리의 소를 잡는 것은 당시에는 엄청난 일이다. 그리고 '기구를 불사르는 것'은 그의 굳은 의지를 보여준다. 엘리사는 그렇게 굳은 의지로 엘리야를 따랐다. 하나님의 음성에 순종한 것이다. 엘리야는 모르고 있었지만 엘리사는 그렇게 준비되어 있었다.

북이스라엘이 영적으로 완전히 어두운 것 같았으나 엘리사의 즉각적인 순종을 통해 볼 때 여전히 많은 사람이 믿음의 길을 가고 있었다는 것을 볼 수 있다. 오늘날에도 마찬가지다. 크고 화려하게 보이지 않을 뿐이지 구석구석에 하나님의 사람들이 있다. 하나님의 세미한 음성을 들으며 순종하는 거룩한 백성들이 있다.

20장

1 아람의 벤하닷 왕이 그의 군대를 다 모으니 왕 삼십이 명이 그와 함께 있고 또 말과 병거들이 있더라 이에 올라가서 사마리아를 에워싸고 그 곳을 치며
1 King Benhadad of Syria gathered all his troops, and supported by **32** other rulers with their horses and chariots, he marched up, laid siege to Samaria, and launched attacks against it.

20:1 아람의 벤하닷 왕이 그의 군대를 다 모으니...사마리아를 에워싸고. 아람의 왕은 북이스라엘과 경쟁 관계였다. 그들은 중요한 무역로를 독차지하고 세력을 확장하기 위해 힘썼다. 이러한 일은 오늘날에도 비일비재하다. 세상은 늘 전쟁이 있다. 눈에 보이는 전쟁도 있고 눈에 보이지 않는 경제 전쟁도 있다. 사람들은 자신들의 이익을 위해 늘 싸운다.

2 사자들을 성 안에 있는 이스라엘의 아합 왕에게 보내 이르기를 벤하닷이 그에게 이르되
3 네 은금은 내 것이요 네 아내들과 네 자녀들의 아름다운 자도 내 것이니라 하매
2 He sent messengers into the city to King Ahab of Israel to say, "King Benhadad demands that
3 you surrender to him your silver and gold, your women and the strongest of your children."

20:3 아람 왕은 아합 왕에게 은금을 보내고 아내와 자식을 볼모로 보내라고 압박하였다. 그들의 요구를 들어주는 것은 매우 굴욕적인 일이다. 그러나 아합은 위태로운 상황에서 어쩔 수 없이 아람의 요구를 따르기로 결정하였다.

4 이스라엘의 왕이 대답하여 말하기를 내 주 왕이여 왕의 말씀 같이 나와 내 것은 다 왕의 것이니이다 하였더니
4 "Tell my lord, King Benhadad, that I agree; he can have me and everything I own," Ahab answered.

20:4 나와 내 것은 다 왕의 것이니이다. 아합은 굴욕적인 자세로 대답하였다. 그는 하나님께는 교만하였다. 그런데 아람 왕에게는 굴육적으로 순종한다. 그는 눈에 보이지 않는 하나님을 볼 수 있는 믿음이 없었다. 그는 눈에 보이는 아람 왕을 매우 무서워하였다. 그러나 전능하신 하나님을 무서워하지는 않았다.

5 사신들이 다시 와서 이르되 벤하닷이 이르노라 내가 이미 네게 사람을 보내어 말하기를 너는 네 은금과 아내들과 자녀들을 내게 넘기라 하였거니와
6 내일 이맘때에 내가 내 신하들을 네게 보내리니 그들이 네 집과 네 신하들의 집을 수색하여 네 눈이 기뻐하는 것을 그들의 손으로 잡아 가져가리라 한지라
5 Later the messengers came back to Ahab with another demand from Benhadad: "I sent you word that you were to hand over to me your silver and gold, your women and your children.
6 Now, however, I will send my officers to search your palace and the homes of your officials, and to take everything they consider valuable. They will be there about this time tomorrow."

20:6 네 집과 네 신하들의 집을 수색하여 네 눈이 기뻐하는 것을 그들의 손으로 잡아 가져가리라. 아람 왕은 요구를 더 강화하였다. 아람의 군사들이 직접 사마리아 성에 들어와 노략질하겠다고 하였다. 세상의 강자는 늘 더 가지려 한다. 세상의 강자는 약자를 배려하는 것이 아니라 약하면 약할수록 더 많이 노략질하려고 한다.

7 이에 이스라엘 왕이 나라의 장로를 다 불러 이르되 너희는 이 사람이 악을 도모하고 있는 줄을 자세히 알라 그가 내 아내들과 내 자녀들과 내 은금을 빼앗으려고 사람을 내게 보냈으나 내가 거절하지 못하였노라
8 모든 장로와 백성들이 다 왕께 아뢰되 왕은 듣지도 말고 허락하지도 마옵소서 한지라
9 그러므로 왕이 벤하닷의 사신들에게 이르되 너희는 내 주 왕께 말하기를 왕이 처음에 보내 종에게 구하신 것은 내가 다 그대로 하려니와 이것은 내가 할 수 없나이다 하라 하니 사자들이 돌아가서 보고하니라
7 King Ahab called in all the leaders of the country and said, "You see that this man wants to ruin us. He sent me a message demanding my wives and children, my silver and gold, and I agreed."
8 The leaders and the people answered, "Don't pay any attention to him; don't give in."
9 So Ahab replied to Benhadad's messengers, "Tell my lord the king that I agreed to his first demand, but I cannot agree to the second." The messengers left and then returned with another message

20:9 처음에 보내 종에게 구하신 것은 내가 다 그대로 하려니와 이것은 내가 할 수 없나이다 하라. 아합은 사마리아가 아람 군사들에게 무참히 노략질당하는 것은 받아들일 수 없다고 말하였다. 어쩔 수 없는 선택이었다. 사마리아 성이 노략질당하면 아합과 사마리아는 그 이후 어떤 더 큰 일을 당할지 모른다. 회복 불가능한 상태에 이르게 된다. 차라리 싸우는 것이 작은 희망이라도 가질 수 있었다.

10 그 때에 벤하닷이 다시 그에게 사람을 보내어 이르되 사마리아의 부스러진 것이 나를 따르는 백성의 무리의 손에 채우기에 족할 것 같으면 신들이 내게 벌 위에 벌을 내림이 마땅하니라 하매
10 from Benhadad: "I will bring enough men to destroy this city of yours and carry off the rubble in their hands. May the gods strike me dead if I don't!"

20:10 사마리아의 부스러진 것이 나를 따르는 백성의 무리의 손에 채우기에 족할 것 같으면. 아람 군대가 노략질을 넘어 사마리아 성을 완전히 초토화시켜 벽돌 하나 남기지 않겠다는 말이다. 아람 왕은 자신이 믿는 신들의 이름으로 엄히 맹세하였다.

11 이스라엘 왕이 대답하여 이르되 갑옷 입는 자가 갑옷 벗는 자 같이 자랑하지 못할 것이라 하라 하니라
11 King Ahab answered, "Tell King Benhadad that a real soldier does his boasting after a battle, not before it."

20:11 갑옷 입는 자가 갑옷 벗는 자 같이 자랑하지 못할 것이라. 전쟁 준비와 승리는 다른 것이기 때문에 승리하고서 그런 말을 하라고 말하였다.

12 그 때에 벤하닷이 왕들과 장막에서 마시다가 이 말을 듣고 그의 신하들에게 이르되 너희는 진영을 치라 하매 곧 성읍을 향하여 진영을 치니라
12 Benhadad received Ahab's answer as he and his allies, the other rulers, were drinking in their tents. He ordered his men to get ready to attack the city, so they moved into position.

20:12 이 말을 듣고 그의 신하들에게 이르되 너희는 진영을 치라. 아람의 모든 군대가 사마리아를 공격하기 위해 준비하였다. 이제 큰 전쟁이 일어날 것이다. 사마리아는 풍전등화가 되었다.
북이스라엘과 아람의 전쟁이라는 표면적인 모습이 부각되고 있다. 그러나 이후 말씀을 보면 보이는 두 나라의 무기와 병사가 아니라 하나님께서 보내신 선지자에 의해 전쟁의 승패가 바뀐다. 늘 그렇다. 겉으로는 세상의 다양한 이유들이 있다. 그러나 세상이 진행되는 유일한 이유는 하나님이다. 세상의 통치자가 여럿 있는 것이 아니라 오직 한 분 여호와 하나님밖에 없기 때문이다.

13 한 선지자가 이스라엘의 아합 왕에게 나아가서 이르되 여호와의 말씀이 네

가 이 큰 무리를 보느냐 내가 오늘 그들을 네 손에 넘기리니 너는 내가 여호와인 줄을 알리라 하셨나이다
13 Meanwhile, a prophet went to King Ahab and said, "The Lord says, 'Don't be afraid of that huge army! I will give you victory over it today, and you will know that I am the Lord.' "

20:13 한 선지자가 이스라엘의 아합 왕에게 나아가서. 한 선지자가 나타나 아합 왕에게 하나님의 말씀을 전하였다. **그들을 네 손에 넘기리니.** 북이스라엘이 절대 열세 속에 있었다. 그런데 이길 것이라고 말씀하셨다. 아주 놀라운 말씀이다. 선지자가 말하는 것이기 때문에 믿을 수 없는 것일까? 선지자는 전쟁에 대해 모른다. 그러나 하나님은 전쟁을 승리하게 하시는 분이다. 아합은 상황이 어쩔 수 없어서 그런지는 몰라도 선지자의 말에 순종하였다.

14 아합이 이르되 누구를 통하여 그렇게 하시리이까 대답하되 여호와의 말씀이 각 지방 고관의 청년들로 하리라 하셨나이다 아합이 이르되 누가 싸움을 시작하리이까 대답하되 왕이니이다
14 "Who will lead the attack?" Ahab asked. The prophet answered, "The Lord says that the young soldiers under the command of the district governors are to do it." "Who will command the main force?" the king asked. "You," the prophet answered.

20:14 아합은 그러한 일이 어떻게 벌어질지 물었다. **각 지방 고관의 청년들로 하리라.** 아마 각 지방 고관의 최정예 군사들을 의미하는 것으로 보인다. 그런데 문제는 그들의 숫자가 매우 적다는 사실이다. **누가 싸움을 시작하리이까.** 아합이 기다려야 하는지 아니면 선제공격을 해야 하는지에 대한 물음으로 보인다. **대답하되 왕이니이다.** 아합은 선지자의 말을 따라 담대하게 아람을 공격하였다.

15 아합이 이에 각 지방 고관의 청년들을 계수하니 이백삼십이 명이요 그 외에 모든 백성 곧 이스라엘의 모든 자손을 계수하니 칠천 명이더라
15 So the king called out the young soldiers who were under the district commanders, 232 in all. Then he called out the Israelite army, a total of 7,000 men.

20:15 232명의 선발대가 앞으로 나갔다. 그 숫자가 너무 보잘것없었다. 그러나 숫자가 보잘것없음으로 두 가지 효과를 얻게 된다. 첫째는 군사가 아니라 하나님께서 구원하신다는 교훈을 확실히 얻을 수 있다. 또 하나는 18절에서 답을 볼 수 있다.

16 그들이 정오에 나가니 벤하닷은 장막에서 돕는 왕 삼십이 명과 더불어 마시고 취한 중이라

16 The attack began at noon, as Benhadad and his 32 allies were getting drunk in their tents.

20:16 벤하닷은...마시고 취한중이라. 아람 왕은 술에 취해 있었다. 북이스라엘은 하나님의 계시를 듣고 움직이고 있었는데 반해 그들은 술에 취해 있었다.

17 각 지방의 고관의 청년들이 먼저 나갔더라 벤하닷이 정탐꾼을 보냈더니 그들이 보고하여 이르되 사마리아에서 사람들이 나오더이다 하매

18 그가 이르되 화친하러 나올지라도 사로잡고 싸우러 나올지라도 사로잡으라 하니라

17 The young soldiers advanced first. Scouts sent out by Benhadad reported to him that a group of soldiers was coming out of Samaria.

18 He ordered, "Take them alive, no matter whether they are coming to fight or to ask for peace."

20:18 사로잡으라 하니라. 적은 수라는 것을 알고 아람 왕은 그들을 다 사로잡고자 하였다. 죽이지 않기 위해 활을 쏘지 않았고 소극적으로 공격하였을 것이다. 그래서 소수가 절대 다수와 싸울 수 있었다. 그런데 그들이 용감하게 싸우자 다른 군사들도 힘을 얻었다.

19 각 지방 고관의 청년들과 그들을 따르는 군대가 성읍에서 나가서

20 각각 적군을 쳐죽이매 아람 사람이 도망하는지라 이스라엘이 쫓으니 아람 왕 벤하닷이 말을 타고 마병과 더불어 도망하여 피하니라

21 이스라엘 왕이 나가서 말과 병거를 치고 또 아람 사람을 쳐서 크게 이겼더라

19 The young soldiers led the attack, followed by the Israelite army,

20 and each one killed the man he fought. The Syrians fled, with the Israelites in hot pursuit, but Benhadad escaped on horseback, accompanied by some of the cavalry.

21 King Ahab took to the field, captured the horses and chariots, and inflicted a severe defeat on the Syrians.

20:21 결국 북이스라엘은 아람을 이겼다. 아람이 말과 병거를 가지고 있는 강한 군대였지만 이겼다. 전쟁 공식을 벗어난 승리였다. 이들의 승리는 무엇으로 설명할 수 있을까?

22 그 선지자가 이스라엘 왕에게 나아와 이르되 왕은 가서 힘을 기르고 왕께서 행할 일을 알고 준비하소서 해가 바뀌면 아람 왕이 왕을 치러 오리이다 하니라
22 Then the prophet went to King Ahab and said, "Go back and build up your forces, and make careful plans, because the king of Syria will attack again next spring."

20:22 해가 바뀌면 아람 왕이 왕을 치러 오리이다. 하나님께서 다음 전쟁까지 준비할 수 있도록 하셨다. 북이스라엘도 군사들이 싸웠다. 그러나 그들은 군사력이 아니라 하나님의 계시 때문에 이겼다. 그들에게 가장 중요한 것은 계시였다. 그래서 다음 전쟁이 준비되는 것도 계시에서 시작되고 있다.

23 아람 왕의 신하들이 왕께 아뢰되 그들의 신은 산의 신이므로 그들이 우리보다 강하였거니와 우리가 만일 평지에서 그들과 싸우면 반드시 그들보다 강할지라
23 King Benhadad's officials said to him, "The gods of Israel are mountain gods, and that is why the Israelites defeated us. But we will certainly defeat them if we fight them in the plains.

20:23 그들의 신은 산의 신이므로 그들이 우리보다 강하였거니와. 아람 왕은 자신들의 패인을 분석하고 다음 전쟁을 준비하였다. 그런데 그들의 분석이 완전히 틀렸다. 그래서 그들은 다음 전쟁도 승리하지 못할 것이다.

24 또 왕은 이 일을 행하실지니 곧 왕들을 제하여 각각 그 곳에서 떠나게 하고 그들 대신에 총독들을 두시고
25 또 왕의 잃어버린 군대와 같은 군대를 왕을 위하여 보충하고 말은 말대로, 병거는 병거대로 보충하고 우리가 평지에서 그들과 싸우면 반드시 그들보다 강하리이다 왕이 그 말을 듣고 그리하니라
24 Now, remove the thirty-two rulers from their commands and replace them with field commanders.
25 Then call up an army as large as the one that deserted you, with the same number of horses and chariots. We will fight the Israelites in the plains, and this time we will defeat them." King Benhadad agreed and followed their advice.

20:25 군대를 왕을 위하여 보충하고 말은 말대로, 병거는 병거대로 보충하고. 신하들도 제대로 분석하지 못하였다. 이전에 그들이 전쟁에서 패한 이유는 군사나 말의 숫자가 적어서가 아니었다. 그러나 그들은 하나님을 몰랐기 때문에 계시를 몰랐다. 그래서 또 다시 패할 전쟁을 준비하였다. 계시를 모르는 사람들은 대책이 결코 해답이 될 수 없

다. 하나님의 계시를 듣는 사람은 복되다. 인생의 해답이 되고 영원한 가치를 가지기 때문이다.

26 해가 바뀌니 벤하닷이 아람 사람을 소집하고 아벡으로 올라와서 이스라엘과 싸우려 하매
27 이스라엘 자손도 소집되어 군량을 받고 마주 나가서 그들 앞에 진영을 치니 이스라엘 자손은 두 무리의 적은 염소 떼와 같고 아람 사람은 그 땅에 가득하였더라
28 그 때에 하나님의 사람이 이스라엘 왕에게 나아와 말하여 이르되 여호와의 말씀에 아람 사람이 말하기를 여호와는 산의 신이요 골짜기의 신은 아니라 하는도다 그러므로 내가 이 큰 군대를 다 네 손에 넘기리니 너희는 내가 여호와인 줄을 알리라 하셨나이다 하니라
26 The following spring he called up his men and marched with them to the city of Aphek to attack the Israelites.
27 The Israelites were called up and equipped; they marched out and camped in two groups facing the Syrians. The Israelites looked like two small flocks of goats compared with the Syrians, who spread out over the countryside.
28 A prophet went to King Ahab and said, "This is what the Lord says: 'Because the Syrians say that I am a god of the hills and not of the plains, I will give you victory over their huge army, and you and your people will know that I am the Lord.' "

20:28 내가 이 큰 군대를 다 네 손에 넘기리니 너희는 내가 여호와인 줄을 알리라 하셨나이다. 북이스라엘은 병사가 적었으나 하나님께서 그들과 함께 하셨다. 하나님의 계시가 있어 그들은 승리한다. 아람 왕은 이번에도 하나님의 통치를 알지 못하여 전쟁에서 패배했다.

29 진영이 서로 대치한 지 칠 일이라 일곱째 날에 접전하여 이스라엘 자손이 하루에 아람 보병 십만 명을 죽이매
30 그 남은 자는 아벡으로 도망하여 성읍으로 들어갔더니 그 성벽이 그 남은 자 이만 칠천 명 위에 무너지고 벤하닷은 도망하여 성읍에 이르러 골방으로 들어가니라
31 그의 신하들이 그에게 말하되 우리가 들은즉 이스라엘 집의 왕들은 인자한 왕이라 하니 만일 우리가 굵은 베로 허리를 동이고 테두리를 머리에 쓰고 이스라엘의 왕에게로 나아가면 그가 혹시 왕의 생명을 살리리이다 하고
32 그들이 굵은 베로 허리를 동이고 테두리를 머리에 쓰고 이스라엘의 왕에게 이르러 이르되 왕의 종 벤하닷이 청하기를 내 생명을 살려 주옵소서 하더이다

아합이 이르되 그가 아직도 살아 있느냐 그는 내 형제이니라
33 그 사람들이 좋은 징조로 여기고 그 말을 얼른 받아 대답하여 이르되 벤하닷은 왕의 형제니이다 왕이 이르되 너희는 가서 그를 인도하여 오라 벤하닷이 이에 왕에게 나아오니 왕이 그를 병거에 올린지라
34 벤하닷이 왕께 아뢰되 내 아버지께서 당신의 아버지에게서 빼앗은 모든 성읍을 내가 돌려보내리이다 또 내 아버지께서 사마리아에서 만든 것 같이 당신도 다메섹에서 당신을 위하여 거리를 만드소서 아합이 이르되 내가 이 조약으로 인해 당신을 놓으리라 하고 이에 더불어 조약을 맺고 그를 놓았더라
29 For seven days the Syrians and the Israelites stayed in their camps, facing each other. On the seventh day they started fighting, and the Israelites killed a hundred thousand Syrians.
30 The survivors fled into the city of Aphek, where the city walls fell on 27,000 of them. Benhadad also escaped into the city and took refuge in the back room of a house.
31 His officials went to him and said, "We have heard that the Israelite kings are merciful. Give us permission to go to the king of Israel with sackcloth round our waists and ropes round our necks, and maybe he will spare your life."
32 So they wrapped sackcloth round their waists and ropes round their necks, went to Ahab and said, "Your servant Benhadad pleads with you for his life." Ahab answered, "Is he still alive? Good! He's like a brother to me!"
33 Benhadad's officials were watching for a good sign, and when Ahab said "brother", they took it up at once, and said, "As you say, Benhadad is your brother!" "Bring him to me," Ahab ordered. When Benhadad arrived, Ahab invited him to get in the chariot with him.
34 Benhadad said to him, "I will restore to you the towns my father took from your father, and you may set up a commercial centre for yourself in Damascus, just as my father did in Samaria." Ahab replied, "On these terms, then, I will set you free." He made a treaty with him and let him go.

20:34 아람 왕은 아합에게 두 가지 좋은 조건을 제시하였다. 첫째는 과거 아람이 북이스라엘에게 빼앗았던 성읍을 돌려주는 것이고, 둘째는 아람의 수도 다메섹에 북이스라엘의 상가 지역을 만들어 주겠다는 제안이다. **아합이 이르되 내가 이 조약으로 인해 당신을 놓으리라 하고 이에 더불어 조약을 맺고 그를 놓았더라.** 아합은 아람의 제안을 받아들였다. 아합은 아람의 좋은 조건에 마음이 흡족했을 것이다. 그러나 하나님의 마음은 흡족하지 않으셨다. 아합은 아람 왕의 조건을 받아들이기 전에 하나님의 뜻이 무엇인지를 잘 살펴야 했다. 아합이 전쟁에서 승리한 이유는 그의 군대의 강함이 아니라 하나님의 인도하심에 의해서 승리한 것이기 때문이다. 아합이 아람과의 2번째 전쟁에서 승리하였지만 아람 왕의 화친 조약을 받아들이므로 실제로는 패배하였다. 그가 하나님의 뜻을 어겼기 때문이다. 결국 이것 때문에 아합은 나중에 죽임을 당하게 된다.

35 선지자의 무리 중 한 사람이 여호와의 말씀을 그의 친구에게 이르되 너는 나를 치라 하였더니 그 사람이 치기를 싫어하는지라

35 At the Lord's command a member of a group of prophets ordered a fellow-prophet to hit him. But he refused,

20:35 친구에게 이르되 너는 나를 치라. 한 선지자는 다른 선지자에게 자신을 치라고 요청하였다. 부상당한 병사로 변장하기 위한 것으로 보인다. 친구 선지자에게 말할 때에 하나님께서 그렇게 말씀하셨음을 설명하였을 것이다. 그러나 친구 선지자는 그 선지자의 말을 따라하지 않았다. 조금 이상한 요구처럼 보이기도 하였을 것이다. 그러나 그는 친구의 요청을 따르지 않은 것이 아니라 하나님의 말씀을 어긴 것이다.

여기에서 중요한 것은 그 요구가 이상하게 보이는 것인지 아닌지가 아니라 하나님의 뜻인지 아닌지가 중요하다. 친구 선지자의 설명에 따라 그것이 하나님의 뜻인 것을 분명히 알았지만 이상하게 생각되어 동료 선지자는 그것에 따라 행동하지 않은 것이다. 어떤 일이 하나님의 뜻인지 아닌지 분별하기 위해서는 치열한 분별이 필요하다. 그러나 하나님의 뜻인 것이 분명하다면 무조건적인 순종이 필요하다. 선지자는 그것이 하나님의 뜻인 것을 알았지만 자신이 보기에 이상하여 그것에 순종하지 않았다. 사실 건강한 사람을 때려서 상처를 입힌다는 것이 결코 쉬운 일은 아니었을 것이다. 선지자가 친구 선지자를 때리지 않은 것은 세상에서는 지극히 정상적인 것 같지만 그러나 하나님의 뜻을 어긴 것이라는 사실 때문에 아주 큰 문제가 된다.

36 그가 그 사람에게 이르되 네가 여호와의 말씀을 듣지 아니하였으니 네가 나를 떠나갈 때에 사자가 너를 죽이리라 그 사람이 그의 곁을 떠나가더니 사자가 그를 만나 죽였더라

36 so he said to him, "Because you have disobeyed the Lord's command, a lion will kill you as soon as you leave me." And as soon as he left, a lion came along and killed him.

20:36 네가 여호와의 말씀을 듣지 않았으니. 그가 때리는 것을 싫어하는지 좋아하는지가 아니라 그가 여호와의 말씀을 들었는지 듣지 않았는지가 중요하다. **사자가 너를 죽이리라.** 친구 선지자를 때리지 않은 그 선지자는 결국 사자에 의해서 죽임을 당하였다. 이 형벌은 너무 과한 형벌처럼 보인다. 그러나 선지자는 하나님의 뜻을 더 따라야 한다는 측면에 있어서 더 엄한 형벌을 당한 것으로 보인다. 선지자는 하나님의 뜻을 듣고 전하는 일에 조금 더 철저해야 했다.

37 그가 또 다른 사람을 만나 이르되 너는 나를 치라 하매 그 사람이 그를 치되 상하도록 친지라

37 Then this same prophet went to another man and said, "Hit me!" This man did so; he hit him a hard blow and hurt him.

20:37 다른 사람을 만나 이르되 너는 나를 치라. 이 사람이 누구인지는 잘 모르지만 지나가는 다른 사람이었던 것 같다. **상하도록 친지라.** 선지자는 하나님의 뜻을 전하기 위하여 이렇게 상하도록 맞고 부상을 당하였다. 선지자는 하나님의 뜻을 전하기 위하여 그렇게 온몸으로 준비하였다. 이것이 이상하게 보일 수 있으나 하나님의 뜻을 이루기 위하여서 무엇을 당하였다 할지라도 그것은 사실 마땅하고 당연한 일이다. 하나님의 뜻을 따르지 않는 것이 이상한 것이지 하나님의 뜻을 따르는 것이 이상한 것이 아니다.

오늘날 우리들이 하나님의 뜻을 따르는 일에 다양한 어려움이 있을 수 있다. 그러나 세상에서 하나님의 뜻을 따르는 것만큼 귀하고 좋은 일이 없을 것이다. 그러기에 하나님의 뜻을 따를 수 있는 기회가 되면 그것이 어떤 비용이 든다 할지라도 기쁨과 열심으로 그 뜻을 따르는 것이 필요하다.

38 선지자가 가서 수건으로 자기의 눈을 가리어 변장하고 길 가에서 왕을 기다리다가

38 The prophet bandaged his face with a cloth, to disguise himself, and went and stood by the road, waiting for the king of Israel to pass.

20:38 선지자가...자기의 눈을 가리어 변장하고. 선지자는 부상당한 부분을 묶고 자연스럽게 변장하여 아합 왕에게 나타났다. 선지자는 전쟁터에서 부상당한 병사처럼 보였을 것이다.

39 왕이 지나갈 때에 그가 소리 질러 왕을 불러 이르되 종이 전장 가운데에 나갔더니 한 사람이 돌이켜 어떤 사람을 끌고 내게로 와서 말하기를 이 사람을 지키라 만일 그를 잃어 버리면 네 생명으로 그의 생명을 대신하거나 그렇지 아니하면 네가 은 한 달란트를 내어야 하리라 하였거늘

39 As the king was passing by, the prophet called out to him and said, "Your Majesty, I was fighting in the battle when a soldier brought a captured enemy to me and said, 'Guard this man; if he escapes, you will pay for it with your life or else pay a fine of three thousand pieces of silver.'

20:39 왕이 지나갈 때에 그가 소리 질러. 선지자는 조금 떨어진 거리에서 아합 왕에게 호소하듯 이야기를 하였다. **종이 전장 가운데 나갔더니 한 사람이 돌이켜 어떤 사람을 끌고 내게로 와서 말하기를 이 사람을 지키라.** 여기에서 '종'은 선지자 자신을 이야기하는 것이고, 자신이 전쟁터에서 어떤 사람에게 '포로를 지키고 있으라'라는 요청을 받았었던 것을 이야기한다. **만일 그를 잃어버리면 네 생명으로 그의 생명을 대신하거나 그렇지 아니하면 내가 은 한 달란트를 내어야 하리라.** 자신의 생명을 담보로 하거나 백 사람의 노예 목숨에 해당하는 은 한 달란트를 걸고 '포로를 지키라'라고 이야기를 한다. 이것은 포로를 지키는 것이 매우 중요하다는 것을 의미할 것이다.

> **40** 종이 이리 저리 일을 볼 동안에 그가 없어졌나이다 이스라엘 왕이 그에게 이르되 네가 스스로 결정하였으니 그대로 당하여야 하리라
> **40** But I got busy with other things, and the man escaped." The king answered, "You have pronounced your own sentence, and you will have to pay the penalty."

20:40 종이 이리저리 일을 볼 동안에 그가 없어졌나이다. 병사로 변장한 선지자는 자신이 그 포로를 지키지 못하고 포로가 도망갔음을 말하였다. **네가 스스로 결정하였으니 그대로 당하여야 하리라.** 왕은 매몰차게 그 병사가 '책임을 져야 한다'라고 대답하였다. 왕에게 하소연하고 있는 것이기 때문에 인정상 그 병사를 두둔하는 말을 할 수도 있겠으나 그것은 분명히 병사의 책임이었기 때문에 왕은 '병사가 그 일에 대해 책임을 져야 한다'라고 말을 하고 있는 것이다. 그것은 너무나 당연한 일이기 때문에 그렇다.

> **41** 그가 급히 자기의 눈을 가린 수건을 벗으니 이스라엘 왕이 그는 선지자 중의 한 사람인 줄을 알아본지라
> **42** 그가 왕께 아뢰되 여호와의 말씀이 내가 멸하기로 작정한 사람을 네 손으로 놓았은즉 네 목숨은 그의 목숨을 대신하고 네 백성은 그의 백성을 대신하리라 하셨나이다
> **41** The prophet tore the cloth from his face, and at once the king recognized him as one of the prophets.
> **42** The prophet then said to the king, "This is the word of the Lord: 'Because you allowed the man to escape whom I had ordered to be killed, you will pay for it with your life, and your army will be destroyed for letting his army escape.' "

20:42 여호와의 말씀이 내가 멸하기로 작정한 사람을 네 손으로 놓았은즉 네 목숨은 그의 목숨을 대신하고. 하나님께서 죽이라 말씀하신 아람 왕을 아합 왕이 죽이지 않았

기 때문에 아람 왕의 생명을 대신하여 아합 왕이 죽임을 당하게 된다는 의미다. 아합은 자신이 선지자에게 그렇게 대답했기 때문에 자신도 그 대답대로 죽임을 당해야 한다는 사실에 대해 어떤 반박도 할 수 없었다.

아합 왕은 하나님의 말씀에 순종하지 않았다. 결국 아합 왕은 순종하지 않은 대가로 죽음에 이르게 될 것이다. 순종이라는 것이 가벼운 것 같지만 실제로는 매우 크고 중요한 문제다. 순종하지 않는다는 것은 '자신을 더 크게 여기는 것'이고, 순종한다는 것은 '하나님을 더 크게 여기는 것'이다. 하나님의 계획이 크고 중요하다. 그러기에 하나님을 믿는 사람은 하나님께 순종해야 한다.

43 이스라엘 왕이 근심하고 답답하여 그의 왕궁으로 돌아가려고 사마리아에 이르니라

43 The king went back home to Samaria, worried and depressed.

21장

1 그 후에 이 일이 있으니라 이스르엘 사람 나봇에게 이스르엘에 포도원이 있어 사마리아의 왕 아합의 왕궁에서 가깝더니
1 Near King Ahab's palace in Jezreel there was a vineyard owned by a man named Naboth.

21:1 그 후에 이 일이 있으니라. 20장의 기록을 보면 아합은 아람과의 전쟁에서 하나님의 은혜로 승리할 수 있었다. 그러나 하나님의 말씀을 어기고 아람 왕을 살린 것 때문에 하나님의 책망을 받았다. 바로 그 사건 이후에 '이 일이 일어났다'라고 말을 한다. 아합은 근신했어야 한다. 그러나 갖고 싶은 물건이 있을 때 사람들은 그것에 정신을 빼앗기는 경우가 많다. **나봇에게 이스르엘에 포도원이 있어 사마리아의 왕 아합의 왕궁에서 가깝더니.** 아합이 나봇의 포도원을 갖고 싶었는데 그것에 대한 합당한 이유가 있었다. 나봇의 포도원이 자신의 왕궁에서 가까웠기 때문이다. 늘 무엇인가를 갖고 싶을 때는 합당한 것처럼 보이는 이유가 있다.

2 아합이 나봇에게 말하여 이르되 네 포도원이 내 왕궁 곁에 가까이 있으니 내게 주어 채소 밭을 삼게 하라 내가 그 대신에 그보다 더 아름다운 포도원을 네게 줄 것이요 만일 네가 좋게 여기면 그 값을 돈으로 네게 주리라
2 One day Ahab said to Naboth, "Let me have your vineyard; it is close to my palace, and I want to use the land for a vegetable garden. I will give you a better vineyard for it, or, if you prefer, I will pay you a fair price."

21:2 내가 그 대신에 그보다 더 아름다운 포도원을 네게 줄 것이요 만일 네가 좋게 여기면 그 값을 돈으로 네게 주리라. 아합은 합당한 대가를 주고 그 포도원을 사겠다고 말하였다. 그러나 그가 생각하지 못하고 있는 것이 있었다.

3 나봇이 아합에게 말하되 내 조상의 유산을 왕에게 주기를 여호와께서 금하실지로다 하니
3 "I inherited this vineyard from my ancestors," Naboth replied. "The Lord forbid that I should let you have it!"

21:3 내 조상의 유산을 왕에게 주기를 여호와께서 금하실지로다. 이스라엘은 조상에게 물려받은 땅을 다른 지파에게 팔아서는 안 된다. 그것이 각 지파에게 땅을 분배하신

하나님의 뜻을 따르는 것이다. 그러기에 나봇은 포도원을 다른 지파인 아합에게 '팔 수 없다'라고 말하였다. 팔고 싶어도 하나님께서 금하시는 것이기 때문이다.

4 이스르엘 사람 나봇이 아합에게 대답하여 이르기를 내 조상의 유산을 왕께 줄 수 없다 하므로 아합이 근심하고 답답하여 왕궁으로 돌아와 침상에 누워 얼굴을 돌리고 식사를 아니하니
4 Ahab went home, depressed and angry over what Naboth had said to him. He lay down on his bed, facing the wall, and would not eat.

21:4 아합이 근심하고 답답하여 왕궁으로 돌아와 침상에 누워 얼굴을 돌리고 식사를 아니하니. 갖고 싶은 것을 갖지 못하였다고 이렇게 답답해하고 식사를 하지 않는 것은 참으로 어리석은 모습이다.
이것을 탐욕이라 하는 데 탐욕은 과소유를 말한다. 아합의 경우 그가 가질 수 없는 다른 지파의 땅을 갖기를 원하였으니 그것은 탐욕이다. 그의 탐욕이 좌절되었다고 낙심하고 식사를 하지 않는 것은 참으로 어리석은 모습이다.

5 그의 아내 이세벨이 그에게 나아와 이르되 왕의 마음에 무엇을 근심하여 식사를 아니하나이까
6 왕이 그에게 이르되 내가 이스르엘 사람 나봇에게 말하여 이르기를 네 포도원을 내게 주되 돈으로 바꾸거나 만일 네가 좋아하면 내가 그 대신에 포도원을 네게 주리라 한즉 그가 대답하기를 내가 내 포도원을 네게 주지 아니하겠노라 하기 때문이로다
7 그의 아내 이세벨이 그에게 이르되 왕이 지금 이스라엘 나라를 다스리시나이까 일어나 식사를 하시고 마음을 즐겁게 하소서 내가 이스르엘 사람 나봇의 포도원을 왕께 드리리이다 하고
5 His wife Jezebel went to him and asked, "Why are you so depressed? Why won't you eat?"
6 He answered, "Because of what Naboth said to me. I offered to buy his vineyard, or, if he preferred, to give him another one for it, but he told me that I couldn't have it!"
7 "Well, are you the king or aren't you?" Jezebel replied. "Get out of bed, cheer up and eat. I will get you Naboth's vineyard!"

21:7 이세벨이 그에게 이르되 왕이 지금 이스라엘 나라를 다스리시나이까. 이것은 이스라엘 왕이면서 통치자의 뜻대로 땅을 소유하지 못하는 것에 대한 작은 책망으로 보인다. 세상은 탐욕을 권장한다. **내가 이스라엘 사람 나봇의 포도원을 왕께 드리리다**. 이

세벨은 아합의 탐욕을 채워주고자 하였다. 오늘날 세상은 사람들의 탐욕을 채워 준다. 사람들은 자신들의 탐욕이 세상에서 채워지기 때문에 세상에 빠져 있다. 어떤 사람은 교회에서 자신의 탐욕을 채우고자 한다. 기도를 자신의 탐욕을 채우기 위한 수단으로 사용한다. 그러한 탐욕은 하나님 없이 자기 자신을 하나님으로 세우는 것이며 교회 밖에 있든 교회 안에 있든 그러한 탐욕은 사람을 불신앙으로 이끈다.

8 아합의 이름으로 편지들을 쓰고 그 인을 치고 봉하여 그의 성읍에서 나봇과 함께 사는 장로와 귀족들에게 보내니

9 그 편지 사연에 이르기를 금식을 선포하고 나봇을 백성 가운데에 높이 앉힌 후에
10 불량자 두 사람을 그의 앞에 마주 앉히고 그에게 대하여 증거하기를 네가 하나님과 왕을 저주하였다 하게 하고 곧 그를 끌고 나가서 돌로 쳐죽이라 하였더라
11 그의 성읍 사람 곧 그의 성읍에 사는 장로와 귀족들이 이세벨의 지시 곧 그가 자기들에게 보낸 편지에 쓴 대로 하여
12 금식을 선포하고 나봇을 백성 가운데 높이 앉히매
13 때에 불량자 두 사람이 들어와 그의 앞에 앉고 백성 앞에서 나봇에게 대하여 증언을 하여 이르기를 나봇이 하나님과 왕을 저주하였다 하매 무리가 그를 성읍 밖으로 끌고 나가서 돌로 쳐죽이고
8 Then she wrote some letters, signed them with Ahab's name, sealed them with his seal, and sent them to the officials and leading citizens of Jezreel.
9 The letters said: "Proclaim a day of fasting, call the people together, and give Naboth the place of honour.
10 Get a couple of scoundrels to accuse him to his face of cursing God and the king. Then take him out of the city and stone him to death."
11 The officials and leading citizens of Jezreel did what Jezebel had commanded.
12 They proclaimed a day of fasting, called the people together, and gave Naboth the place of honour.
13 The two scoundrels publicly accused him of cursing God and the king, and so he was taken outside the city and stoned to death.

21:13 나봇이 하나님과 왕을 저주하였다 하매 무리가 그를 성읍 밖으로 끌고 나가서 돌로 쳐죽이고. 이세벨은 불량자를 시켜 거짓 증언을 하게 하여 나봇을 죽였다. 이세벨은 아합이 갖기 원했던 것을 갖게 하기 위해 나봇을 죽이는 것을 아주 쉽게 생각하였다. 정도의 차이가 있지만 오늘날 사람들은 자기들이 가지고자 하는 것을 갖기 위해 다양한 거짓과 불신앙의 길을 간다. 아합처럼 믿는다는 사람들도 자신들이 갖고자 하는 것을 가지기 위해서 쉽게 거짓의 길을 가는 경우가 많다.

거짓된 방식을 써야만 얻을 수 있는 것은 모두 탐욕이다. 교회가 부흥하고, 더 많은 돈을 벌고, 더 좋은 성적을 얻어도 만약 거짓된 방식을 사용했다면 그것은 탐욕일 뿐이다. 그러기에 아무리 좋은 것이고 아무리 갖고 싶은 것이라 할지라도 거짓된 방식으로 갖지 않도록 해야 한다.

14 이세벨에게 통보하기를 나봇이 돌에 맞아 죽었나이다 하니
15 이세벨이 나봇이 돌에 맞아 죽었다 함을 듣고 이세벨이 아합에게 이르되 일어나 그 이스르엘 사람 나봇이 돈으로 바꾸어 주기를 싫어하던 나봇의 포도원을 차지하소서 나봇이 살아 있지 아니하고 죽었나이다
16 아합은 나봇이 죽었다 함을 듣고 곧 일어나 이스르엘 사람 나봇의 포도원을 차지하러 그리로 내려갔더라
14 The message was sent to Jezebel: "Naboth has been put to death."
15 As soon as Jezebel received the message, she said to Ahab, "Naboth is dead. Now go and take possession of the vineyard which he refused to sell to you."
16 At once Ahab went to the vineyard to take possession of it.

21:16 아합은 나봇이 죽었다 함을 듣고...포도원을 차지하러 그리로 내려갔더라. 아합은 나봇이 왜 죽었는지 묻지 않았다. 그가 땅을 차지하는 것이 부당함을 알면서도 땅을 차지하기 위해서 갔다.

아합은 그의 아내 이세벨처럼 대놓고 악을 행하지는 않았다. 그러나 이세벨이 악을 행함으로 얻게 된 것을 누리고 있다. 그가 묻지 않았지만 사실 어떻게 그 땅을 차지하게 되었는지는 어렴풋하게 알고 있었을 것이다. 아합의 경우 죄책감도 있었지만 그가 원하던 땅을 차지하게 된 것을 더 기뻐하였을 것이다.

양심에 거리낌이나 죄책감은 잠시요 땅을 차지하게 된 기쁨은 계속이다. 그래서 사람들은 양심의 거리낌이나 죄책감이 있음에도 불구하고 자신이 갖고자 하는 것을 얻기 위하여 수단과 방법을 가리지 않고 얻는 경우가 많다. 특별히 신앙인이 신앙을 뒤로 하고 자신이 원하는 것을 얻는 것을 더 우선하는 경우가 있다. 신앙의 양심에 거리낌이 있지만 그것보다는 자신이 갖고 싶은 것을 갖게 된 것에 대한 기쁨이 더 커서 불신앙의 길을 가는 경우가 많다.

세상의 수많은 꾀를 버리고 진리로 살아야 한다. 거짓으로 더 많이 갖는 것은 더 많이 불행한 것이며 더 많은 악이다. 조금 갖게 될지라도 진리를 따라 살 때 그 조금은 계략으로 큰 것을 얻은 것보다 더 큰 것이 될 것이다. 오직 진리로 살아가는 것이 행복이고, 가장 큰 소유이며 기쁨이다.

17 여호와의 말씀이 디셉 사람 엘리야에게 임하여 이르시되
18 너는 일어나 내려가서 사마리아에 있는 이스라엘의 아합 왕을 만나라 그가 나봇의 포도원을 차지하러 그리로 내려갔나니
19 너는 그에게 말하여 이르기를 여호와의 말씀이 네가 죽이고 또 빼앗았느냐 고 하셨다 하고 또 그에게 이르기를 여호와의 말씀이 개들이 나봇의 피를 핥은 곳에서 개들이 네 피 곧 네 몸의 피도 핥으리라 하였다 하라

17 Then the Lord said to Elijah, the prophet from Tishbe,
18 "Go to King Ahab of Samaria. You will find him in Naboth's vineyard, about to take possession of it.
19 Tell him that I, the Lord, say to him, 'After murdering the man, are you taking over his property as well?' Tell him that this is what I say: 'In the very place that the dogs licked up Naboth's blood they will lick up your blood!' "

21:19 여호와의 말씀이 네가 죽이고 또 빼앗았느냐. 아합의 죄는 은밀히 진행되었다. 그러나 하나님께 숨겨질 수는 없었다. 하나님께서 엘리야를 보내셔서 그의 죄를 드러내신다. 엘리야에게 드러내셨고 아합에게 드러내셨다. 사실 하나님께서 드러내시든 그렇지 않든 상관없이 모든 죄는 하나님 앞에 드러나 있다. 하나님 앞에 숨겨진 죄가 없다는 사실을 기억해야 한다. **나봇의 피를 핥은 곳에서 개들이 네 피 곧 네 몸의 피도 핥으리라.** 아합의 죄가 심판을 받을 것이다. 모든 죄는 그에 합당한 심판이 있다. 차이는 당장 심판을 받는지 나중에 심판을 받는지 차이밖에 없다. 오히려 죄가 일찍 드러나는 것이 더 좋다.

20 아합이 엘리야에게 이르되 내 대적자여 네가 나를 찾았느냐 대답하되 내가 찾았노라 네가 네 자신을 팔아 여호와 보시기에 악을 행하였으므로

20 When Ahab saw Elijah, he said, "Have you caught up with me, my enemy?" "Yes, I have," Elijah answered. "You have devoted yourself completely to doing what is wrong in the Lord's sight.

21:20 엘리야에게 이르되 내 대적자여. 엘리야는 선지자다. 하나님의 뜻을 전하는 사람이다. 엘리야가 자신의 대적이라면 아합은 자신이 하나님의 대적이라는 것을 생각했어야 한다. 그러나 아합은 엘리야가 자신의 대적인 것만 생각하였다. **네가 네 자신을 팔아 여호와 보시기에 악을 행하였으므로.** 아합이 악을 행할 때 그것은 자신을 파는 것과 같은 행동이었다. 우리가 죄를 행하면 자신을 이롭게 하는 것이 아니라 자신을 파는 것이다. 아주 작은 가치의 것을 위해 매우 높은 가치의 자신의 영혼과 인생을 파는 것이다.

21 여호와의 말씀이 내가 재앙을 네게 내려 너를 쓸어 버리되 네게 속한 남자는 이스라엘 가운데에 매인 자나 놓인 자를 다 멸할 것이요
21 So the Lord says to you, 'I will bring disaster on you. I will do away with you and get rid of every male in your family, young and old alike.

21:21 여호와의 말씀이 내가 재앙을 네게 내려 너를 쓸어 버리되. 아합은 자신의 죄가 하나님 앞에 드러났다는 사실을 깨달았다. 아합 자신도 그것이 얼마나 큰 죄인지를 깨닫게 되었다.

22 또 네 집이 느밧의 아들 여로보암의 집처럼 되게 하고 아히야의 아들 바아사의 집처럼 되게 하리니 이는 네가 나를 노하게 하고 이스라엘이 범죄하게 한 까닭이니라 하셨고
22 Your family will become like the family of King Jeroboam son of Nebat and like the family of King Baasha son of Ahijah, because you have stirred up my anger by leading Israel into sin.'

21:22 여로보암의 집처럼 되게 하고 아히야의 아들 바아사의 집처럼 되게 하리니. 아합이 얻은 것은 포도원이었지만 그 죄로 인하여 잃는 것은 참으로 컸다. 그의 집안이 멸족할 것이다. 모든 죄는 얻은 것보다 잃는 것이 더 크다. 사람들은 죄를 통해 얻는 것이 더 많다고 생각하기 때문에 죄를 범한다. 그러나 실제로는 죄를 통해 잃는 것이 훨씬 더 많다. 아합은 그가 원하던 땅을 얻었지만 결국 죽임을 당하게 된다. 당장은 죄를 통해 얻는 것이 더 많은 것 같다. 이 땅의 일만 생각하면 죄를 행함으로 얻는 것이 더 많은 것으로 보일 것이다. 그러나 우리는 하나님 앞에서의 영원한 심판을 믿기 때문에 죄를 통해 잃는 것이 더 많다는 것을 명심해야 한다.

23 이세벨에게 대하여도 여호와께서 말씀하여 이르시되 개들이 이스르엘 성읍 곁에서 이세벨을 먹을지라
24 아합에게 속한 자로서 성읍에서 죽은 자는 개들이 먹고 들에서 죽은 자는 공중의 새가 먹으리라고 하셨느니라 하니
25 예로부터 아합과 같이 그 자신을 팔아 여호와 앞에서 악을 행한 자가 없음은 그를 그의 아내 이세벨이 충동하였음이라
26 그가 여호와께서 이스라엘 자손 앞에서 쫓아내신 아모리 사람의 모든 행함 같이 우상에게 복종하여 심히 가증하게 행하였더라
27 아합이 이 모든 말씀을 들을 때에 그의 옷을 찢고 굵은 베로 몸을 동이고 금

식하고 굵은 베에 누우며 또 풀이 죽어 다니더라

23 And concerning Jezebel, the Lord says that dogs will eat her body in the city of Jezreel.
24 Any of your relatives who die in the city will be eaten by dogs, and any who die in the open country will be eaten by vultures."
25 (There was no one else who had devoted himself so completely to doing wrong in the Lord's sight as Ahab—all at the urging of his wife Jezebel.
26 He committed the most shameful sins by worshipping idols, as the Amorites had done, whom the Lord had driven out of the land as the people of Israel advanced.)
27 When Elijah finished speaking, Ahab tore his clothes, took them off, and put on sackcloth. He refused food, slept in the sackcloth, and went about gloomy and depressed.

21:27 전형적인 회개의 모습이다. 이 회개가 진정한 회개인지 아닌지는 분명하지 않다. 그러나 이때 당장은 진실한 회개로 보인다. 가시 밭이나 돌 밭에 씨가 뿌려질 때 씨는 진짜고 그곳에 난 작은 식물도 진짜다. 그러나 그것은 자라지 못하여 열매를 맺지 못한다. 그래서 우리는 열매가 있는 옥토 밭이 아닌 다른 밭을 가짜라 말한다. 그런 면에서 아합의 회개는 지금 당장은 진짜처럼 보여도 가짜일 수 있다.

28 여호와의 말씀이 디셉 사람 엘리야에게 임하여 이르시되
29 아합이 내 앞에서 겸비함을 네가 보느냐 그가 내 앞에서 겸비하므로 내가 재앙을 저의 시대에는 내리지 아니하고 그 아들의 시대에야 그의 집에 재앙을 내리리라 하셨더라

28 The Lord said to the prophet Elijah,
29 "Have you noticed how Ahab has humbled himself before me? Since he has done this, I will not bring disaster on him during his lifetime; it will be during his son's lifetime that I will bring disaster on Ahab's family."

21:29 그가 내 앞에서 겸비하므로 내가 재앙을 저의 시대에는 내리지 아니하고. 하나님께서 아합의 회개를 받아주셨다. 그래서 재앙을 연기하셨다. 아합만큼 죄가 큰 사람이 없었다. 그런데 하나님께서 그의 회개를 받아주셨다. 아합의 회개는 이후의 모습을 보면 가짜일 가능성이 많다. 그런데 그 모든 것을 아시는 하나님께서 받아주셨다. 마치 인간적인 표현으로 보면 속으신 것처럼 보이기도 한다. 그러나 우리는 하나님께서 속으신 것이 아닌 것을 잘 안다. 그렇다면 지금 무슨 일이 벌어지고 있는 것일까? 하나님께서는 그만큼 회개를 기뻐 받으신다는 것을 볼 수 있다. 아합의 죄가 아무리 커도 회개하는 사람을 받아주시는 하나님의 은혜는 더 크다. 그래서 은혜가 죄를 덮기에 충분하였다. 아합의 죄가 용서받는 것을 보면서 우리는 아합의 죄에 놀랄 것이 아니라 하나님의 은혜에 놀라야 한다.

문제는 아합의 경우 이 회개마저도 거짓일 가능성이 높다는 것이다. 그러나 분명한 것은 이 당시는 진짜였다는 것이다. 그것이 비록 가시 밭이나 돌 밭처럼 처음에만 진짜였다가 결국은 가짜로 판명나는 것이었다 할지라도 말이다.
우리가 기억해야 할 것은 우리는 가시밭과 돌밭에 뿌려진 씨앗을 구분하지 못한다는 사실이다. 그러니 지금 진짜면 우리는 그것이 미래에 어떻게 변할지 몰라도 받아들일 수 있어야 한다. 그것이 진실에 대한 진실의 반응이다. 지금 속이는 것이 아니면 그의 진실에 우리의 진실로 대해야 한다. 그가 비록 연약함으로 미래에 어떻게 변하든 말이다. 하나님께서 아합의 미래를 아시면서도 여기에서는 그의 변화에 심판을 미루셨다. 그의 변화에 반응하여 주셨다. 그러니 우리도 그리해야 한다.

22장

1 아람과 이스라엘 사이에 전쟁이 없이 삼 년을 지냈더라
2 셋째 해에 유다의 여호사밧 왕이 이스라엘의 왕에게 내려가매
3 이스라엘의 왕이 그의 신하들에게 이르되 길르앗 라못은 본래 우리의 것인 줄을 너희가 알지 못하느냐 우리가 어찌 아람의 왕의 손에서 도로 찾지 아니하고 잠잠히 있으리요 하고

1 There was peace between Israel and Syria for the next two years,
2 but in the third year King Jehoshaphat of Judah went to see King Ahab of Israel.
3 Ahab asked his officials, "Why is it that we have not done anything to get back Ramoth in Gilead from the king of Syria? It belongs to us!"

22:3 길르앗 라못은 본래 우리의 것인 줄을 너희가 알지 못하느냐. 자신의 영토를 찾고자 하는 아합의 의도는 지극히 정상적인 시도다. 그런데 문제는 그가 하나님의 백성으로서 하나님의 뜻을 찾지 않았다는 것이다.

4 여호사밧에게 이르되 당신은 나와 함께 길르앗 라못으로 가서 싸우시겠느냐 여호사밧이 이스라엘 왕에게 이르되 나는 당신과 같고 내 백성은 당신의 백성과 같고 내 말들도 당신의 말들과 같으니이다
5 여호사밧이 또 이스라엘의 왕에게 이르되 청하건대 먼저 여호와의 말씀이 어떠하신지 물어 보소서

4 And Ahab asked Jehoshaphat, "Will you go with me to attack Ramoth?" "I am ready when you are," Jehoshaphat answered, "and so are my soldiers and my cavalry.
5 But first let's consult the Lord."

22:5 여호와의 말씀이 어떠하신지 물어 보소서. 여호사밧은 유다의 19명의 왕 중에 선한 4명의 왕에 포함된 왕이다. 그러기에 그가 전쟁에 앞서 하나님의 뜻을 먼저 찾는 것은 당연하다.
전쟁이라는 중요한 것을 앞두고 아합은 하나님의 뜻을 찾지 않았고 여호사밧은 찾았다. 이것은 작은 차이 같으나 근본적인 차이이며 매우 큰 차이이다. 오늘날 우리가 무엇인가를 할 때 제일 먼저 찾아야 할 것은 당위성이 아니라 하나님의 뜻이다.

6 이스라엘의 왕이 이에 선지자 사백 명쯤 모으고 그들에게 이르되 내가 길르앗 라못에 가서 싸우랴 말랴 그들이 이르되 올라가소서 주께서 그 성읍을 왕의

손에 넘기시리이다

6 So Ahab called in the prophets, about 400 of them, and asked them, "Should I go and attack Ramoth, or not?" "Attack it," they answered. "The Lord will give you victory."

22:6 선지자 사백 명쯤 모으고 그들에게 이르되 내가 길르앗 라못에 가서 싸우랴 말랴. 이 선지자들은 아합에게 전쟁에 참여하라고 말한다. 그런데 이후를 보면 그들의 말이 틀린 것을 볼 수 있다. 그래서 이곳의 선지자가 하나님의 선지자가 아니라 바알이나 우상 숭배자의 선지자일 가능성을 제기하기도 한다. 그러나 여호사밧이 하나님의 뜻을 찾을 선지자를 구하였다는 측면에서 볼 때 이들은 하나님의 선지자일 가능성이 더 높아 보인다. 그런데 어찌하여 그들은 하나같이 하나님의 뜻을 놓치고 있는 것일까?

7 여호사밧이 이르되 이 외에 우리가 물을 만한 여호와의 선지자가 여기 있지 아니하니이까

7 But Jehoshaphat asked, "Isn't there another prophet through whom we can consult the Lord?"

22:7 여호사밧은 선지자들의 말이 미덥지 않았다. 그래서 다른 선지자를 찾았다. 경건한 왕이었던 여호사밧이 보기에 아합과 함께하고 있던 선지자들을 신뢰할 수 없었던 것 같다.

8 이스라엘의 왕이 여호사밧 왕에게 이르되 아직도 이믈라의 아들 미가야 한 사람이 있으니 그로 말미암아 여호와께 물을 수 있으나 그는 내게 대하여 길한 일은 예언하지 아니하고 흉한 일만 예언하기로 내가 그를 미워하나이다 여호사밧이 이르되 왕은 그런 말씀을 마소서

8 Ahab answered, "There is one more, Micaiah son of Imlah. But I hate him, because he never prophesies anything good for me; it's always something bad." "You shouldn't say that!" Jehoshaphat replied.

22:8 미가야 한 사람이 있으니...흉한 일만 예언하기로 내가 그를 미워하나이다. 바른 선지자는 길한 것을 예언하는 선지자나 흉한 것을 예언하는 선지자가 아니라 하나님의 뜻을 바르게 전하는 선지자다. 그런데 아합은 자신이 잘못 가는 것은 생각하지 않고 미가야 선지자가 흉한 것만 예언한다고 미워하였다.

9 이스라엘의 왕이 한 내시를 불러 이르되 이믈라의 아들 미가야를 속히 오게 하라 하니라
10 이스라엘의 왕과 유다의 여호사밧 왕이 왕복을 입고 사마리아 성문 어귀 광장에서 각기 왕좌에 앉아 있고 모든 선지자가 그들의 앞에서 예언을 하고 있는데
11 그나아나의 아들 시드기야는 자기를 위하여 철로 뿔들을 만들어 가지고 말하되 여호와의 말씀이 왕이 이것들로 아람 사람을 찔러 진멸하리라 하셨다 하고
9 Then Ahab called in a court official and told him to go and fetch Micaiah at once.
10 The two kings, dressed in their royal robes, were sitting on their thrones at the threshing place just outside the gate of Samaria, and all the prophets were prophesying in front of them.
11 One of them, Zedekiah son of Chenaanah, made iron horns and said to Ahab, "This is what the Lord says: 'With these you will fight the Syrians and totally defeat them.' "

22:11 시드기야는 자기를 위하여 철로 뿔들을 만들어 가지고 말하되. 시드기야 선지자는 철로 뿔을 만들어 말하며 자신의 예언을 더욱더 효과적으로 확증하였다. 그의 예언과 철 뿔에 많은 사람이 감동하였다. 그러나 많은 사람이 감동하였다 하여 하나님의 뜻이 되는 것은 아니다. 선지자는 사람을 감동시킬 것이 아니라 하나님의 뜻이 무엇인지를 알기 위해 더 노력해야 한다. 오늘날 목회자들도 그렇다. 많은 설교가 청중 중심으로 되어 있는 것을 본다. 말씀을 바르게 해석하기 위해 노력하기 보다는 효과적으로 전하는 일에 더 관심을 기울이는 것을 많이 본다. 바르게 해석되지 않은 감동적인 설교는 오히려 더 큰 죄가 된다.

12 모든 선지자도 그와 같이 예언하여 이르기를 길르앗 라못으로 올라가 승리를 얻으소서 여호와께서 그 성읍을 왕의 손에 넘기시리이다 하더라
13 미가야를 부르러 간 사신이 일러 이르되 선지자들의 말이 하나 같이 왕에게 길하게 하니 청하건대 당신의 말도 그들 중 한 사람의 말처럼 길하게 하소서
12 All the other prophets said the same thing. "March against Ramoth and you will win," they said. "The Lord will give you victory."
13 Meanwhile, the official who had gone to get Micaiah said to him, "All the other prophets have prophesied success for the king, and you had better do the same."

22:13 당신의 말도 그를 중 한 사람의 말처럼 길하게 하소서. 아합이 보낸 사신은 선지자를 만나, 하나님의 뜻을 전하라 말하지 않고 '왕의 뜻에 따라 전하라'고 말하였다. 이것은 아합이 보낸 신하의 말이지만 또한 아합의 뜻이기도 할 것이다. 그는 유다의 여호사밧 왕 때문에 하나님의 뜻을 묻고 있는 것이지 하나님의 뜻이 궁금한 것이 아니다.

14 미가야가 이르되 여호와께서 살아 계심을 두고 맹세하노니 여호와께서 내게 말씀하시는 것 곧 그것을 내가 말하리라 하고
14 But Micaiah answered, "By the living Lord I promise that I will say what he tells me to!"

22:14 여호와께서 내게 말씀하시는 것 곧 그것을 내가 말하리라. 선지자가 하나님의 말씀을 전하지 않고 다른 것을 전하는 것은 참으로 큰 죄다. 선지자는 어떤 외압이 있어도 하나님의 뜻을 전하는 것을 결코 포기해서는 안 된다.

15 이에 왕에게 이르니 왕이 그에게 이르되 미가야야 우리가 길르앗 라못으로 싸우러 가랴 또는 말랴 그가 왕께 이르되 올라가서 승리를 얻으소서 여호와께서 그 성읍을 왕의 손에 넘기시리이다
16 왕이 그에게 이르되 내가 몇 번이나 네게 맹세하게 하여야 네가 여호와의 이름으로 진실한 것으로만 내게 말하겠느냐
17 그가 이르되 내가 보니 온 이스라엘이 목자 없는 양 같이 산에 흩어졌는데 여호와의 말씀이 이 무리에게 주인이 없으니 각각 평안히 자기의 집으로 돌아갈 것이니라 하셨나이다
15 When he appeared before King Ahab, the king asked him, "Micaiah, should King Jehoshaphat and I go and attack Ramoth, or not?" "Attack!" Micaiah answered. "Of course you'll win. The Lord will give you victory."
16 But Ahab replied, "When you speak to me in the name of the Lord, tell the truth! How many times do I have to tell you that?"
17 Micaiah answered, "I can see the army of Israel scattered over the hills like sheep without a shepherd. And the Lord said, 'These men have no leader; let them go home in peace.' "

22:17 이스라엘이 목자 없는 양 같이 산에 흩어졌는데 여호와의 말씀이 이 무리에게 주인이 없으니. 북이스라엘의 왕인 아합이 전쟁터에서 죽게 될 것이라는 말씀이다.

18 이스라엘의 왕이 여호사밧 왕에게 이르되 저 사람이 내게 대하여 길한 것을 예언하지 아니하고 흉한 것을 예언하겠다고 당신에게 말씀하지 아니하였나이까
18 Ahab said to Jehoshaphat, "Didn't I tell you that he never prophesies anything good for me? It's always something bad!"

22:18 저 사람이 내게 대하여 길한 것을 예언하지 아니하고 흉한 것을 예언하겠다고 당신에게 말씀하지 아니하였나이까. 아합은 하나님의 뜻에 대해 관심이 없었다. 하나님의 뜻으로 여기지도 않았다. 단지 자신의 예상대로 미가야가 흉한 것을 예언하였다고 말하였다. 엘리야의 예언 때에 회개하던 모습은 전혀 보이지 않는다.

19 미가야가 이르되 그런즉 왕은 여호와의 말씀을 들으소서 내가 보니 여호와께서 그의 보좌에 앉으셨고 하늘의 만군이 그의 좌우편에 모시고 서 있는데
19 Micaiah went on: "Now listen to what the Lord says! I saw the Lord sitting on his throne in heaven, with all his angels standing beside him.

22:19 내가 보니 여호와께서 그의 보좌에 앉으셨고 하늘의 만군이 그의 좌우편에 모시고. 이것은 실제를 반영하는 것이 아니라 우화적 이야기다. 실제로 본다면 하나님께서 보좌에 앉으신 것을 결코 볼 수 없다. 하나님은 영이시기에 보좌에 앉으셨다는 것 자체가 없다.

20 여호와께서 말씀하시기를 누가 아합을 꾀어 그를 길르앗 라못에 올라가서 죽게 할꼬 하시니 하나는 이렇게 하겠다 하고 또 하나는 저렇게 하겠다 하였는데
21 한 영이 나아와 여호와 앞에 서서 말하되 내가 그를 꾀겠나이다
22 여호와께서 그에게 이르시되 어떻게 하겠느냐 이르되 내가 나가서 거짓말하는 영이 되어 그의 모든 선지자들의 입에 있겠나이다 여호와께서 이르시되 너는 꾀겠고 또 이루리라 나가서 그리하라 하셨은즉
23 이제 여호와께서 거짓말하는 영을 왕의 이 모든 선지자의 입에 넣으셨고 또 여호와께서 왕에 대하여 화를 말씀하셨나이다
20 The Lord asked, 'Who will deceive Ahab so that he will go and be killed at Ramoth?' Some of the angels said one thing, and others said something else,
21 until a spirit stepped forward, approached the Lord, and said, 'I will deceive him.'
22 'How?' the Lord asked. The spirit replied, 'I will go and make all Ahab's prophets tell lies.' The Lord said, 'Go and deceive him. You will succeed.' "
23 And Micaiah concluded: "This is what has happened. The Lord has made these prophets of yours lie to you. But he himself has decreed that you will meet with disaster!"

22:23 여호와께서 거짓말하는 영을 왕의 이 모든 선지자의 입에 넣으셨고. 이것 또한 우화적 설명이다. 하나님은 결코 거짓말을 시키시는 분이 아니다. 사탄이 그 일을 하고 있으며 그것 또한 하나님의 통치 속에 있음을 말하고 있는 것으로 보인다.
이 이야기에서 말하고자 하는 것은 아합에게 전쟁에 대해 긍정적으로 말하는 선지자는 모두 거짓 영으로 거짓말을 하는 것이라는 사실이다. 많은 사람이 말한다 하여 옳은 것이 아니다. 거짓의 영은 사람들 속에서 거짓을 조장하는 경우가 많다. 그래서 하나님의 뜻을 말할 때도 분별해야 한다. 하나님의 뜻이라 말하면서 거짓을 말하는 사람이 많다.
오늘날에도 그렇다. 하나님의 말씀이라 말하는데 말씀에 대한 이해 없이 오해하여 멋

대로 전하는 사람을 많이 볼 수 있다. 이상한 계시를 받아서 하나님의 뜻이라 말하는 사람도 많다. 하나님의 뜻에 대해 진짜 관심이 많다면 그러한 것을 분별할 수 있어야 한다.

24 그나아나의 아들 시드기야가 가까이 와서 미가야의 뺨을 치며 이르되 여호와의 영이 나를 떠나 어디로 가서 네게 말씀하시더냐
25 미가야가 이르되 네가 골방에 들어가서 숨는 그 날에 보리라
26 이스라엘의 왕이 이르되 미가야를 잡아 성주 아몬과 왕자 요아스에게로 끌고 돌아가서
27 말하기를 왕의 말씀이 이 놈을 옥에 가두고 내가 평안히 돌아올 때까지 고생의 떡과 고생의 물을 먹이라 하였다 하라
24 Then the prophet Zedekiah went up to Micaiah, slapped his face, and asked, "Since when did the Lord's spirit leave me and speak to you?"
25 "You will find out when you go into some back room to hide," Micaiah replied.
26 Then King Ahab ordered one of his officers, "Arrest Micaiah and take him to Amon, the governor of the city, and to Prince Joash.
27 Tell them to throw him in prison and to put him on bread and water until I return safely."

22:27 내가 평안히 돌아올 때까지 고생의 떡과 고생의 물을 먹이라. 안 죽을 만큼만 소량의 빵과 물만 주라는 명령이다. 아합은 자신이 살아 돌아올 수 있다고 생각한 것 같다. 그는 미가야가 전한 하나님의 말씀에 대해 전혀 고려하지 않았다. 그러나 그가 그렇게 쉽게 거절한 하나님의 말씀은 사실 어떤 것보다 더 중요하였다. 그는 그 말씀대로 죽임을 당하게 된다. 하나님의 말씀을 무시한 대가다.

28 미가야가 이르되 왕이 참으로 평안히 돌아오시게 될진대 여호와께서 나를 통하여 말씀하지 아니하셨으리이다 또 이르되 너희 백성들아 다 들을지어다 하니라
29 이스라엘의 왕과 유다의 여호사밧 왕이 길르앗 라못으로 올라가니라
28 "If you return safely," Micaiah exclaimed, "then the Lord has not spoken through me!" And he added, "Listen, everyone, to what I have said!"
29 Then King Ahab of Israel and King Jehoshaphat of Judah went to attack the city of Ramoth in Gilead.

22:29 길르앗 라못으로 올라가니라. 미가야는 전쟁에서 아합이 죽을 것이라는 말씀을 전하였다. 그러나 아합은 말씀을 무시하고 전쟁하러 올라갔다.

30 이스라엘의 왕이 여호사밧에게 이르되 나는 변장하고 전쟁터로 들어가려 하노니 당신은 왕복을 입으소서 하고 이스라엘의 왕이 변장하고 전쟁터로 들어가니라

30 Ahab said to Jehoshaphat, "As we go into battle, I will disguise myself, but you wear your royal garments." So the king of Israel went into battle in disguise.

22:30 나는 변장하고 전쟁터로 들어가려 하노니. 아합은 왕복을 입지 않고 변장한 채 전쟁터에 가겠다고 말하였다. 적군의 공격이 자신에게 집중될 것을 예상하고 그것을 피하고자 하는 작전이다. 자신이 죽임을 당하게 될 것이라는 선지자의 말도 생각났을 것이다. 그래서 자신의 죽음을 면할 수 있는 방법으로 변장을 선택하였다. 왕이 변장하는 것은 조금은 당당하지 못한 모습일 것이다. 그러나 그는 변장함으로 선지자의 예언을 피해가고자 하였다.

31 아람 왕이 그의 병거의 지휘관 삼십이 명에게 명령하여 이르기를 너희는 작은 자나 큰 자와 더불어 싸우지 말고 오직 이스라엘 왕과 싸우라 한지라
32 병거의 지휘관들이 여호사밧을 보고 그들이 이르되 이가 틀림없이 이스라엘의 왕이라 하고 돌이켜 그와 싸우려 한즉 여호사밧이 소리를 지르는지라

31 The king of Syria had ordered his **32** chariot commanders to attack no one else except the king of Israel.
32 So when they saw King Jehoshaphat, they all thought that he was the king of Israel, and they turned to attack him. But when he cried out,

22:32 이스라엘의 왕이라 하고 돌이켜 그와 싸우려 한즉. 아합의 전술이 맞아 들었다. 아람은 여호사밧을 아합의 병거로 착각하고 공격하려 하였다. 하나님의 말씀의 성취를 피해 도망가는 사람들이 있다. 그들은 숨어 살면 말씀과 전혀 상관없이 살 수 있을 것이라고 생각한다. 그리고 어느 정도 성공을 거두는 것 같이 보이기도 한다.

33 병거의 지휘관들이 그가 이스라엘의 왕이 아님을 보고 쫓기를 그치고 돌이켰더라

33 they realized that he was not the king of Israel, and they stopped their attack.

22:33 그가 이스라엘의 왕이 아님을 보고 쫓기를 그치고 돌이켰더라. 아합의 꾀의 한계를 볼 수 있다. 하나님 없이 사는 사람들의 꾀는 성공적인 것처럼 보이기도 한다. 그러나 그것은 결코 성공으로 끝나지 않는다.

34 한 사람이 무심코 활을 당겨 이스라엘 왕의 갑옷 솔기를 맞힌지라 왕이 그 병거 모는 자에게 이르되 내가 부상하였으니 네 손을 돌려 내가 전쟁터에서 나가게 하라 하였으나

34 By chance, however, a Syrian soldier shot an arrow which struck King Ahab between the joints of his armour. "I'm wounded!" he cried out to his chariot driver. "Turn round and pull out of the battle!"

22:34 한 사람이 무심코 활을 당겨 이스라엘 왕의 갑옷 솔기를 맞힌지라. 이름 모를 한 사람이 무심코 활을 쏘았다. 누구를 맞추기 위해서기보다는 그냥 사람들을 향하여 화살을 날린 것이다. 그 화살이 아합의 갑옷 철 비늘 사이에 꽂혔다. 아주 어려운 확률이다. 움직이면서 비늘 사이가 떴고 그 사이로 화살이 꽂힌 것이다. 아합이 죽을 것이라는 하나님의 말씀이 드러나는 순간이다. 그 말씀이 성취되기 위해 이름 모르는 한 사람의 화살이 아합의 갑옷 비늘 사이로 아합에게 꽂혔다. 확률적으로 매우 희박하였으나 말씀이 성취되는 데는 확률이 중요하지 않다. 말씀은 반드시 성취된다.

말씀과 숨바꼭질하는 아합의 마지막 모습을 보라. 그는 말씀에 대해 숨었다. 말씀이 그의 삶에 결코 성취되지 않기를 원하였다. 그러나 이름 모를 병사의 화살이 정확히 그의 드러난 몸을 찾아내서 맞추었듯이 말씀은 정확히 그를 찾아냈다. 말씀은 그의 삶을 비추었고 말씀에 어긋난 그의 삶은 무너졌다.

말씀을 피할 수 있는 사람은 아무도 없다. 말씀을 피해 도망가는 삶이 되지 말아야 한다. 결국 모든 사람은 말씀에 의해 심판을 받는다. 말씀 앞에서 살아야 한다. 숨지 말고 드러내고 살아야 한다. 말씀이 우리 삶의 모든 순간순간에 이유와 목적이 되어야 한다.

35 이 날에 전쟁이 맹렬하였으므로 왕이 병거 가운데에 붙들려 서서 아람 사람을 막다가 저녁에 이르러 죽었는데 상처의 피가 흘러 병거 바닥에 고였더라
36 해가 질 녘에 진중에서 외치는 소리가 있어 이르되 각기 성읍으로 또는 각기 본향으로 가라 하더라
37 왕이 이미 죽으매 그의 시체를 메어 사마리아에 이르러 왕을 사마리아에 장사하니라
38 그 병거를 사마리아 못에서 씻으매 개들이 그의 피를 핥았으니 여호와께서 하신 말씀과 같이 되었더라 거기는 창기들이 목욕하는 곳이었더라

35 While the battle raged on, King Ahab remained propped up in his chariot, facing the Syrians. The blood from his wound ran down and covered the bottom of the chariot, and at evening he died.
36 Near sunset the order went out through the Israelite ranks: "Every man go back to his

own country and city!"
37 So died King Ahab. His body was taken to Samaria and buried.
38 His chariot was cleaned up at the pool of Samaria, where dogs licked up his blood and prostitutes washed themselves, as the Lord had said would happen.

22:38 개들이 그의 피를 핥았으니 여호와께서 하신 말씀과 같이 되었더라. 개가 피를 핥는 가장 비참한 결말이 이루어졌다. 또한 그의 아들의 때에 가서 더 이루어졌다. "여호와께서 말씀하시기를 내가 어제 나봇의 피와 그의 아들들의 피를 분명히 보았노라 여호와께서 또 말씀하시기를 이 토지에서 네게 갚으리라 하셨으니 그런즉 여호와의 말씀대로 그의 시체를 가져다가 이 밭에 던질지니라 하는지라"(왕하 9:26) 아합의 아들 요람의 시체가 나봇의 밭에 던져짐으로 완전히 성취된다. 말씀은 정확히 성취된다. 시간이 다를 뿐이다. 그러기에 오늘 전해진 말씀은 미래의 어느 순간이든 성취되기 때문에 그대로 현실이 된다.

39 아합의 남은 행적과 그가 행한 모든 일과 그가 건축한 상아궁과 그가 건축한 모든 성읍은 이스라엘 왕 역대지략에 기록되지 아니하였느냐
39 Everything else that King Ahab did, including an account of his palace decorated with ivory and all the cities he built, is recorded in The History of the Kings of Israel.

22:39 아합의 남은 행적. 그는 많은 성읍을 지었다. 그러나 그는 말씀을 따라 살지 않았기 때문에 그가 이룬 것은 의미 없는 것이다. 결국 모든 사람은 말씀을 얼마나 따라갔느냐에 의해 결정된다. 말씀만 영원하기 때문이다. 말씀을 따르지 않은 삶은 아무리 화려하여도 결코 가치가 없다. 우리의 삶은 지금 보이는 것이 아니라 말씀이 드러날 때 얼마나 가치 있는 삶인지를 생각해야 한다.

40 아합이 그의 조상들과 함께 자매 그의 아들 아하시야가 대신하여 왕이 되니라
40 At his death his son Ahaziah succeeded him as king.

22:41-50은 유다의 여호사밧 왕에 대한 이야기다.

41 이스라엘의 아합 왕 제사년에 아사의 아들 여호사밧이 유다의 왕이 되니

42 여호사밧이 왕이 될 때에 나이가 삼십오 세라 예루살렘에서 이십오 년 동안 다스리니라 그의 어머니의 이름은 아수바라 실히의 딸이더라
43 여호사밧이 그의 아버지 아사의 모든 길로 행하며 돌이키지 아니하고 여호와 앞에서 정직히 행하였으나 산당은 폐하지 아니하였으므로 백성이 아직도 산당에서 제사를 드리며 분향하였더라
41 In the fourth year of the reign of King Ahab of Israel, Jehoshaphat son of Asa became king of Judah
42 at the age of 35, and he ruled in Jerusalem for 25 years. His mother was Azubah, the daughter of Shilhi.
43 Like his father Asa before him, he did what was right in the sight of the Lord; but the places of worship were not destroyed, and the people continued to offer sacrifices and burn incense there.

22:43 여호와 앞에서 정직히 행하였으나. 여호사밧은 유다의 19명의 왕 중에 선한 왕 4명이 한 명이다. 여호사밧 이야기는 역대하에서는 길게 설명하고 있지만 열왕기상에서는 짧게 설명하고 있다. 그의 삶은 동시대의 아합 왕과 비교된다. 아합 왕에 비해 그는 특별함이나 화려함이 없었다. 아합보다 분명 힘이 더 없었다. 그러나 하나님 보시기에 옳은 삶을 살았다. 아합이 하나님을 인정하지 않는 삶을 산 반면 그는 하나님 앞에서의 삶을 살았다.

44 여호사밧이 이스라엘의 왕과 더불어 화평하니라
45 여호사밧의 남은 사적과 그가 부린 권세와 그가 어떻게 전쟁하였는지는 다 유다 왕 역대지략에 기록되지 아니하였느냐
46 그가 그의 아버지 아사의 시대에 남아 있던 남색하는 자들을 그 땅에서 쫓아내었더라
44 Jehoshaphat made peace with the king of Israel.
45 Everything else that Jehoshaphat did, all his bravery and his battles, are recorded in The History of the Kings of Judah.
46 He got rid of all the male and female prostitutes serving at the pagan altars who were still left from the days of his father Asa.

22:46 남색하는 자들을 그 땅에서 쫓아내었더라. 남들이 보기에는 그것이 그리 큰 일은 아니다. 아합이 지은 여러 성보다 더 못하였다. 그러나 하나님께서 보시기에 옳은 일이었다. 그것은 사실 사람들의 영혼을 살리는 일이었다. 표시 나지 않지만 중요한 일이었다. 그래서 그는 선한 왕이라고 평가될 수 있었다.
세상에서 유명한 사람이 하나님 앞에서도 유명한 것은 아니다. 아합처럼 세상에서 유명하고 화려하여도 실제로는 아무 실속이 없는 사람이 있다. 그러나 유명하지 않아

도 여호사밧처럼 실속 있는 사람이 있다. 그 차이는 하나님 앞에서의 가치다. 하나님 앞에서 가치 있는 일을 해야 한다.

47 그 때에 에돔에는 왕이 없고 섭정 왕이 있었더라
48 여호사밧이 다시스의 선박을 제조하고 오빌로 금을 구하러 보내려 하였더니 그 배가 에시온게벨에서 파선하였으므로 가지 못하게 되매

47 The land of Edom had no king; it was ruled by a deputy appointed by the king of Judah.
48 King Jehoshaphat built ocean-going ships to sail to the land of Ophir for gold; but they were wrecked at Eziongeber and never sailed.

22:48 배가 에시온게벨에서 파선하였으므로 가지 못하게 되매. 오빌로 금을 가지러 가려던 배가 떠나지도 못하고 항구에서 파선하였다. 이것은 단순한 파선이 아니었다. 하나님의 심판이었다.

역대하에서는 이 사건을 조금 더 설명하고 있다. "두 왕이 서로 연합하고 배를 만들어 다시스로 보내고자 하여 에시온게벨에서 배를 만들었더니 마레사 사람 도다와후의 아들 엘리에셀이 여호사밧을 향하여 예언하여 이르되 왕이 아하시야와 교제하므로 여호와께서 왕이 지은 것들을 파하시리라 하더니 이에 그 배들이 부서져서 다시스로 가지 못하였더라"(대하 20:36-37) '왕이 아하시아와 교제하므로 여호와께서 왕이 지은 것들을 파하시리라'고 말하고 있다. 배가 파선된 것은 여호사밧이 북이스라엘의 아하시야 왕과 함께 사업을 하였기 때문이다. 여호사밧의 실수 중의 하나는 북이스라엘의 악한 왕들과 운명 공동체를 자처한 일이다.

여호사밧의 아버지 아사는 북이스라엘의 바아사와 평생 전쟁을 하였다. 그런데 여호사밧은 아합과 평생 좋은 관계를 유지하였다. 그것이 나쁜 것은 아니다. 그러나 문제는 좋은 관계를 넘어 운명 공동체였다는 사실이다. 여호사밧은 아합이 아람을 공격할 때도 함께 하였었다. 아합의 아들 아하시야와는 무역을 함께 하였다. 아람과의 전쟁에 참여한 것은 국제 외교관계에서 어쩔 수 없는 것일 수는 있어도 아하시야와의 무역은 그렇지 않다. 그런데 여호사밧은 아하시야와 함께함으로 많은 손해를 보았다. 하나님께서 아하시야를 심판하시려 하는데 여호사밧이 함께 묶여 있음으로 함께 심판을 받은 것이다.

악인과 화평한 것은 필요할 수 있으나 운명 공동체인 것은 좋지 않다. 악인은 언제든지 심판을 받을 것이기 때문이다. 악인과 함께 하면 그가 심판을 받을 때 함께한 사람도 함께 심판을 받게 된다. 그러기에 악인과 함께 하지 말아야 한다.

49 아합의 아들 아하시야가 여호사밧에게 이르되 내 종으로 당신의 종과 함께 배에 가게 하라 하나 여호사밧이 허락하지 아니하였더라
49 Then King Ahaziah of Israel offered to let his men sail with Jehoshaphat's men, but Jehoshaphat refused the offer.

22:49 여호사밧이 허락하지 아니하였더라. 아하시야가 여호사밧과 다시 배를 만들고자 하였을 때 여호사밧은 단호히 거절하였다. 그는 선지자의 경고를 따라 하나님의 뜻을 분별하여 단호히 거절한 것으로 보인다. 그는 하나님의 뜻에 있어서는 단호하였다. 그래서 선한 왕으로 남을 수 있었다.

50 여호사밧이 그의 조상들과 함께 자매 그의 조상 다윗 성에 그의 조상들과 함께 장사되고 그의 아들 여호람이 대신하여 왕이 되니라
50 Jehoshaphat died and was buried in the royal tombs in David's City, and his son Jehoram succeeded him as king.

22:51-53은 북이스라엘의 아하시야 왕에 대한 이야기다.

51 유다의 여호사밧 왕 제십칠년에 아합의 아들 아하시야가 사마리아에서 이스라엘의 왕이 되어 이 년 동안 이스라엘을 다스리니라
52 그가 여호와 앞에서 악을 행하여 그의 아버지의 길과 그의 어머니의 길과 이스라엘에게 범죄하게 한 느밧의 아들 여로보암의 길로 행하며
53 바알을 섬겨 그에게 예배하여 이스라엘의 하나님 여호와를 노하시게 하기를 그의 아버지의 온갖 행위 같이 하였더라
51 In the seventeenth year of the reign of King Jehoshaphat of Judah, Ahaziah son of Ahab became king of Israel, and he ruled in Samaria for two years.
52 He sinned against the Lord, following the wicked example of his father Ahab, his mother Jezebel, and King Jeroboam, who had led Israel into sin.
53 He worshipped and served Baal, and like his father before him, he aroused the anger of the Lord, the God of Israel.

열왕기상 (성경, 이해하며 읽기)

발행	2024년 12월 1일
저자	장석환
펴낸이	장석환
펴낸곳	도서출판 돌계단
출판사등록	2022.07.27(제393-2022-000025호)
주소	안산시 상록구 삼태기2길 4-16
전화	031-416-9301
총판	비젼북 031-907-3927
이메일	dolgaedan@naver.com

ISBN 979-11-986875-2-4